增订本

王寒 著

浙江有意思

浙江工商大学出版社

U0749501

浙江有意思

"浙江有意思"系列

总策划 王 寒

王 寒 著

浙江有意思

一增订本一

浙江工商大学出版社·杭州

作 者 简 介

王 寒

作家 学者

特立独行的摩羯座女子，出生于西湖边，成长于东海畔。看过一座座山，走过一座座城，爱山川风物，爱人间烟火。

现居杭州。

出版《无鲜勿落饭》《江南小吃记》《江南草木记》《大地的耳语——江南二十四节气》等作品 16 部，策划出版了"浙江有意思"丛书 12 部。

多部散文集入选中国好书榜和浙版好书榜，作品收入《21 世纪年度散文选》等各种精选本。

邂逅一个人　邂逅一座城

崔向红

与王寒相遇是在北京,一朝邂逅成相识。

那是 2006 年的夏天,我们一起参加全国晚报都市报社长总编培训班,为的是拿一张上岗证,否则有成为下岗工人的危险。原本填住宿表的时候,我们二人要的都是单间,孰料房间不够,于是被"拉郎配",同居了十日。这十天的日日夜夜里,同吃同住,同进同退,强扭的瓜没想到分外甜。

只是班主任考勤甚严,对名入座,想溜号的人暗暗叫苦。好在有三五知己,往大兴摘瓜,把酒临风,去卢沟桥数过狮子,到恭王府拍过栏杆,课余生活也算丰富多彩。可王寒偏不满足,说没去过天津怎么能说来过北京,到处找人一起逃课,在某个听课日,和班里的一名资深帅哥,包了辆校门口的出租车,直奔天津卫而去。吹海风,捡贝壳,吃狗不理,逛古玩街,好不快活。其他逃课的同学都先后落网,而她由于临走时顺走了座位上的姓名牌,所以火眼金睛的班主任浑然不觉。结业时,这边厢,我这个全勤生,信心满满写《南方都市报》经验的论文只得了合格;那边厢,她这个"逃课侠",低眉顺眼写学习《南方都市报》经验的论文却得了优秀。

北京一别,至今已有十年。十年间,我们俩,一个在浙江,一个在广东,山高水远,只在出差的间隙匆匆见过几面。虽然隔山隔水,却以文字为纽带,渐行渐近,相识相知。

王寒是个作家,这些年来笔耕不辍,洋洋洒洒写下五百多万文字,先后出版了《无鲜勿落饭》《江南草木记》《大地的耳语——江南二十四节气》《大话台州人》等十五本书。

王寒是个行者,喜欢在路上,走遍中国所有省份,走过世界一百多个城市。很难想象,一个"十指不沾阳春水"的纤弱女子,曾行走新疆万里国境线,徒步于罗布泊和柴达木,足迹到达遥远的南极大陆。

王寒是个拍客,且行且摄,乐此不疲。她的摄影作品构图简洁,耐人寻味,颇有文人画的风格。

王寒是个使者,她深深地爱着她所生活的这座城市,心甘情愿做城市的推广者。她开讲座设专栏,分析城市性格人文性格,描画浙江的人文地图。

王寒是个藏家,她爱书如命,收藏最多的是各类图书。去了一趟台湾，包里就多了一张诚品书店的购书卡。

王寒是个花匠，酷爱园艺。不仅在自家阳台种了上百盆花，还处处"拈花惹草"，一本《江南草木记》，写尽众香。

王寒是个勇者，在报社辛辛苦苦做到常务副总编辑，本来还有更上一层楼的机会，却突然转型又跨界。豪言再不放手一搏，自己就老了。想换心情就换心情，想换环境就换环境，想换工作就换工作。别人的人生，按部就班，她的人生，跟着感觉和心灵走。这个外表柔弱内心勇敢的江南女子，就有这样敢作敢为的自信和底气。

这些年来，她一人分饰七角，这是何等的写意生活、快意人生！

邂逅一个人，邂逅一座城。

这次《浙江有意思》结集出版，喜欢王寒文字的人可以一册在手，"寻遍江南清丽地"。

细品这本书，有三种悦读方式。一是穿花拂柳，行在唐诗宋词间。"有三秋桂子，十里荷花"，"一部书画史，半部在湖州"，"龙楼凤阙不肯住，飞腾直欲天台去"。二是披沙沥金，遍地可拾知识帖。比如，金庸小说里，只要《易筋经》一露面，武林就要大乱，这部武术宝典，是台州人写的；戚家军的主力，是几千义乌兵；"清风不识字，何必乱翻书"，清初第一宗文字狱，就发生在南浔；黄大仙是金华人；西方嬉皮士的祖师爷原来是隐居在台州的诗僧寒山；麻将是经宁波人改良后发扬光大的。三是东倒西歪，怎么舒服怎么读。全书采用段子体，充满机趣，少则几十字，多则百余字，杂花生树，琳琅满目。

但是，这本书在三种情形下不宜读。一是没准备好纸和笔，看到精彩处，未免想圈圈点点，抄抄写写，没做好功课，难免会留有遗憾。二是不适合深夜阅读，腹中空空时，看到西湖醋鱼、宋嫂鱼羹、龙井虾仁、蜜汁火方、油焖春笋、冰糖甲鱼，还有衢州的"三头一掌"、丽水的油炸知了、温州的泥蒜冻、绍兴的臭豆腐、台州的食饼筒、湖州的千张包子、金华的酥饼、嘉兴的粽子等江南美味排山倒海而来，难免想大快朵颐。三是在太安静的场合不适合读，王氏独有的幽默会在不经意间偷袭你，让你猝不及防地笑出声来，很容易招致别人异样的眼神，造成不必要的尴尬，切记！

（作者系华语文学传媒大奖组委会副主任、

《南方都市报》原常务副总编辑）

目录

杭
州

1

老话说,上有天堂,下有苏杭。若一定要在苏杭之间比个高下,我觉得还是杭州更可人些。要不,在苏州、杭州都当过主要领导的白居易他老人家也不会说——"江南忆,最忆是杭州"了。

2

杭州既风流又风雅。

生活在杭州的花鸟草虫,待遇都很高,报道规格也很高。西湖边的一只水鸟、夏日里的第一朵荷花,都可以占据当地主流媒体的头版头条。鸟呀花呀什么的,有时候把市领导的活动都挤到报纸的边边角角去了。这一点是杭州的可爱之处。

3

所有写江南的经典诗句,杭州都对得上号。杭州,是江南的代表。杭州的温婉风情,让你感到润物细无声般的舒适,杭州是唐诗里的风景,是宋词里的风物,是山水册页。它有万般柔情,让你陷进温柔乡中不想出来,让你只想在这个天堂城市里,与山呀,水呀,花呀,树呀,草呀,美人呀,长相守不分离。

4

跟白居易一样,苏东坡也当过杭州的主要领导,白居易留下白堤和"江南忆,最忆是杭州",苏东坡留下苏堤、东坡肉和"欲把西湖比西子,淡妆浓抹总相宜"的诗句。

西湖三堤,除了白堤与苏堤,还有杨公堤,是明代杭州地方官杨孟瑛主挖的。这三堤,让这三位市长千古留名。

苏东坡留下的东坡肉

5

　　宋时的风流诗人柳永在《望海潮》中,给杭州做了生动的城市广告:东南形胜,三吴都会,钱塘自古繁华。烟柳画桥,风帘翠幕,参差十万人家。云树绕堤沙,怒涛卷霜雪,天堑无涯。市列珠玑,户盈罗绮,竞豪奢。　　重湖叠巘清嘉,有三秋桂子,十里荷花。羌管弄晴,菱歌泛夜,嬉嬉钓叟莲娃。千骑拥高牙,乘醉听箫鼓,吟赏烟霞。异日图将好景,归去凤池夸。

　　结果这首诗词把一个虎视眈眈的外敌招惹来了,金主完颜亮读罢柳永的《望海潮》,对"有三秋桂子,十里荷花"的江南怦然心动——这么好的地方,应该归老子所有。遂起投鞭渡江之志,隔年以六十万大军南下攻宋。

完颜亮与"三秋桂子,十里荷花"

6

有一句用滥了的句子："你来或不来,我都在这里。"于情人,这句话是痴情;于西湖,这句话是风情;于游客,它就是抒情。

杭州的锦绣山河让多少人眼红啊,据说慈禧太后这个跋扈专横的老太婆修建颐和园的动机,就是想把西湖美景复制到北京去。

7

用北方人的话来说,杭州,老大方了,老大气了!杭州最让全国人民称道的是,它不像别的城市,把城中之湖用大围墙围起来,然后坐地起价收门票。照一般的做法,西湖被评为世界遗产后,门票还可以涨上一倍,但杭州对全世界人民都热情地敞开怀抱。

就凭没有围墙、不收费的西湖,杭州在全国人民面前博得了大方大气的好评价。

8

杭州人有了家门口的西湖,对别处的湖就没什么兴趣了。杭州人自得地说:"走千走万,不如西子湖畔。"杭州人与西湖的感情很深,谈恋爱时他们绕着西湖兜圈子,来了外地朋友后,他们又带着外地朋友绕着西湖兜圈子。

杭州人有想不开的事，只要坐在西湖边喝上一杯茶，啥事都想开了。

9

张岱是风流才子，他在《西湖梦寻》中写道："阔别西湖二十八载，然西湖无日不入吾梦中，而梦中之西湖，实未尝一日别余也。"——这个风流才子，虽然离开西湖二十八年了，但天天做梦梦到西湖。

才子们都爱杭州西湖，当然，更爱西子姑娘。

10

中国六大古都——北京、南京、西安、洛阳、开封、杭州，除了杭州，个个都有王者的霸气。

不过，没有霸气又如何，反正，推崇杭州的人自古就有。欧阳修就说过："若乃四方之所聚，百货之所交，物盛人众，为一都会，而又能兼有山水之美，以资富贵之娱者，惟金陵、钱塘。"

在欧阳修的眼里，几个古都放在一起 PK，要论综合评分，还是南京、杭州最高。哎呀，别的不用比，光秦淮河畔和西子湖畔的美女，就把别处比下去了。美女是一个城市的软实力，也是一个城市的门面。

浙
江
有
意
思

11

"卖油郎独占花魁"的故事发生在杭州,"王老虎抢亲"的故事也发生在杭州,"杨乃武与小白菜"的故事,同样发生在杭州。

这三个故事,只有杨乃武与小白菜的故事是真的,现在余杭还有一个小白菜文化园,园里有杨乃武与小白菜奇案展示馆,是当地的法制教育基地。

12

杭州最出名的两个女人,白娘子和苏小小,一个是妖,一个是妓。

这个城市有名妖名妓,但我想不起来这个城市出过什么侠女。

13

杭州大大小小的景点,哪怕是看上去不起眼的一块石头或一汪子水,都可以跟帝王将相、才子佳人挂上钩。西湖边上的宝石山,山上有块石头,据说是秦始皇系缆绳用的。西湖中间有湖心亭,石碑上有"虫二"两字,据说是当年乾隆下江南时亲手题的,"虫二"的意思是风月无边。

清朝的皇帝真是喜欢杭州啊,康熙与他的孙子乾隆百忙之中,一次又一次跑来杭州,这爷孙俩不知给杭州题了多少字,说了多少好话。

14

杭州的安逸与奢华,早已有之。北宋末年,杭州就是东南第一大都会,什么米市、菜市、柴市、肉市、鱼市、丝绸市、茶市、书市、花市,啥集市都有,西湖的歌舞更是日夜不休,那时的杭州实实在在就是个"销金窟"。

当然,现在想要销金,杭州也是首选之地。所以,全浙江的有钱人,不管是温州的还是金华的,台州的还是丽水的,都喜欢在杭州置套豪宅。伟人名人们,也都爱跑到杭州度个假。

15

杭州有很多名人别墅,如秋水山庄、春润庐、坚匏别墅、刘庄、汪庄、勾山樵舍等。这些别墅的主人,非富即贵,都是那个时代的牛人。

连琼瑶和金庸在杭州都有别墅。

16

杭州还有很多名人故居,如于谦故居、胡雪岩故居、章太炎故居、夏衍故居、丰子恺故居、林风眠故居、盖叫天故居、郁达夫故居、黄宾虹故居、钱学森故居、沙孟海故居、司徒雷登故居等。

数风流人物,还看故居。

17

杭州还有很多名人墓，少说说也有百来座，苏小小、林和靖、岳飞、岳云、于谦、张苍水、俞曲园、章太炎、秋瑾、徐锡麟、史量才、苏曼殊、盖叫天、潘天寿……这些铁骨铮铮的志士、千娇百媚的美人、满腹诗书的才子，最后都选择归葬于杭州的湖光山色中。

杭州的山山水水，死了都要爱。

18

杭州出情种。

杭州最有名的三座桥——断桥、长桥与西泠桥，都与爱情有关。断桥是白娘子和许仙相遇的地方；长桥是梁山伯与祝英台十八相送的地方；西泠桥是南齐第一名妓苏小小与情郎相遇，写下定情诗"妾乘油壁车，郎骑青骢马。何处结同心？西陵松柏下"的地方。

19

杭州，是一座让人动情的城市，更是一座让人日久生情的城市。

说真的，在杭州待个三五年，还没动点情，那是"木陀"，你都不好意思说在杭州待过。

20

有一条叫"杭州旅游不得错过的事"的微博是这么说的:清晨骑单车游西湖,趁着游人还未密集,感受西湖的宁静与美;逛清河坊,探访老杭州市井;灵隐禅踪、六和听涛、岳墓栖霞、湖滨晴雨,观新西湖十景,更绿色更独特;在西子湖畔等一场烟雨,等一湖绽放的莲色,遇见江南遇见爱。

关键是最后一条。

21

男人们到了杭州,一个个都会变得多情起来,像白居易、苏东坡、秦少游、徐志摩、郁达夫和戴望舒,在杭州都有风流故事,杭州的风流种子真是太多太多了。

22

写下"长亭外,古道边,芳草碧连天"的李叔同,在杭州虎跑寺出家,出家后,叫弘一法师。

岳飞的庙、于谦的祠、秋瑾的墓、苏小小的馒头冢、俞樾的书房、林风眠的画室、史量才的别墅、林和靖的放鹤亭、弘一法师的出家处……这样那样的名人,与杭州有剪不断理还乱的关系,因为他们,杭州这座城市既生动、鲜活,又深情、厚重。

23

苏小小的墓在西湖边上,武松的墓也在西湖边上,与苏小小墓相隔五十米左右。

《水浒传》中,征方腊结束后,鲁智深在杭州六和寺圆寂,武松也留在六和寺出家。武松实有其人,是北宋时杭州府的提辖。武松原本在涌金门外卖艺,长得帅,武艺高超,被杭州知府高权看中,破格录用,当了提辖。后高权被罢官,武松也被赶出衙门。新知府是太师蔡京的儿子蔡鋆,上任后为非作歹,弄得民不聊生,人称"蔡虎",武松打的就是这只虎——蔡虎。武松愤而刺死蔡鋆,自己被抓,惨死狱中。当地百姓感其忠义,将其归葬于杭州西泠桥畔。

1942 年,武松墓重修过一次,是上海滩大佬黄金荣、张啸林、杜月笙三人出的钱。

24

杭州是岳飞去世后的葬身之地,他的墓在西湖边。岳飞是中国历史上最有名的两名武将之一,另一名是关羽,岳飞和关羽是中华民族的文化符号和精神图腾,以忠义著称。

杭州人很自豪岳飞与杭州的关系,杭州的打铁关,因岳家军曾在此打造兵器而得名。

25

北方人觉得杭州人思想开放,笑贫不笑娼,说怎么可以把苏小小与著名将领岳飞都葬在西湖边呢?还说"钱塘苏小是乡亲",你们杭州人咋可以跟一个红粉攀亲道故的呢?

杭州人才不去管那么多呢,苏小小怎么啦?她不但是乡亲,还是乡贤呢,她给我们杭州长脸。哼!

26

杭州山多,水多,桥多,亭子也多。一公园有一座集贤亭,是一座建在水上的亭子。据说乾隆六下江南,每次都在这里阅兵,所以这个景点名叫"亭湾骑射"。有一年刮大风,集贤亭被刮进西湖里去了。

27

杭州最有名的塔是雷峰塔。在《白蛇传》中,白娘子为了救许仙,水漫金山,被法海镇在雷峰塔下。小青苦练法力,打败法海,雷峰塔倒塌,白娘子获救。

雷峰塔在民国时期真的倒塌过,不过塔底并没有白娘子。多年后,人们发现了塔底的地宫,有好多宝贝,舍利函、手镯、释迦牟尼鎏金铜佛像、铜镜、铜钱、玉人、玉钱等,其中一座阿育王鎏金塔,成了浙江省博物馆的镇馆之宝。

雷峰塔倒掉后,鲁迅先生大喊痛快,写了篇《论雷峰塔的倒掉》。前些年,雷峰塔重建了,鲁迅先生要是还活着的话,没准会写一篇《论雷峰塔的重建》。

28

雷峰塔倒掉过,全国人民都知道,三潭印月的塔也倒掉过几次,很多人不知道。有一次,西湖里的一艘游船撞倒了其中一座塔,把石塔的身子、宝盖、六边小亭、小宝盖全撞入水中,只剩下基座,三潭印月变成了二潭印月。

杭州人把物件捞起来,搭积木一样按原样搭回去,二潭印月又变回三潭印月了。

29

万松书院是杭州人的相亲圣地。建于唐代的万松书院原本是书院,王阳明在这里讲过学,袁枚在这里读过书。康熙、乾隆南巡时为它赐过匾。

现在,每到周六,大妈大伯都会聚到这里来,举着牌子或者腰间别着牌子,为"我们女儿、我们儿子"找对象。家里有十多套房子的土豪爸妈,也跑来为女儿征婚,说,我们啥都不缺,就缺个好女婿。

30

在游人眼中,西湖永远碧波荡漾,深不见底。

其实,西湖见过几次底,20 世纪 50 年代一次大旱,西湖见了底,西湖干脆来了一次清淤,当年有三四万人浩浩荡荡地参加了疏浚。那一次,西湖底下,清出一万多件文物,有各种古钱币、铜镜、铜箭头。

前些年,为了修西湖隧道,西湖的水又被抽干过。这一回,没见到什么宝贝,只有各种各样的酒瓶子。这半个世纪以来,不知有多少人在西湖边痛饮过。

31

都说"少不入川",其实,少更不宜入杭。鲁迅就表示,西湖风景虽然宜人,有吃的地方,也有玩的地方,如果流连忘返,湖光山色,也会消磨人的志气的。1933 年,郁达夫想把家安到杭州,鲁迅劝他千万不要去。

的确,"山外青山楼外楼,西湖歌舞几时休",读书不就是为了黄金屋和颜如玉吗?吃苦奋斗不就是为了追求美好生活吗?

32

郁达夫诗曰:"江山也要文人捧,堤柳而今尚姓苏。"民国的文人对杭州的山水是很愿意捧的,但对杭州人,有时要夹枪带棒说几句,徐志摩就说:"但不幸杭州的人种(我也算是杭州人),也不知怎的,特别的来得俗气来得陋相。不读书人无味,读书人更可厌,单听那一口杭白,甲隔甲隔的,就够人心烦!"

杭州人开口闭口"甲隔套实隔套",不知徐志摩为什么觉得心烦?可能当年徐志摩在杭高读书的时候,因为不会说地道的杭州话,被当作乡下人看,所以这股火一直窝在肚子里,一旦有机会,难免要发泄几句。

33

跟徐志摩一样,林语堂也喜欢西湖山水,也同样对杭州人颇有微词:"他们是圆滑但发育不全的男人,苗条但神经衰弱的女人。他们喝燕窝汤,吃莲子。他们是精明的商人,出色的文学家,战场上的胆小鬼。"

林语堂小看了杭州人,杭州人不是战场上的胆小鬼,在新冠肺炎疫情突发时,杭州的担当是有目共睹的,所以全国人民赞道——城市有歌舞升平时的闲情逸致,也有狼烟四起时的责任担当。关键时刻,靠得牢!

34

除了徐志摩、林语堂说过杭州"坏话",鲁迅、郁达夫也说过杭州的"坏话",对这几个文化名人说的"坏话",杭州人都一笑了之。杭州人对文化名人的批评,肚量还是蛮大的。

不过,要是别处的人说杭州坏话,杭州人可没那么客气了:"不喜欢西湖,不喜欢杭州,那就一边待着去,杭州又没八抬大轿请你来。"

35

还是外国人情商高,嘴上功夫好,他们夸了杭州山水,又使劲夸杭州的男人和女人。元朝时,意大利旅行家马可·波罗就对杭州赞不绝口,他称赞杭州"是世界上最美丽、最华贵的天城"。

澳大利亚前总理霍克夸起人来更狠,他说:"杭州的男人是世界上最智慧的,杭州的女人是中国最美的。"虽说老霍说的是客套话,但杭州的男男女女听了,无不心花怒放。

36

中国的世界遗产数量,除了北京,杭州与洛阳并列第二。西湖、大运河、良渚古城都是世界文化遗产,这还没完,南宋皇城、跨湖桥文化遗址、钱塘江古海塘、西溪湿地还在排队申遗呢。

杭州人随便走走，走的都是世界遗产，以前杭州人喜欢绕着西湖走，现在杭州人喜欢走运河——杭州人称之为"走运"。

排着队的世界遗产

37

杭州人一到冬天，就开始盼着下雪，杭州人盼雪的心情比盼望初恋情人还要迫切，只是下了几粒雪子，杭州人就要大呼小叫，北方人看了笑掉大牙——杭州人，真没见过世面，一粒雪子都要拍张照片晒朋友圈！

38

　　一到下雪，杭州人纷纷出动，比过年兴致还要高。哪怕是深更半夜，杭州人也会从热被窝里爬起来，兴高采烈跑到断桥赏雪，杭州人是很诗意的，他们要看西湖十景中的"断桥残雪"。

　　你无法想象，寒冬腊月，北风那个吹呀，雪花那个飘呀，断桥上却是人山人海。

人山人海的断桥

39

杭州人冬天盼下雪,盼西湖能结冰。

西湖是结过冰的,不过百年来也就几次。最近的一次是 1977 年,西湖结了厚厚的冰,最厚的地方十厘米,杭州人高兴坏了,走到湖中心,站在三潭印月边上,留下这历史性的时刻——三潭印月平时是在水中央的。

近几年,西湖也结过冰,但都是薄冰,只能站站鸟,站不住人。

40

杭州人很有生活情趣,而且特别能赏玩清寒景致。一到下雪天,杭州人的兴致就格外高,不是去断桥赏雪,就是去孤山寻梅。

冬日里赏梅,是杭州人必不可少的节目。杭州人都知道,赏梅要有佳境,如"澹阴、晓日、薄寒、细雨、轻烟、夕阳、微雪、晚霞、珍禽、孤鹤、清溪、小桥、竹边、松下、明窗、疏篱"等等。如果能踏雪寻梅,那格调就更高了。

杭州的男男女女很风雅,他们会生活,也懂得享受生活。他们的风雅,是到骨子里的。

41

秋天的杭州桂花香满城，香到有时候想抱着桂花树啃一口。难怪郁达夫闻到杭州的桂花，"似乎要起性欲冲动的样子"。

郁达夫是个风流种子，"曾因酒醉鞭名马，生怕情多累美人"。彼时他与杭州美人王映霞热恋，一闻到桂花香，就会想到王映霞；甚至一见到"王"或"杭州"等字眼都会激动；见到好山、好水、好桂、好茶，郁达夫必以诗报王美人。

42

桂花是杭州的市花，杭州人喜欢桂花。杭州有两千多人起名桂花，叫桂秋、秋桂、桂香、桂枝的更多，光一个陈桂花，杭州就有毛四百人。

不过，浙江十一地市中，名字叫桂花最多的，不是杭州，而是台州！光陈桂花就有九百朵！杭州人没有想到，还有人比他们更爱桂花。

43

一到桂子飘香的秋天，杭州人就倾巢出动。满觉陇、翁家山都是赏桂人。杭州人在桂花树下打双扣，一打就是一整天。

顺便说一句，打双扣是杭州最为普及的大众性娱乐活动，杭州人对此的热情经久不衰，从 20 世纪一直打到本世纪，估计还会延续到下世纪。

44

西湖十景，光听这名字，就令多少没来过杭州的人想入非非啊，什么平湖秋月、苏堤春晓、断桥残雪、雷峰夕照、南屏晚钟、曲院风荷、花港观鱼、柳浪闻莺、三潭印月、双峰插云，每一景都可入诗入画。

45

灵峰和孤山的梅花，玉泉路的玉兰花，西湖边的桃花，太子湾的樱花、郁金香，是杭州人不可错过的花事。太子湾的樱花风头一向很劲，但最近几年，风头被滨江樱花跑道的樱花抢了去。

杭州连高架上都种满月季，杭州有一百六十多万株月季，世界上没有哪一座城市有这么多月季，外地的游客一上高架桥就被惊呆：这么多的月季啊，你们杭州人也太奢侈了吧！

46

杭州是座花花城市，对花呀草呀的感情特别深。一年到头，太子湾呀，杭州花圃呀，植物园呀，西溪湿地呀，举办各种各样的花展，让"花痴"们大饱眼福。

嘿嘿，这是我喜欢杭州并安家杭州的一个主要理由。

47

每到春天,杭州的报纸就会教大家如何分辨西湖边的樱花李花桃花梨花,还教大家如何闻香识草木。

白堤上是一株柳树一株桃间种。到底有多少株桃树,多少株柳树呢?有心人数过的,有一百四十六株柳树,一百四十四株桃花。

48

杭州人风雅起来,谁也拦不住!杭州是全中国第一个恢复花朝节的城市。花朝节,是旧时为花神过生日的节日,古已有之,兴于南宋,在明清盛传。

花朝节中断了很多年。杭州市政府一声令下,百花又可以热热闹闹地在杭州过生日了。

49

杭州人会玩,会玩还得有地方玩才行。杭州城里"耍子"(杭州话,玩)的地方毛多嘞,杭州人把玩演绎成了生活习俗,何时去何地赏何景,都有讲究。明朝高濂在《四时幽赏录》中,就写到杭州人一年四季的各种玩法——

春时幽赏:孤山月下看梅花,八卦田看菜花,虎跑泉试新茶,西溪楼啖煨笋,保俶塔看晓山,苏堤看桃花,等等。

浙江有意思

夏时幽赏:苏堤看新绿,三生石谈月,飞来洞避暑,湖心亭采莼,等等。

秋时幽赏:宝石山下看塔灯,胜果寺月岩望月,水乐洞雨后听泉,六和塔夜玩风潮,等等。

冬时幽赏:西溪道中玩雪,山窗听雪敲竹,雪后镇海楼观晚炊,除夕登吴山看松盆,等等。

杭州人,真当是一年快活到头啊。

50

日本女作家清少纳言写过一本很有名的书,叫《枕草子》,书中说:"芦花没有什么看头。"杭州人觉得芦花很有看头。他们把西溪的芦花,称为秋雪;灵峰的梅花,称为香雪;满觉陇的桂花,称为金雪。

51

人生有十六乐事:清溪浅水行舟,凉雨竹窗夜话,暑至临流濯足,雨后登楼看山,柳阴堤畔闲行,花坞樽前微笑,隔江山寺闻钟,月下东邻吹箫,晨兴半炷名香,午倦一方藤枕,开瓮忽逢陶谢,接客不着衣冠,乞得名花盛开,飞来家禽自语,客至汲泉煎茶,抚琴听者知音。

杭州人觉得自己有一百六十件乐事都不止。

52

杭州是一座充满诗意的城市,徐志摩就说过:"朝上的烟雾,向晚的晴霞,哪样不是现成的诗料。"

所以,诗人们一到杭州,诗情就会勃发,春情也会勃发。杭州人,逛逛西湖随口也会荡出句把诗——当然是古人写的诗,比如"欲把西湖比西子"之类。

53

啥东西落在杭州人的眼孔里,都成了诗意,百炼钢在杭州化为绕指柔。浩荡的大江,在南京人的眼里,是"千寻铁锁沉江底,一片降幡出石头"的豪迈,在杭州,却成了"山寺月中寻桂子,郡亭枕上看潮头"的浪漫。

54

杭州人看落叶都是充满诗意的。南山路北山路上的法国梧桐真是漂亮极了!一到秋天落叶季,一地的金黄,简直文艺得让人无法自拔。杭州人民建议:这些地方的落叶太美了,落叶能不能不要扫掉啊?

杭州市政府顺应民意,杭州十五条最美的马路,在秋天真的不扫落叶了。

杭州市政府真的很好说话的。

55

杭州人雅起来雅得要命,俗起来也俗得要命。"本塘"杭州人,喜欢俗文化。

杭州的都市类报纸,是全国都市报里办得最市民化的报纸,一条花边新闻都会膨化成一大版,甚至两三个版。那标题起的,简直石破天惊,相当雷人。

这些八卦标题、八卦新闻,十分迎合杭州人的阅读口味、阅读兴趣,因为杭州人关心家长里短的兴趣远胜于关心天下风云。

56

全国有很多很多城市有杭州路,杭州到底有多招全国人民喜欢啊。

57

浙江有十一城,杭州把十个城市都拿来做了路名,杭州有温州路、宁波路、嘉兴路、金华路、台州路、丽水路、湖州路、舟山东路、衢州街、绍兴路。

一碗水端平,哪个城市都不落下。

58

杭州的路名很文艺:灵隐路、虎跑路、九溪路、河坊街、西溪路、天水桥、清吟街、采菱路、凤起路、秋涛路、闻涛路、浣纱路、花蒋路、玉泉路、九曲巷、龙井路、潮鸣寺巷、柳翠井巷、小河直街、十里琅珰、明月桥路……

杭州酒店的包厢名也很文艺。有一家酒楼索性就叫"鸟语花香",包厢以"花香"命名,有花香1、花香2等。记得还有一家餐厅,包厢以二十四节气命名。

杭州无所不在的妩媚与诗意,的确可以消磨掉一个人的斗志。可是,一个人,要那么多的斗志干什么呢?

59

杭州的马路,有以名人命名的,有以景色为名的,有以数字为名的,就是没有以企业命名的。不像台州等地方,有以企业命名的泰隆街、吉利大道等。杭州没有张小泉路,没有娃哈哈路,没有海康威视路。

60

钱江新城一带有钱潮路,有一阵子钱潮路之江路的交叉口,有一路牌,上面是路名的英语翻译"MONEY-IS-COMING ROAD"——钱正在过来的路上！哈哈，虽然翻译得有点离谱，但是道出了杭州人民的心愿。

后来热心的读者一反映，改成中规中矩的 Qianchao Rd. 了。

杭州武林门之得名，并非因为武林高手出没，而是因为杭州灵隐、天竺一带的群山，就叫武林山。南宋周密写的《武林旧事》，讲的就是老杭州的故事——这可不是一本武侠书。

61

杭州男人比较擅长动嘴皮子，只要扯开一个话头，他们就可以讲上个半天，可以从盘古开天地一直讲到 G20 杭州峰会。若论抢拳头，他们抢不过别处的人。杭州男人吵架时最狠的一句话，无非是"相不相信我一个巴掌让你三个月爬不起"。不过，这个巴掌是从来不会扇过去的。

杭州是一座温婉的城市，没有匪气。杭州人性情也是温和的，只要你不去惹毛他们，他们是没有什么攻击性的。

62

杭州美景多，美女也多。杭州的美女风情万种，她们有点嗲有点作，但作得不过头，嗲也嗲得恰到好处。杭州女人看上去特别有女人味，哪怕是女强人，举手投足间，也显出江南佳丽的柔媚，不像别的地方的女强人，一举手一投足一开腔，一看就是"女汉子""铁姑娘""假小子"。

初识杭州姑娘,觉得她们有些矜持、有些清高,相处久了,你会发现,她们为人相当热情、爽气,她们不像上海女人那样精明、自顾自,杭州女人只要认可你欣赏你,她们就会不遗余力地帮助你。

63

在人间天堂生活过的杭州女人,别的地方再好,在她们眼里,都好不到哪里去。就算到外地工作和生活,她们始终不肯被当地人同化掉,哪怕在外地生活了几十年,仍坚持说杭州话,坚持端午吃"五黄"。年轻时没办法调回杭州,年老了,也一定要回杭州的。自己实在回不去了,子女也一定要想办法弄回杭州。

64

《新周刊》说杭州是中国最女性化的城市,的确,杭州这座城,脂粉气有些浓。

但是在脂粉气很浓的这座城市,有鲁冠球的万向、宗庆后的娃哈哈、马云的阿里巴巴。这是杭州男人在温柔乡、销金窟里创下的事业。杭州男人的厉害,是不动声色的。

65

杭州人的生活中有很多小确幸,春阳稍好,春风稍暖,杭州人就带一张塑料布出门了,找块草地,随地一躺,晒太阳,吃零食。"工人叔叔,螺蛳唆唆;农民伯伯,鸡腿掰掰。"

杭州人,不管是上层人,还是底层人,都把生活趣味看成生活质量的核心。在"中国最具幸福感城市"评比中,杭州年年上榜。杭州人觉得这个奖实至名归。杭州人说了,如果我们杭州不幸福,全国还有哪个城市会幸福?

66

杭州要打造休闲之都,依我看,根本用不着打造,因为杭州的男女老少,都有闲情逸致。

杭州人最懂得休闲的真谛,一到星期五,杭州人就在盘算周末到哪里"耍子"。双休日,他们呼朋唤友开车到某个风景点,找个茶室,一待就是一天。一杯茶,几碟消闲果儿,掼上几副牌,一天时间很容易打发掉,连中餐、晚餐也在茶室一并解决。

67

杭州人有福,城中有山水,闹市有林泉,不出城郭而获山水之怡,身居闹市而有林泉之致。

在杭州,退亦可,进亦可。往前进一步,杭州是繁华的省城,是奋斗的乐园,往后退一步,是如诗的山水,如画的家园。

68

杭州的吃货们说：为什么我的嘴里常含口水，因为我对这片土地爱得深沉。

杭州人不仅有眼福，还有口福。西湖醋鱼、宋嫂鱼羹、叫花童子鸡、东坡肉、龙井虾仁、蜜汁火方、油焖春笋、西湖莼菜汤、冰糖甲鱼、干菜焖肉之类的杭帮菜，代表的是江南的好滋味。

东坡肉、宋嫂鱼羹、葱包桧儿里有历史和文化，西湖醋鱼、龙井虾仁有江南的风情。金庸很喜欢杭帮菜，他的《书剑恩仇录》里，写到好多杭州美食，什么清炒虾仁、椒盐排骨、醋熘鱼、生炒鸡片、汤包、蟹粉烧卖、炸春卷、虾仁芝麻卷、火腿鸡丝莼菜荷叶汤等。

金庸来杭州，吃了奎元馆的虾爆鳝面后，一高兴，还即席赋过一首口水诗。

69

小笼包是杭州人发明的。1861 年，太平天国军队攻破杭州，大批难民逃到上海，未满十岁的詹大胜也在逃难的队伍中，后来他被上海嘉定糕团店的黄老板收养，改名黄明贤，学做各种糕点，发明了小笼包。

70

杭州人喜欢吃糖醋，比如西湖醋鱼、糖醋排骨。糖醋排骨是杭州人从小吃到大的菜。杭州人说，如果你想判断一桌子吃饭的有没有杭州人，看桌上有没有糖醋排骨就知道了。

71

杭州人跟北方人一样爱吃面，杭州有面馆近三万家！在杭州，吃得到全中国和全世界的面条。杭州人吃面的传统，要从"直把杭州作汴州"的南宋算起，南宋杭州城里就有好多种面条，比如三鲜面、鱼桐皮面、盐煎面、炒鸡面、子料浇虾面等。

杭州的面店中，名气数一数二的是老字号奎元馆。杭州人吃得最多的面，是片儿川。

72

荷花糕是杭州人的乡愁。这种纯米粉做成的糕点，是杭州人穿开裆裤时就开始吃的口粮。

杭州还有一种糕叫定胜糕，是用米粉蒸熟的糕点，内有豆沙馅，这是一种励志的糕，因为名字起得好，高考前，爸妈都会给上考场的孩子买定胜糕。

73

每到腊八节,杭州人就喜欢跑到寺庙里喝碗腊八粥。杭州各大寺庙这个时节都会现场施粥,像灵隐寺这样的寺庙,粥一熬就是三十多万份,杭州人天不亮就来寺庙排队,为的是喝上一碗粥为来年祈福,讨个好彩头。每年的这个时候,寺庙前都是人山人海,水泄不进。

难不成这粥是开过光的?

74

灵隐寺为了一碗腊八粥,特地申了遗,"灵隐腊八节习俗"是杭州市非遗、浙江省非遗,杭州人觉得不够,他们还要申请世界非遗。

说到灵隐寺的粥,自然要说到灵隐寺的方丈光泉法师。光泉法师出家前是杭州的公交车司机。当年他开的七路车,就是从城站到灵隐的。佛缘是老早就结下了的。

75

每年正月初五,杭州人都会去北高峰财神庙迎财神,凌晨三四点,很多财迷就摸黑出门了。

76

"藏红花"应该改名叫"杭红花",中国 90% 的藏红花不是来自西藏,而是来自杭州建德。

77

"长桥不长、断桥不断、孤山不孤",是杭州三怪。

还有,西湖莼菜不长在西湖里,杭州老酸奶杭州人以前没喝过,宝石山上没有宝石。

78

杭州人懂得享"清福"。清明前,明前茶刚采摘,龙井村口的茶室便坐满了来喝头道新茶的人。

79

喜欢一个历史名人,就在味蕾上纪念他。杭州人念着苏东坡苏市长在杭州的功绩,就吃一口肥而不腻的东坡肉;杭州人怀念抗金名将岳飞,就上一道荷叶粉蒸肉。

不喜欢一个人,也在味蕾上干掉他——杭州人痛恨秦桧,不但让他跪在岳飞像前,还要咬一个葱包桧(煎饼包油条)出气。

80

上海小学教材,把"外婆"改成"姥姥"。杭州人不乐意了,如果改成"姥姥",杭州有名的餐饮店"外婆家",是不是要改成"姥姥家"? 杭州人小时候念的童谣"摇啊摇,摇到外婆桥"是不是要改成"摇啊摇,摇到姥姥家"?

81

杭州的山,绵延不绝。不过,若论气势和高度,似乎不值一提,三台山海拔不过一百五十六米,北高峰不过三百多米,葛岭一百六十六米,宝石山约一百米,最高的天竺山,也不过四百一十二米,在北方人眼里,都是些小土墩。

虽是小土墩,与之相关的名人却有一大堆。风花雪月的故事也不少。

82

杭州有句俗话,"杭州萝卜绍兴种"——杭州人的祖宗大多是绍兴来的。

83

说到杭州的丝绸,都锦生是绕不过去的。当年周恩来陪外宾来杭州,参观的景点中,去农村的话,必是梅家坞,去工厂的话,必是都锦生。

"文革"期间,都锦生丝织厂改名为东方红丝织厂,后根据总理指示,改名为杭州织锦厂。1983 年,又恢复了杭州都锦生丝织厂的名称。

84

杭州城里人毛羡慕乡下人,像杭州梅家坞、龙井村的农民,生活在风景区里,住的是农家别墅,看的是如画美景,喝的是正宗龙井。他们一年采一次春茶,腰包就鼓得不得了,办个农家乐,财源滚滚来,年底还能拿到这里那里的分红,让城里人羡慕得流口水。

杭州城里那些拆迁户,原先住在城乡接合部,一拆迁,身价倍增,多了几套房子、几百上千万的票子。不要小看杭州那些出租车司机和保洁阿姨,他们中的一些人,身家是以千万计的。

85

杭州人说话,很喜欢"毛"字,比如格毛(这回)、上毛(上回)、下毛(下回)、头毛(刚才)。

86

杭州人还喜欢"儿"字:落头儿、鬼头儿、屁头儿、姑娘儿、条杆儿、小伢儿之类。杭州有一首儿歌就是这么唱的:小伢儿,搞搞儿,搞得勿好闹架儿。

还有首杭州伢儿歌:杭州小伢儿,杭州小伢儿,西湖里面划船儿,广场上面放鹞儿。公园看花儿,爬山抓抓儿。春天有柳条儿,夏天有荷花儿,秋天踏踏黄草儿,冬天搞搞雪花儿。豆瓣儿,香肠儿,有个故事的葱包桧儿。盐花儿,葱花儿,清清爽爽的鱼圆儿。摆桌儿,搬凳儿,放好筷儿,调羹儿。杭州伢儿搞搞儿。

北方人听杭州人开口闭口"儿啊儿"的,恨不得把杭州人的舌头拉出来捋捋直。

87

杭州有十大城门,早在民国年间,出了十个城门,就是乡下了。关于杭州十大古城门的民谣里,也有很多的"儿"——武林门外鱼担儿,艮山门外丝篮儿,凤山门外跑马儿,清泰门外盐担儿,望江门外菜担儿,候潮门外酒坛儿,清波门外柴担儿,涌金门外划船儿,钱塘门外香篮儿,庆春门外粪担儿。

88

杭州还有一首地名儿歌:一线天通飞来峰,两峰插云高高耸。三潭印月立湖中,四眼井旁看虎熊。五云山上云雾迷,六和塔畔江涛涌。七星缸在紫来洞,八卦田里春意浓。九里云松灵隐道,十(石)屋洞外满觉陇。

把歌中唱的地方走遍,西湖景区的精华你也就看得差不多了。

89

杭州人的"爹爹"指的是爷爷,而奶奶却不叫"娘娘"。杭州人把"姑姑"叫成"姨娘"。

杭州人开口闭口"格老倌",这"老倌"既不是指老公,也不是指老头,而是指"这个人"。

90

有些杭州人,喜欢把"老子"、"六二"(憨大)、"弄不灵清"挂嘴边。有些漂亮姑娘,开口闭口就是"老子"。

91

杭州女人称呼自家老公,不说"我老公",而是"我们老公",听上去,好像一夫多妻在杭州还很流行似的,好像在这座以共享经济闻名的城市,老公也可以资源共享似的。

杭州男人称呼自家老婆,也是一口一个"我们老婆"的。杭州男人没有大男子主义,对"我们老婆"都是呵护有加的,"我们老婆"做家务时,他们一般都会打打下手,帮衬一把,不当甩手掌柜,"我们老婆"出门时,他们也很愿意帮着拎包。

92

杭州人自我感觉相当好,不管到哪里,都喜欢旁若无人地讲杭州话。对杭州人来说,说杭州话只是习惯而已,但在外地人眼里,他们觉得杭州人不讲普通话,只讲杭州话,分明是有意无意地流露出某种优越感,所以他们得出了"杭州人,眼角头朝上"的结论。

93

当年那些在杭州读大学的外地大学生,表面上鄙视杭州,不肯学杭州话,其实个个都削尖脑袋想留在杭州,他们不但立志要留在杭州,还立志要讨杭州姑娘儿当老婆。没有条件留下的,带着爱恨交加的心情离开杭州,一有机会,他们还是想着法子调到杭州来。

94

小时候生活在杭州,一到晚上,就有大妈在巷口喊:"门窗关好,东西拿进,火烛小心。"大学毕业后在杭州工作,还老听到这些喊声。

现在,社区里的志愿者每天还是这么喊:"门窗关好,东西拿进,火烛小心。"不过后面加了一句:谨防电信诈骗。

也算是与时俱进了。

95

听杭州人说话,感觉个个都很有文化味,杭州人随便提起哪个景点,都能拉上历史名人当虎皮,随口再荡出几句典故,显得人文素养特深厚。

96

夏天,西湖里"接天莲叶无穷碧",除了赏荷,可以到湖边的饭馆吃吃荷叶粉蒸肉、叫花鸡,还可以花上几元钱买一柄莲蓬、几片荷叶。荷叶买回来烧荷叶粥,或者晒干剪碎,泡茶。

更幸运一点的话,你可以吃到西湖里的六月黄——西湖里的一种湖蟹。

到了秋天,西湖里的荷叶枯败成残荷。杭州人不清理,觉得残荷也是一种风景,"留得枯荷听雨声"嘛。

97

每当听到外地人把"保俶塔"读成"保淑塔",把"西泠印社"读成"西冷印社"时,杭州人就会暗暗发笑:格些神,介没文化的(这些人,真没文化)。

98

春天时,西湖边常见身穿大襟蓝布衣、肩搭黄色佛袋的外乡妇人,成群结队到灵隐寺、三天竺烧香,她们的表情很虔诚,与一路上嘻嘻哈哈的游人形成鲜明的对比。

不但外地人喜欢来杭州烧香,杭州本地人也喜欢烧香,还特别喜欢烧头香,为了烧头香,他们大年三十晚上就去庙里守着了。

自从杭州买房要摇号后,寺庙里的香火更盛了。

99

杭州周边,农家乐很多,几十元一位,可以消磨一天,喝茶加吃饭。杭州农家乐最好的一点是,从不宰客。

不但农家乐不宰外地客,那些风景点的茶室,还有大小饭店,也都是童叟无欺、明码标价的。

100

杭州图书馆是大家口中"全中国最温暖的图书馆",它不拒绝任何渴求知识的人,乞丐和拾荒者也可以进去。

浙江有意思

101

"杭儿风"一阵一阵地刮，在吃上表现得尤其明显，一会儿全城的人拥去吃张生记的老鸭煲，一会儿大伙儿排一二十米的长队去吃"方林富炒栗""胖大姐的臭豆腐""盛文甘栗"，还有什么"软麻花"和"掉渣烧饼"。

杭州人对排队很有耐心的。

"杭儿风"

102

　　杭州人喜欢吃酱鸭。过年时,阳台上挂几只酱得乌漆墨黑的鸭,想吃时就用挂钩把酱鸭叉下来,切成一块块,淋上黄酒,蒸起来吃。

　　杭州人开玩笑说,姑娘儿要是看上杭州小伙,想知道他的家底如何,就去看看他家窗台上,挂了多少酱鸭、腊肠。

103

　　杭州人喜欢吃烤鸡。吴山路上吴山烤禽店里卖的吴山烤鸡,风头已盖过楼外楼的叫花鸡。吴山烤禽店前,每天都有人排队,杭州人含着口水耐心地等着新出炉的烤鸡! 杭州的《都市快报》登过一篇文章,叫《没有一只鸡能活着走出吴山脚下》。

　　杭州人,算你狠!

104

　　人家冬天进补,杭州人夏天也要补的,"头伏火腿二伏鸡,三伏吃对金银蹄",吃的都是硬菜!

　　善待自己,杭州人把这句话落实在吃上。

105

杭州人的家里,小事一般都是女人做主,大事才是男人做主,但好多杭州男人,一辈子都没碰上过大事。

杭州女人调教起"我们老公"有自己的套路,比起老一辈,新一代杭州女人调教老公的手段丰富多了。她们虽然会作,会发嗲,但她们懂得拍老公的马屁,知道打蛇打七寸,懂得使用糖衣炮弹,会哄老公开心。她们还很喜欢打扮自己的老公,把老公打扮得光鲜体面,只要老公比她能,比她有花头,她愿意低眉顺眼。

106

大白天绕着西湖骑行,或者沿着西湖不紧不慢散步的,多半是外地游客,要不就是杭州的老年人。

一到节假日,西湖边游人如织,杭州人挺大度挺好客的,他们说外地人难得来杭州,把西湖让给外地人看,我们就不去凑这个热闹了。我们想看,随时都可以看的! 哈哈哈!

107

"若往西湖游一遍,就是凡夫骨也仙。"一到节假日,西湖景区乌泱泱都是人,4G 信号都挤没了。花港观鱼成了"花港观人",断桥快要被踩断了。

一到节假日,城外的人想冲进杭州城,城里的杭州人为了避人,想冲到城外去。

108

外地人一边挑着杭州的不是,说什么交通拥挤啦,房价高啦,一边拼命在杭州买房,想尽办法在杭州做窝。这几年,温台地区的人,在杭州没少买房。

说起温州、台州,杭州人的心绪有点复杂。这两个地方的人,在杭州人眼里,都是"乡下人",不过,这些年,这两地的"乡下人",在杭州买了很多房子。《经济观察报》前几年有一篇很长的报道,题目就是《温州人台州人在杭频频购房,刺痛了杭州人》。杭州人的神经,有那么脆弱吗?

109

杭州变化太大了。杭州朋友感叹,结婚纪念日,想到当年谈恋爱亲嘴的那片草地上怀个旧再亲个嘴,发现当年的空地,已经变成了写字楼,找不到亲嘴的地方了。

110

杭州是相当文明的一座城市,斑马线前都是车让人的。
这是一座有温度的城市。

斑马线前的车让人

111

有一个富翁到海边度假,看见一个衣衫褴褛的乞丐躺在沙滩上晒
太阳。富翁问:"你为什么不去挣钱呢?"乞丐反问:"挣钱以后干什么

呢?"富翁说:"像我一样到海边来度假,来沙滩晒太阳啊。""我现在不正在晒太阳吗?"乞丐仰起头,微闭着眼回答。

好些个杭州人的想法跟这个乞丐一样:我钱虽然不如你多,房子不如你大,但我的生活过得比你惬意多了。

112

有一项调查说,青少年最喜欢去旅游的国内城市,首选是北京,第二个是杭州。

杭州人嘴巴一撇说,这个还用得着调查吗? 这不是和尚头上的虱子——明摆着的吗?

113

在"中国最适宜养老城市"排行榜中,杭州也排在榜首。杭州的确适宜养老,很多周边城市的人都跑到杭州买房子,预备着退休后,到人间天堂过夕阳红的快活日子。

114

不只如此,这几年,杭州的人才净流入率也是国内数一数二的。杭州不但吸引想养老的老年人,也吸引想创业和奋斗的年轻人。

杭州,一座老少通吃的城市。

浙江有意思

115

杭州是六大古都之一,杭州人是南宋皇城根的居民,所以,杭州人有时候喜欢讲些排场,也愿意图些虚名头。杭州人自己也感慨:"杭儿风,一把葱,花簇簇,里头空。"

杭州人很讲面子。杭州不是没有下岗职工,他们也不是不想挣钱,但是若工作不够体面,比如当个小区保安,在社区里卖卖早餐,他们宁肯在家闲着,杭州人,丢不起这个脸。杭州人有一句话——"城里人白相,做工靠阿乡",言语间,还颇为自得。

116

杭州人心态好,他们挺会调侃自己的,他们兴致勃勃地说要过"六二"节,还说:"我们杭州人不过六一只过六二。"

"六二"是杭州人常挂在嘴边的一个词,有点损,原指冒傻气、蠢笨、落伍、弄不清楚。不过用着用着,这个词语损人的意思没有了,反倒成了杭州人相互之间调侃的用语。

117

杭州人觉得自己见过大世面,小地方的人没见过什么世面。

他们的自我感觉实在是好,比如说,一辈子住在老小区又老又小又破的房子里,连在轰轰烈烈的炒房时代都没敢买一套大房子的人,总觉得自己住在杭州城中心,说外地人才到郊区住大房子。

118

滨江在钱塘江之南。在老底子杭州人的观念里,买房不过钱塘江,过了江就不算杭州城。一直到 20 世纪 90 年代末,过一桥去对岸还要交过路费,十元一次。那时的滨江,是"乡下"的代名词。杭州人跨过钱塘江到滨江买房,是需要一点冒险家的勇气的。

这种地域偏见,就好像上海人当年的"宁要浦西一张床,不要浦东一间房"。杭州从西湖时代跨入钱塘江时代,有 G20 峰会和亚运会两个国际盛会加持,拥有五十多家上市公司的滨江,成了全杭州房价涨得最快的地方。

哼,今天你对我爱搭不理,明天我让你高攀不起。

119

杭州有一家公司看上去野豁豁的,公司的头儿曾去应聘肯德基的服务员,面试官看他长得像个外星人,就没录用他。他经常干一些稀奇古怪的事,他喜欢金庸的武侠小说,就把自己的办公室命名为桃花岛,会议室的名字叫光明顶、黑木崖、灵鹫宫等,公司里的每个人都有"花名",他自己的花名叫"风清扬",手下一帮人叫逍遥子、铁木真、郭靖、奔雷手、东邪、行癫什么的,看上去不像个正经公司。

这个公司叫阿里巴巴,这个没有被肯德基录取的"外星人"叫马云,他后来给肯德基的母公司——百胜中国投资了几个亿,成了肯德基的股东。

光一个阿里巴巴,就让全国人民无法小看杭州。

120

杭州人有点骄傲,跟"金主"住在同一个城市,怎么着也能沾点财气。逢年过节,阿里巴巴也惦记着乡里乡亲,给每个杭州人发钱,请大家五折吃喝玩乐。

除夕夜,那巨额红包更是如天女散花,十块八块都是钱,洒向人间都是爱。

121

每年,一到除夕,从上午八九点钟起,原本车水马龙的杭州,忽然冷清得像是一座空城,不见人流,亦无车流,而原本人头攒动的风景点,这个时候也空空如也,好像清场过似的。

这个时候,是人间天堂最为宁静的时候。

到了初二初三,杭州的景点又开始爆满了。

122

我有好些个皮糙肉厚的男同学女同学，调到杭州或嫁到杭州后，好像蜕了一层皮似的，一个个变得细皮嫩肉，连气质也好了很多，杭州的水土还是很养人的。

123

朋友住在九溪玫瑰园。九溪玫瑰园是杭州开发得最早，也是最高档的别墅。我朋友说了，在这里享受阳光清风，坐看云起云落的，大多是保姆、管家，因为有钱的主人做生意忙得满世界跑，十天半月不回家是常事，这豪宅就归保姆、管家享受了。

124

西湖边有一座影楼叫陌上花开·影像会所；湖边有一报亭，曰叠翠。南山路中国美院旁的旗子上写着："想念我，就去看我的画展吧。吴冠中。"

杭州的风雅，真不是随便装装的，不像一些地方，俚俗的底子，却爱装风雅，一不留神，就会露出一截尾巴来。

125

每个到过杭州的外地人,都有一张跟西湖的合影。每个老杭州人的影集里,都有一张跟武林广场的八少女音乐喷泉的合影。杭州的武林广场,那个时候,叫红太阳广场,有个八少女音乐喷泉。喷泉刚落成时,杭州人倾城而出看喷泉,成为一件盛事。

126

杭州的西湖边,一天到晚都是手持长枪短炮拍风景的人,以大伯大妈和外地游客为主。年轻人不多,要上班,没空,要拍照也是用手机拍。拿着长枪短炮,蹲在那里老半天不动的,是杭州的老年人,他们有钱有闲,还很有情调。

127

G20 杭州峰会之前,西湖周边机动车禁行。杭州人来到南山路,坐在马路中间留影打卡,称之为"南山坐"。杭州的大妈更来劲,带上各种丝巾各种道具,在西湖边的各条禁行道路上,各种横卧,各种拗造型,各种自拍。

128

杭州有湖（西湖）、有湿地（西溪湿地）、有河（大运河）、有江（钱塘江），这座城市被各种各样的水环绕着。这么多的水，把杭州女人滋润得水灵灵的，也把杭州男人滋养得细皮嫩肉。

129

书虫都爱杭州。杭州有很多独立书店，晓风书屋、枫林晚书立方、南派三叔的南派三书、麦家的理想谷，还有西西弗、言几又、单向街、钟书阁、茑屋书店等，而西湖读书节，已经不歇气地办了好多年。

130

杭州说自己是"品质之城"是有底气的，这个城市最讲究生活质量了，它的天气预报，除了发布天气概况，还发布穿衣指数、化妆指数、美发指数、洗车指数、逛街指数、约会指数等。比如它的约会指数是这么说的：今天约会较不适宜。天气较好，但天气较热，建议尽量不要去室外约会，如果外出，请您挑选阴凉地点。

哈哈，连约会都替你考虑周全了。

131

在情种的眼里,杭州的山水是活的,一个西湖,心情不同时,有不同的味道。卿卿我我时,看山是山,看水是水,恨不得终老西湖;一拍两散时,"西湖的水,我的泪"呀。

132

杭州是全中国绿色最多的副省级城市,森林覆盖率超过 65％,而老二,号称"花城"的广州,森林覆盖率是 44％,有"山城"之称的重庆,森林覆盖率只有杭州的一半。

北方人冬天到了杭州,会大惊小怪地说,娘哎,怎么杭州的冬天,比我们那疙瘩的春天还要绿!

133

林子大了,什么野猪都来了。城外的林子时不时会跑出几头野猪来,有几次"二师兄"还拖家带口跑到城里,甚至跑到热闹的吴山广场。

134

立春那天,我在柳浪闻莺看花展。钱王祠的留言墙上,老外看了花展,用中文歪扭扭地留言道:"你好! 我们法国人,觉得这里真好看。"

我拿笔在下面补充了一句:"我们中国人,也觉得这里真好看。"

135

杭州的夏天真的热,有人拿着鸡蛋放在柏油路上,没多久,就烤熟了。杭州是中国新"四大火炉"之一。

不但夏天热,杭州的冬天也特别冷。不过,杭州人是耐高温耐寒冷的优良品种,不怕。

136

夏天的杭州跟火炉一样,早起去西湖边散步,总发现有人背着个"跟屁虫"(救生浮球)在西湖里游泳。

西湖是不让人游泳的,他们说是热得没办法,只好跳湖里去凉快凉快。

137

杭州的天气,脸变得很快。春夏时,兴致勃勃在西湖边闲逛的外地游客,会被突如其来的一场暴雨,淋成落汤鸡。或者被不知哪儿刮来的一阵妖风,刮跑了手中的伞。

138

杭州的树真好啊。西湖边的柳树,南山路的法国梧桐,杨公堤的水杉,九溪的枫树,还有一年四季的花树。春天有春天的浪漫,秋天有秋天的斑斓。

杭州的湖真好呀。当我临湖而坐,闲看水鸟时,水碧,山翠,风动,桂香,荷枯,禅静。

我终于理解了弘一法师为什么会在杭州出家。

139

在湖边租辆自行车,骑着自行车绕湖御风而行,过六公园、柳浪闻莺、苏堤、曲院风荷、断桥,看树,看湖,看美女,一路是看不完的景。

140

关于杭州人,有"杭铁头"的说法。铁头有是有的,不过不太多。

杭州是佛系的,那些个"绍兴铁头""台州铁头""温州铁头",一到杭州,仿佛也被杭州人的温和同化了,变得绵软了,"铁头"不知不觉成"羊头"了。

141

同样年纪,杭州的男人比别的地方的男人看上去要嫩。杭州男人属于江南才子型,才子没有不风流的。但杭州男人在老婆的严格调教和管教下,基本上做到了倜傥不风流,或者风流不下流。在云山湖水、软玉温香中浸泡出来的杭州男人,处世行事难免有些优柔寡断,有些慢条斯理,让外地人感觉,杭州男人,怎么这么"糯"这么"嫩"呀。

杭州男人真的嫩相,二十多岁的小鲜肉就不去说他了,五六十岁的杭州男人,看上去也比四十多岁的北方大叔要"鲜嫩"得多。

142

杭州真是浪漫之都,一部 K155 公交车,被浪漫的杭州人演绎成"KISS"公交车。在杭州人的眼里,世界都是粉红色的。

不只 K155,杭州人还在公交车上,搞"把诗带回家"的活动,公交车上挂满各种小纸条,纸条上写着诗,乘客如果喜欢,可以带回家。真是浪漫啊!

143

杭州从西湖时代往钱江时代迈步时,杭州人一开始是抛不下西湖的。当年为了鼓动杭州人过江,有一条广告语叫:有梦,过江来!

说得直截了当一些就是,早过江,早发财。

真的,当年听政府话过江工作买房的,早发财了。

144

杭州是古城,却没有暮气。财经作家吴晓波说:"与其他成为过帝国都城的中国城市——比如西安、南京乃至成都等等都不同,杭州似乎少一份颓废之气,在这里的二十万在读大学生、十二万软件开发者、数十万的年轻创业者及打工者,以及数以十万计完成原始积累的浙商群体让它始终散发出充满野心的商业主义气息。它是一座属于新兴中产阶级的消费型城市，自然的美好风景与商业的繁荣天衣无缝地交融在一起，在这里，走近所有美好的事物都只需费吹灰之力，它如湖面的荷萍，肤浅地漂浮在生活的表面，如同生活本身一样。"

145

每年五月，西湖边都要办一场音乐节。这场号称是全中国最美的露天音乐节，就放在太子湾。而杭州动漫节一办就办成了国内规模最大的动漫会展，成了动漫爱好者的饕餮之宴。

从音乐节、动漫节，再到杭州国际马拉松赛、杭州四季越野赛、环浙健康骑游、钱塘江国际冲浪挑战赛，杭州有活力，有激情，有荷尔蒙。

146

杭州是移动支付之城。杭州人都用支付宝，现金基本不带的。杭州街头连烤番薯、卖烧饼的，也是用二维码收钱的。乞丐讨钱，也用二维码。

以前，杭州出租车驾驶位旁都安装了不锈钢围栏，以防抢劫。现在杭州的出租车没有围栏，不怕抢钱，因为大家都用支付宝付车费，没钱可抢，也没钱可偷。

147

萧山人很有钱,因为独生子女政策,当地不少有钱人家只有一个女儿,为了让万贯家财和家族企业后继有人,有钱人家就想出了"招上门女婿"的方法。萧山因而被网友戏称为"中国赘婿之都"。

148

因为马云,全国人民多了一个节——"双 11"。每年的 11 月 11 日,无数的剁手党彻夜不眠。

照我说,"双 11"应该给全国人民放假。理由是:这一天,全国人民都跟半夜催鸡叫的周扒皮一样,不睡觉,在抢购。

149

老话说:"食在广州,穿在苏州,玩在杭州,死在柳州。"

杭州的山山水水,最是打动人。很多人在离开时,总是一步三回头。

杭州宜生活,也宜创业。来杭州的,不仅是游客,还有很多很多人才。

浙江有意思

150

在杭州生活，你分不清是因为一棵树爱上一座城，因为一朵花爱上一座城，因为一湖水爱上一座城，还是因为一个人爱上一座城。或者反过来说，是因为爱上这座城，从此爱上了这里的风、花、雪、月、人。

可是这有什么要紧呢？爱了就是爱了，何必分得那么清。

宁波

1

"书藏古今,港通天下——中国宁波",宁波的这句城市广告语,相当有气势。浙江十一个城市的广告语,没有一个能像它一样,把古今中外精神层面和物质层面的东西一言蔽之。

2

宁波文化网的网名是 nb7000,是"宁波七千年"的缩写,宁波人开玩笑说,这是阿拉宁波"牛逼七千年"的缩写。

宁波的河姆渡遗址,把中国五千年的文明史前移了两千年。余秋雨说,河姆渡文化在中华文明中起到奠基作用。贾平凹说,原先以为长江文明不早于黄河文明,看了宁波的河姆渡遗址才知道,这里的历史更久长啊。

难怪宁波人自豪地说,为什么阿拉宁波人这么聪明,因为阿拉发育得早啊,比别处的人早发育了两千年。

3

宁波人真的不是吹牛,他们的确是提早"发育"的。先秦时,宁波就已设县建制,那时的广州还是南蛮之地的一个小村落;到了唐代,宁波建州,"海外杂国,时候风潮,贾舶交至",成为繁华都市,那时的上海不过是个小渔村;到了宋代,宁波已成为四大港口城市之一,天津还只是一片螃蟹遍地爬的滩涂。

4

杭州的车以"浙 A"开头,宁波的车以"浙 B"开头,宁波在浙江的地位如何,不言而喻。

5

宁波是全国十四个中央计划单列市之一,是副省级城市,行政级别要比人家高。

宁波人的隔壁邻居台州人有时对温州人不以为然,觉得温州实力跟台州差不了多少,温州人还老爱哇啦哇啦炒作自己,一见风声不对,跑起路来,比兔子还快,但对宁波人,台州人就没话说了,人家行政级别比我们高,做人做事还那么低调,连发财也是闷声不响的。

6

宁波这个城市,有四香——米香、鱼香、书香、墨香。

宁波有一点特别好,读书人不会看不起生意人,生意人也不会瞧不起文化人。不像一些地方,读书人看不起生意人,觉得他们满身铜臭味,生意人看不起读书人,觉得他们一副穷酸样。

7

过去,宁波人的孩子到了一定年纪,家里人就想办法把他送到上海做生意。生意学会了,想法子自立门户,当老板。宁波人有句话:"伙计做到老,不如一根草。"不想当老板的伙计不是好伙计!

8

天一阁是我国现存最早的私人藏书阁,也是世界最古老的三大家族图书馆之一,所藏图书大部分是明代刻本和抄本,不少还是海内孤本。

藏书楼的主人范钦官当得很大,是明朝的兵部侍郎(相当于国防部副部长)。范部长的这座私人图书馆,只对本族子弟开放,外人是不能进去看的,书只能看不外借。

浙江有意思

天一阁

9

　　宁波人喜欢阳春白雪,也喜欢下里巴人,他们喜欢看书,也喜欢搓麻将。闻名天下的藏书楼天一阁里,不仅藏有万卷书,还藏着个麻将起源博物馆。

　　"十亿人民九亿麻,还有一亿在观战",麻将是最受国人喜欢的娱乐方式,麻将就是宁波人发明的。宁波人认为,这是继四大发明之后,最实用最普及最接地气的第五大发明。

　　宁波人期待有朝一日,麻将能列入奥运会比赛项目。

10

麻将的发明也是起源于生活而高于生活的。据说麻将牌中的"索子",是受渔网启发;"条""筒",来自打鱼的工具绳索、水桶;添加"风牌",也是与航海有关。

11

日本的佛教团到天台国清寺朝拜祖庭,日本的麻将团则到宁波寻根问祖。要知道,光日本一地,就有三千万麻将爱好者。日本人搓麻思源,摸着麻将就想到宁波。

宁波曾出土世界最早的木屐,日本木屐的根也在宁波。

12

江湖上除了黑帮青帮,还有红帮。

鸦片战争后,宁波成为当时最早与国外通商的口岸城市之一,宁波人把蓝眼睛、红头发的洋人称为"红毛人",为"红毛人"做衣裳的宁波裁缝,就称为红帮裁缝。"红帮"之名由此而来。

宁波男人穿针引线,成了名扬天下的"红帮"裁缝。宁波男人的手,比女人的还巧。

13

孙中山的第一套中山装，就是宁波人做的。

孙中山对宁波裁缝王才运说，把此服改良一下，做一套中国衣。王才运不辱使命，把孙中山给他的陆军士官服改良了一下，七扣改成五扣，意为五权宪法，袖扣定为三颗，意为三民主义，把胸前贴袋改成笔架式的袋子，意为革命需要知识分子。

在这之前，宁波人还为革命家徐锡麟做了他的第一套西装。天安门城楼上高挂的毛泽东画像里，毛泽东身上穿的那套中山装，也是宁波人做的。

宁波有不少闻名全国的服装企业，雅戈尔、杉杉、罗蒙、太平鸟、培罗成等。要说做衣服，谁做得过宁波人。

14

早年宁波人闯天下，带着三把刀——裁缝刀、菜刀和剃刀，宁波人称"三把刀子闯天下"。

宁波人克勤克俭、含辛茹苦，用三把刀讨生活，白手起家创大业。

15

要说血性嘛，宁波人是比不过隔壁的绍兴人和台州人的。

要说全面发展嘛，宁波人又盖过了风头很劲的温州人，温州人的生意经全国闻名,可宁波人除了会做生意,在政治、文化、艺术上都有很大建树。比如,宁波盛产工商界巨子,威震一方的宁波籍工商界巨子,十个手指头根本数不过来。同样,宁波也盛产文化名人,王阳明、黄宗羲、潘天寿、周信芳、沙孟海、余秋雨等,都是宁波人。宁波还诞生了不少科学巨人,童第周、贝时璋、谈家桢、屠呦呦等都出生在宁波。

16

宁波有很多明星,像王丹凤、洪金宝、陈思思、周星驰这样祖籍宁波的知名电影人,随便数数,就有百来个。

中国第一家自主制片的影片公司、中国第一部故事片《难夫难妻》、中国第一部有声影片《歌女红牡丹》,都出自宁波人之手。被称为"电影皇帝"的邵逸夫也是宁波人。

17

"走过三江六码头,摸过老蒋光郎头。"——宁波人用这句戏言,表达自己的见多识广。

18

宁波人说起蒋介石,心绪相当复杂。他们说,老蒋在的时候,是"阿拉宁波银"有点风光的时候。

有一段时间,宁波的骂人话"娘希匹"颇为风靡。

19

宁波是真正的水乡。宁波有大江大河大海，号称"三江六塘河，一湖居城中"，"三江"是奉化江、余姚江和甬江。

三江口是宁波的地标，一如上海的南京路和外滩。

20

都说温州人、台州人的头发是空心的，如果温州人、台州人的头发真的空心，那宁波人的小肚肠既多且弯，就像黄河的九曲回环。他们精打细算，会打肚里算盘，是天生的生意坯。

21

"无绍勿成衙，无宁勿成市。"没有绍兴人的衙门不叫衙门，没有宁波人的市场不能称为市场。生意场上，对宁波人，大家都会高看几眼的。

22

宁波有句谚语："要窜头，海三湾。"要想出人头地，就要闯荡四海。宁波人是做生意的好手，他们把生意做到五湖四海，在他们眼里，啥都可以跟买卖挂上钩。对要打交道的人，宁波人称为"买主"，难弄的人叫其"疙瘩买主"，长得漂亮，那是"卖相"，为人实在叫作"实货"，滑头鬼叫"虚货"，肥头大耳叫"双料货"。

23

　　宁波人做事,很拎得清,他们不会跟你太热乎,不太可能为你两肋插刀,但也不会冷落你。他们不会太大方,但也不会太小气,场面上的事,他们做得漂亮,他们讲契约精神,守规矩。他们喜欢井水不犯河水,他们外圆内方,用"汤圆"来形容宁波人的性格,蛮贴切的。

24

　　浙江、江苏、山东三地都在争梁祝故乡,梁祝的坟墓全国就有七处,读书处有三处,不过,"梁山伯庙"只有宁波有。

25

　　上海人把上海以外的人都看成阿乡,但上海人对宁波人还是很客气的,一口一个"小宁波""老宁波",透着一股子亲昵劲儿。

26

　　上海丈母娘眼角头高,坚决不让女儿嫁苏北人,但若女儿找个宁波郎君,就睁只眼闭只眼了。要知道,号称"中国最精明"的上海人,四分之一祖籍是宁波,宁波人拐上几个弯,家家户户都有上海亲眷。

浙江有意思

27

一到清明节，宁波街头就会冒出很多上海人，他们到宁波来给老祖宗、先父母扫墓。上海人再怎么"门槛精"，自己的老祖宗是不会忘记的。

28

上海人对宁波人另眼看待，不仅因为很多宁波人跟上海人是同一个老祖宗，在上海，有数以百万计的宁波籍人士及后裔，还因为宁波人是相当有实力的一群人，宁波人在一个世纪以前就占据了十里洋场，宁波帮成为当时中国的第一商帮。

中国第一家保险公司，是宁波人创立的，中华人民共和国成立前上海滩上有九家钱庄，宁波人占了五家半。上海的第一家银行、第一家证券交易所、第一家染织厂、第一家化学制品厂、第一家印刷厂、第一家五金店、第一家南货店、第一家绸布店、第一家火柴厂、第一家国药店、第一家灯泡厂、第一家钟表店……无数个第一都是宁波人创办的。

宁波人，结棍的！

29

上海有好多条以宁波的地名命名的马路,有宁波路、宁海路、慈溪路、余姚路,还有以宁波大佬命名的虞洽卿路。

30

宁波人不爱摆阔气,也不爱拉虎皮当大旗。胡润百富排行榜中,宁波人没几个。宁波人不是没钱,宁波富翁有的是,但人家就是不爱显山露水。

宁波人有句老话:"严嵩势力也要过,杨苗家计(家当)也要败。"谁都富不过三代,所以即使有钱了,也没必要那么张扬,更没必要让外人知道。嘘,要低调,要低调!

31

生意场上,有"宁波大老板""温州小老板"之称。宁波有众多工商业巨子,宁波人做事有魄力,他们喜欢在大城市布局,在大城市做生意,宁波人的眼孔很大、格局很大、气魄很大。

32

孙中山很推崇"宁波帮":"凡吾国各埠,莫不有甬人事业,即欧洲各国,亦多甬商足迹,其能力与影响之大,固可首屈一指者也。"宁波人的能力大到天。

33

宁波有"世界宁波帮大会",温州也有类似的大会,叫"世界温州人大会"。听上去,还是这个"帮"字有气势多了。

34

毛泽东老早就发话过:"要注意保护宁波帮大中小资本家的房屋财产,以利我们拉住这些资本家,在上海和我们合作。"

邓小平说得更直接:"宁波的优势有两个,一个是宁波港,一个是宁波帮。"他还说,要把全世界的宁波帮都动员起来,建设宁波。

别处也有商帮的,可是哪有"宁波帮"这么有气势啊。宁波人的实力,谁也不会小瞧。

35

"宁波帮,帮宁波",宁波帮的主体就是商人和学人,"知行合一,经世致用",是宁波人的人生哲学。

海外宁波帮喜欢在宁波捐资,他们捐建的项目,如教学楼、图书馆等,喜欢以自己或父母亲的名字来命名。他们不但在宁波捐资,还在全国各地捐资,比如邵逸夫在内地捐赠巨款,全国有近千座"逸夫楼"。

请问哪幢是逸夫楼？
我是！
我是！
是我！
我才是！
这里！

全国到处都有的逸夫楼

36

"一部宁波志，半部余姚史"，余姚因河姆渡遗址的发现名扬世界。余姚人特别喜欢思考，没事喜欢瞎琢磨，难怪能出大思想家，王阳明、黄宗羲、朱舜水这些有名的思想家都是余姚人。

37

宁波人好面子，做人做事讲究体面，当然，有时面子大过里子，所以难免会做些"赤膊穿长衫"的事。

38

听宁波人说话,找不到吴侬软语的感觉,"宁和苏州人吵架,不跟宁波人说话"。每次到宁波,听宁波人哇里哇啦说话,总感觉宁波人开口说起话跟打雷似的。宁波人越是聊开心的话题,听起来越像是吵架。

有次我到报社去看望老朋友,听得走廊里一片喧哗,正诧异,总编朋友过来解释说,这些记者编辑不是在吵架,他们只不过是在温和地讨论一个选题。

39

关于宁波话,还有一个段子,说屠呦呦获诺贝尔奖后,有中国记者现场问屠呦呦:您能简单向世界介绍下自己的家乡宁波吗?

屠呦呦用一口纯正的宁波方言答道:阿拉宁波有五个区,一个是不能去(北仑区),一个是还是去(海曙区),一个是讲不去(江北区),一个是真还去(镇海区),还有一个是仍旧去(鄞州区)!

世界人民:我嘞个去! 宁波难不成是世界最神秘的城市,到底能不能去啊?

40

杭州人说话"甲隔套实隔套",宁波人说起话来"啥西啥西"的,宁波当地电视台有个方言节目就叫《来发讲啥西》。宁波人说话,是张姜不分,王黄不分,陈郑不分的。

宁波人把自己的宁波普通话称为塑料普通话。

41

宁波话很有特色,宁波朋友在饭桌上演绎了一遍,笑得我们前仰后合,那句著名的毛主席语录——"你们青年人朝气蓬勃,正在兴旺时期,好像早晨八九点钟的太阳",用当地方言节目《来发讲啥西》的腔调讲就是——"侬拉后生家赛过天亮头八九点钟咯日头"。"世界是你们的,也是我们的,但是归根结底是你们的……",宁波话是这样讲的——"天下是吾奈河,鞋是阿拉河,但是摆落脚色是标河……"

42

宁波话称呼身体器官,总少不了"皮"啊"骨"啊"头"啊,比如,他们管耳朵叫耳朵皮,嘴唇叫嘴唇皮,眼皮叫眼泡皮。至于手,他们叫手骨,腿叫脚骨,脊柱叫背脊骨。脑门呢,叫脑磕头,膝盖叫脚磕头,手肘叫手挣支头,手指叫指末头,脚趾叫脚末头。

43

宁波人把猪脚叫"蹄髈",把自个儿的大腿叫作"脚胖"。更有意思的是,他们把胃称为"饭包",太形象了。

他们去医院看胃病,难道是去看饭包病?

44

宁波人把"卧薪尝胆"说成"咬紧苦胆";"指桑骂槐"叫"敲敲笃笃";赚昧心钱,叫"捞锡箔灰"——意为捞钱像做鬼似的不光明。他们做事坚韧不拔,"蜒蜿螺(指蜗牛)上宁波,只要日脚多"。

他们交友要交有本事的人,因为"跟老虎吃肉,跟黄狗吃屙"。

他们挂在嘴边的,还有一句话,叫"刀快不怕头大"。这话听着,怎么这么吓人啊。

45

宁波有民谣:"大大小顽,坐高高矮凳,抡厚厚薄刀,切石硬年糕,喂黑黑黄狗。"

宁波人把狗一概称作"黄狗",管它是黑是白,都叫黄狗。至于凳子,一概称作"矮凳"。男孩子从小长到大,一律叫作"小顽",三岁的男孩是小顽,二十出头的小青年也是小顽。女孩叫作"小娘",只要没出嫁,统统是"小娘"。

宁波人把雌的梭子蟹叫成"小娘蟹"。

46

宁波天主教堂不算多,但宁波的嬷嬷很多,宁波人称姑母为嬷嬷,宁波人管姨妈也叫嬷嬷,凡是比父母年龄大的女性,宁波人都叫嬷嬷。

47

宁波人做生意,有自己的一套法则。宁波有句老话叫"天下三主,顶大买主",宁波人讲究和气生财。

宁波人做生意,不兴断人后路,"宁可做蚀,弗可做绝"。做事留有余地,留得青山在,不怕没柴烧,难怪宁波人能发家。从这句话就可看出,宁波帮的帮不仅是结帮,而且是互帮。

48

宁波人一向重视教育,宁波老话说:"秀才不怕衣衫破,只怕肚里没有货。"宁波是公认的院士之乡,出了百余位"两院"院士。宁波人自豪地说,按人口比例计算,全国约九十万人中才有一位院士,而阿拉宁波呢,七万多人中就有一位。

至于为什么宁波会出这么多院士呢? 宁波人说,"阿拉宁波银"鱼头吃多了,别小看鱼头,这可都是纯天然的"脑白金"啊,所以,"阿拉宁波银"的脑袋瓜就是聪明啊。

依我看,"宁波银"不但脑袋瓜聪明,他们的脑回路也比一般人要曲折。

49

别处的女人哀怨地说,商人重利轻别离。但宁波女人不怕做生意的老公四处奔波,世上哪有双全法,又要挣钱又要顾家? 她们理解丈夫忙生意顾不了家,对丈夫的挣钱能力十分自豪:"小白菜,嫩艾艾,丈夫出门到上海,廿元廿元带进来,介好丈夫哪里来?"

只要丈夫大把票子挣回家,就是一等一的模范丈夫,独守空房又算什么呢?这一点跟舟山女人形成鲜明对比。舟山有首歌谣,叫作《拣老公》,歌中唱"种田老公我才要","出门老公我勿要"。舟山女人是宁愿老公守着家过苦日子,也不愿老公抛下她出远门挣大钱的。

50

宁波还有这样一句民谣:"囡囡宝,侬要啥人抱?我要阿爸抱,阿爸出门赚元宝。"宁波人对孩子的启蒙教育里,就有做生意赚大钱。

51

感觉宁波女人在家中都挺有地位的,被外地人调侃自己怕老婆,宁波男人一点也不恼,他们美滋滋地说:"怕老婆,铜钿多。"

52

宁波的知名度很高。

宁波人开玩笑地说,移动联通电信天天为宁波打免费广告:"宁波(您拨)打的用户不在服务区。"

宁波的知名度能不高吗?

53

中国只有上海人、宁波人和舟山人自称"阿拉",而且,上海的"阿拉"也是从宁波的"阿拉"中传过去的,至于舟山,原本和宁波是一家的。

宁波—舟山港成为一体化后的新港口,货物吞吐量连续多年超过上海港,稳坐全国头把交椅。

54

宁波丈母娘对女婿好是出了名的。宁波有俗话,小来外婆家,大来丈母家,老来姊妹家。

"大来丈母家",说明女婿在丈母娘家的日子实在舒服。宁波丈母娘对女婿简直比对亲生儿子还要客气。宁波人还有一句话:女婿"丈母"一声喊,丈母蛋壳一奋斗。

55

在宁波,嫁女儿是要"亏本"的,宁波的丈母娘收了彩礼钱不但要退回去,还要为女儿准备车子等各种陪嫁,条件好的,甚至连房子都要准备好。

宁波丈母娘思想境界高,说,我们是嫁女儿,又不是卖女儿,要什么彩礼!

56

宁波女人很会拾掇自己的,她们总把自己和家里收拾得清清爽爽,俗语说:苏州的头,扬州的脚,宁波女人好扎刮(指好打扮)。

宁波女人过日子讲究。有会过日子、爱拾掇的宁波女人,宁波的街道看上去总是那么干净,难怪宁波早就是全国卫生城市了。

57

亚马逊中国给中国的浪漫城市排了个名,评出中国十大最浪漫城市,佛山、宁波和东莞获评中国城市中最具浪漫气质的三甲,宁波是浙江十一城中唯一上榜的城市。宁波有一家店叫"老宁波油赞子",门前有一副对联:"纤手搓成玉数寻;碧油煎出嫩深黄。"把一个再平常不过的小食写得那么诗意浪漫,宁波真是座浪漫且不张扬的城市。

不要以为,只有杭州人、嘉兴人浪漫风流,阿拉宁波人也是风流倜傥的啊。

58

香港的几个船王都是宁波人,不要奇怪,那是因为宁波与海运的缘分。宁波之名,取自"海定则波宁"。七千年前的河姆渡遗址就出土了六支橡木桨,说明那时候宁波人就在水上讨生活,秦朝时,宁波近海岛屿上就有鱼贩盐商,唐宋时海上贸易就十分频繁。宁波很早就向洋看世界了。

　　1984 年,宁波被列为十四个沿海开放城市之一,1994 年,被确定为副省级城市。

从宁波走向世界

59

　　有一年香港评十大富豪,宁波帮的包玉刚、邵逸夫、陈廷骅,就占了三席。在港台,宁波大佬一说话,地上就会砸出一个坑。财大,气当然粗喽,腰杆子自然也硬喽。

60

宁波有很多名头很响的中学,这些重点中学的校长,着实比宁波的大学校长要牛气得多、风光得多。

61

宁波人热心投资教育,民办大学的规模之大、数量之多,在全国有名。宁波大学就是海外宁波人帮着办的。1984 年,包玉刚第一次回老家宁波,天一阁给老包递上刚查出的包氏家谱,上面赫然写着,包玉刚,包公第二十九代孙。

这个包公的第二十九代孙见之大喜,给了宁波一个巨大的回报,捐建了宁波大学。

62

宁波大学的建校历史不长,也就三十多年,托了宁波帮的福,里面有不少楼是宁波富豪捐的,有包玉刚图书馆、安中大楼、包玉书楼、龙赛理科楼、曹光彪信息楼、逸夫教育楼……这些富豪,一捐就是一幢大楼。

宁波大学还有"天屎之路"——宁波大学环境好,每年夏天有数以万计的白鹭飞来,校园里的主干道上有很多鸟屎,故名。

63

食物搁在宁波,一般逃脱不了被盐腌、油酱、糟浸、霉化、臭卤的命运。

64

宁波人很会"做人家",是勤俭持家的榜样。别处看不上眼的小蟹小虾,宁波人不舍得扔掉,腌成蟹酱虾糊,拿来下饭。

说到宁波人的节俭,从前有一个冷笑话,有户宁波人家,吃饭时没有菜,只在窗口挂一条咸鲞。几个小孩,看一眼咸鲞,扒一大口白饭。有个小孩多看了几眼,当爹的马上沉下脸:咸死你!

65

宁波人的节俭是有名气的,有个宁波作家调侃起宁波人的节俭,是这样说的:阿拉宁波人小鱼烂虾做的蟹酱虾糊上桌,用筷子尖蘸了一点点,唯恐过多,还要甩上几甩,才肯放进嘴里下饭;阿拉宁波人三颗泥螺能过一碗热泡饭;一块豆腐乳要划四份吃;一只咸鸭蛋切成四份一家人分着吃;油炸花生米要倒进竹筒数着喝粥……

66

清清爽爽的碱水粽是宁波人的最爱，糯米被稻草灰做的碱水浸泡后，煮熟后清香扑鼻，蘸点白糖吃，又糯又有弹劲。碱水粽跟臭冬瓜一样，是宁波人的乡愁。

67

岂止将稻草灰废物利用当宝物，宁波人吃了笋后，笋壳也留着，晒干后存起来，端午前后，拿到水里泡软捋平，用笋壳包粽。

宁波人简直就是把日子过成了诗。

68

宁波人喜欢说的一句话是，"跑过三关六码头，吃过奉化芋艿头"。奉化芋艿头软糯滑爽，是菜中百搭，可煨鸡煨鸭。

69

宁波人跟舟山人、温州人、台州人一样，都是"无鲜勿落饭""无鲜不动筷"的。宁波人说得夸张且形象，"三日不吃鲜，螺蛳带壳咽"——要是几天没吃到鲜货，看到螺蛳也饥不择食，会带壳狼吞虎咽地吃下去。

70

　　宁波人是有名的嗜咸,宁波人的外号叫"咸骆驼"。

　　宁波人对盐腌、油酱、糟浸、霉化、臭卤的兴趣一点也不比绍兴人淡,宁波菜以"咸鲜下饭"闻名,宁波老乡蒋梦麟就说过,宁波的"空气中充满咸鱼的气味"。上海滩上的宁波籍女作家苏青就自嘲,自己因为是宁波人,所以常被挖苦为"惯吃咸蟹鱼腥的"。

71

　　宁波人把菜叫下饭,宁波人是"生苦铁咸"的,宁波人腌制食品,常常"一斤水,七两盐",宁波人称为"塞饭榔头"的菜,有黄泥螺、咸呛蟹、咸烤笋、臭冬瓜、霉菜梗、霉百叶、臭腐乳、龙头烤、咸鲞等,都咸得要死。

72

　　宁波人嗜咸,但烧海鲜时,他们不喜欢用浓油赤酱的红烧,喜欢原汁原味的清炖,几片生姜、一勺老酒,尽显鲜味。

　　不光做海鲜喜欢原汁原味,宁波人连鸡、鸭、鹅,也喜欢用白水煮熟,宁波人称之为"白斩",白斩鸡、白斩鸭、白斩鹅,还有白煮肉,宁波人连猪大肠也白煮!

73

蔡澜、金庸、倪匡、黄霑并称"香港四才子"。倪匡是宁波人。

蔡澜在做 TVB 的《蔡澜叹名菜》节目时,请倪匡推荐宁波美食,这个宁波才子一口气推荐了二十三道他想吃的宁波菜:(1)剥皮大烤;(2)小芋艿煨鸡;(3)蛎黄豆腐羹;(4)大小黄鱼;(5)海瓜子;(6)乌贼混子;(7)石撞;(8)新鲜豆瓣酥;(9)笋干豆;(10)黑洋酥猪油汤圆;(11)干煎带鱼;(12)蛤蜊炖蛋;(13)黄牛肉;(14)水磨年糕;(15)团子;(16)面拖蟹;(17)烤仔鱼;(18)米点鱼头羹;(19)鲨鱼羹;(20)龙头烤;(21)鳗鲞;(22)糟青鱼;(23)蚶子。

74

绍兴人爱吃霉干菜,宁波人爱吃咸菜。

宁波人对咸菜的感情很深很深。宁波人说,"家有咸齑,不吃淡饭",还有一句话,"三天不吃咸齑汤,两只脚骨酸汪汪"。

宁波的咸菜是菜中百搭,炒蛋、炒饭少不了咸菜,蒸包子、蒸带鱼、炒墨鱼也用咸菜,"咸菜黄鱼汤"是宁波十大名菜之一。拿咸菜配黄鱼,这样的搭配,好像是云锦唐装配草鞋。不过,宁波人觉得这样的搭配是绝配!

75

早些年,宁波人家家户户有"臭卤甏"。"臭卤甏"是宁波人的传家宝,宁波人搬家,金银细软要带上,"臭卤甏"也要带上。一年到头,"臭卤甏"给宁波人提供了源源不断的臭食——臭冬瓜、臭苋菜梗、臭芋艿梗等。"臭卤甏"里的陈年老水是宁波人的传家宝,一用就是几十年,从上一代传到下一代。

76

宁波人喜欢吃生呛蟹、鱼生。有一回,一批作家到宁波采风,吃了宁波人推荐的生呛蟹,被放倒了几个,半夜去医院挂急诊。有一个作家,回去后还闹了整整三个月的肚子,从此谈生呛蟹、鱼生而色变。

77

虽然上海人的老祖宗是宁波人,但上海人觉得自己比宁波人混得好,有档次。早些年,宁波人到上海人家中走亲戚,都带着大包小包,带给上海人的都是好东西,什么呛蟹、鳗鲞、对虾之类;上海人到宁波人家里走亲戚,带上一包大白兔奶糖和几块肥皂,就觉得自己客气得不得了。

浙江有意思

78

全世界平均财商最高的是犹太人，中国平均财商最高的是浙江人，浙江平均财商最高的是宁波人。

宁波人自己分得更细，他们说，阿拉宁波人中，智商最高的是余姚人、鄞州人，财商最高的是镇海人，官商最高的是象山人，打架最狠的是宁海人，最老实的是奉化人，最容易暴富的是慈溪人。

79

"无鄞不成甬"，鄞州区是宁波的老祖宗。北宋改革家王安石在这里当过三年主要领导，他大搞改革，开建"王公塘"，治理东钱湖，兴办学校。宁波人为纪念他，建了个王安石公园。

80

宁波人很节俭，但捐起款来，都是大手笔。

船王包玉刚回宁波，捐款一出手就是几亿几十亿，但穿的背心还有洞洞，服务员都不敢洗他的"洞洞衫"，怕一洗又洗出几个洞。

包玉刚回到故乡，唯一点名要吃的就是臭冬瓜。

81

宁波人有两面性。一面是极节俭,一面是极大方。

在吃上,宁波人也走极端,要么极咸,要么极甜。

宁波人极爱甜食,宁波人说:"宁波糕点勿推板,猪油汤团油糯糯,奶油蛋糕面盆大,苔生片、绿豆糕、千层饼、豆酥糖,吃起味道交关好。"

宁波最出名的是"缸鸭狗"猪油汤团。"三更四更半夜头,要吃汤团'缸鸭狗'。一碗落肚勿肯走,两碗三碗上瘾头。一摸铜钿还不够,脱落布衫当押头。"

爱吃甜的人心善,难怪宁波出了那么多的慈善家。

宁波汤圆

82

甬台温都靠海，甬台温中的台州和温州，经常被台风骚扰，一到八九月，台风不是在台州登陆，就是在温州登陆，但是台风很少扫荡宁波。

宁波人神神道道地说，那是因为有普陀山的菩萨保佑着。

难道台州、温州的菩萨是吃干饭的？

83

大黄鱼自古有"琐碎金鳞软玉膏"之美誉，过去黄鱼很便宜，宁波人的餐桌上很常见，现在野生黄鱼是天价，没几个人吃得起。

宁波人喜欢拿黄鱼说事。宁波人用"大黄鱼"指代金条，把头特别大的人称为大头黄鱼，把病秧子称为生病黄鱼，把对人不冷不热的人称为冷气黄鱼。

84

宁波人不但在吃上做人家，在穿上也做人家。"假领头"就是宁波人发明出来的，精明又聪明的宁波人用一个领子维持了自己的体面。

"假领头"在那个物资极其紧张、买布需要凭票的年代，风靡全中国。

85

宁波人的中秋,是在八月十六,至于缘由,跟元朝的农民军将领方国珍有关。方国珍的母亲每逢初一、十五都要吃素,为了让老母也能吃上猪油汤圆、火腿月饼,方国珍把中秋改为十六,所以他统治过的地方,都是在八月十六吃月饼过中秋节。

"八月十六中秋节,月饼馅子嵌嘞甜。新米蜂糕红印添,四亲八眷都送遍。"宁波人过中秋,是很认真的。

86

宁波人待客,热情周到。亲戚朋友上门,自然好酒好菜招待,就算小孩上门,也不会怠慢,称之为"小人客"。宁波人招待客人时说:"下饭呒告,饭要吃饱,吃哪吃哪!莫客气,和总是自家人。"宁波人把菜称作"下饭",一开口就是"自家人",让人听了心里热乎乎的。

87

宁波靠海,宁波人喜欢给海鲜过节,什么象山海鲜美食节、开渔节、牟山湖大闸蟹节、长街蛏子节。宁波人还喜欢给花果过节,什么四明山樱花节、桑洲油菜花节、慈溪杨梅节、奉化水蜜桃节,四月五月有胡陈洋芋节、一市白枇杷节,八月有葡萄节……借着过节的名头,可以名正言顺地吃喝玩乐。

88

宁波人把凤仙花叫作"满堂红"。早些年,爱美的宁波女人都用这种花包指甲,过个几天,十个指甲都变红色,所以这种花又叫"指甲花"。宁波的老人有个说法,用"满堂红"包过指甲的手腌菜,腌出的苋菜股、臭冬瓜,好吃,不容易馊。

89

宁波人喜欢吃糯米,他们拿糯米做汤圆,做年糕,做老酒,还拿来做炮台——镇海招宝山的炮台就是用黄沙、石灰、混凝土,拌着冒着热气的糯米饭,捣砌而成的。

90

宁波的很多寺庙,比如天童寺、保国寺、阿育王寺,香火都很盛。宁波人在这些寺庙烧香还不够,还常去普陀山烧香,反正普陀山近得很,去那里,好像去邻居家串门那么方便。

91

宁波机场叫栎社机场,但这个栎字,很多人不会读,读半边读成乐字,于是"栎社"机场成了"乐社"机场,听上去就像"垃圾"机场——宁波方言里把"垃圾"读作"lè sè"。

时不时有宁波人跳出来,建议将栎社机场改成"阳明机场"。

92

过去，宁波大户人家嫁女儿的嫁妆，号称十里红妆，什么描金盘、梳头桶、百宝箱、八宝盏、惜花篮、茶壶桶、娘家篮、帖盒、祭盘、粉桶、洗脸高脚架、红脚椅、八方平安桶、千工床靠等，全是喜气洋洋的朱红色。朱红是朱砂涂染，再点染 24K 的纯金而成的。黄金贵，朱砂也不便宜，价格是黄金的三分之一。

十里红妆其实是十里黄金十里朱砂。如果说达坂城的姑娘是"带着百万钱财，领着你的妹妹，赶着那马车来"，那宁波的富家囡，是"带着你的十里红妆，带着你的金银细软，坐着那朱红的八抬大轿来"。

十里红妆

93

《阿 Q 正传》里，阿 Q 造反的目的就是将赵秀才家的宁式床抬到土谷祠，跟吴妈睡上一觉。

阿 Q 是识货的，他看中的宁式床是好东西，富丽堂皇、造型考究、做工精美、工序繁复，又被称为"千工床"。过去是大户人家用的。

94

宁波人精明，做事自扫门前雪，不爱管他人瓦上霜，他们不喜欢管闲事，但对涉及自己利益的事情很上心。

95

有一次，在宁波坐出租车，听到车里的电台在放"蓝精灵宁波版"——"在那海的那边江的那边，有一群宁波人，他们豪爽又精明，他们善良又势利，他们交关惬意生活在那堵车的城市里，他们房价老高挤不上公交，结棍个宁波人，煞甲个宁波人，他们每天吃着加钙灰尘梦想着地下铁，他们看着短信迎接三文明"。

把我给乐的啊，宁波人，也太会调侃自己了。

96

宁波人能干又实干,中国四分之一的西服和衬衫、四分之一的文具、三分之一的小家电,都是宁波生产的。

97

宁波有"三江六塘河",难怪桥特别多,据说旧时宁波有桥梁一万四千余座。

现在宁波造桥更来劲,为了减少宁波到上海的时间,宁波人索性投资一百一十八亿,造了一座跨海大桥。

很多人拎不清,还以为杭州湾跨海大桥是杭州的。

98

宁波人喜欢甬剧、姚剧,也喜欢越剧和评弹,宁波是苏州评弹流传的最后一个码头。浙江十一城,只有在宁波可以听到评弹。

99

宁波人喜欢真刀真枪,不喜欢花拳绣腿,他们务实肯干,最瞧不起那些"讲讲神仙阿伯,做做死蟹一只"的人。

宁波人讲契约精神胜过讲交情,别以为他们不够热情,他们只不过是在按规矩办事。

浙江有意思

100

　　宁波人很认同自己生活的这个城市,副省级城市哎,级别高不说,生活也交关惬意,所以宁波人不爱到杭州买房。他们不像隔壁地市的人,削尖脑袋想到杭州生活,他们很少想离开宁波这块风水宝地。

温州

1

　　说到温州人,全国人民有一个共同的感觉——温州人,有钱! 如果一个温州人说自己手头紧,或者说自己没钱,别人会把眼珠子瞪得老大:你温州人还会没钱?

2

　　说到温州人,全国人民还会条件反射般地在脑海里蹦出三个字——炒房团!

3

　　温州之得名,是因为这里四季温暖,"虽隆冬而恒燠",故名温州。温州这地名,起得简单而直白。不像别的地名,可以搬出《易经》《论语》之类,故弄玄虚说上半天。

4

温州人和台州人,有时要抬点杠。一个温州人和一个台州人碰上,总会争论温州和台州哪个实力更强。

温州人说,当然是我们温州了! 你看央视新闻播音员口播新闻时,把"浙江省温州市"都误说成"温州省浙江市",这足以说明温州在全国人民心目中的地位。

5

温州古为瓯地,也称东瓯,简称"瓯"。瓯是陶瓷的简称。

春秋时越国灭吴后,在这里建立东瓯王国。汉惠帝三年(前192),驺摇被册封为东海王,建都东瓯。老百姓把东瓯王当神来供奉,温州有东瓯王庙十多座。

在温州人的心目中,东瓯王国的所在地理所当然在温州。可是这几年,台州人、丽水人都在跟温州人争东瓯王国,这让温州人有点烦啊有点烦。

6

温州人的现实与功利是有基础的。南宋时,以叶适为代表的永嘉学派就提出:"既无功利,则道义者,乃无用之虚语尔。"他主张"通商惠工,皆以国家之力扶持商贾,流通货币"。

　　叶适他老人家说,义不可离利。不讲功利,只讲道义,就是废话。

　　事功哲学是温州人的精神支撑,而土地和资源贫乏是温州人闯世界的动力。

7

　　温州人以风风火火闯九州出名,其实在百年之前,温州人被称为"温不出",那时的温州人喜欢窝在家里,不爱出远门,清朝温州司马郭钟岳就在《瓯江竹枝词》里自注:"温人多不离乡,谚云'温不出'。"

8

　　鸦片战争前后,温州就被外国人盯上了。英美等国都提出要开放温州港,与温州人做生意。1876年,《中英烟台条约》使温州成为通商口岸。

　　温州一开埠,各路外国人纷纷进来,外交官啊,商人啊,传教士啊什么的,都来了,他们在温州开设洋行或代理行,从那时起,温州人就受到洋风的熏陶。

　　所以,温州教堂多,一点不稀奇,温州咖啡馆多,西点做得正宗,也是有原因的。除此之外,温州的姑娘儿小伙子穿着打扮也比周边城市的人洋气。

9

王羲之与谢灵运都与温州有一段缘分,王谢两人不但都出自世家,还是亲戚,王羲之的女儿就是谢灵运的外婆,王羲之的儿子是谢灵运爷爷的姐夫,这关系,听上去够复杂的啊。

10

谢灵运在温州当过一把手,但他把政务抛到脑后,无为而治,纵情山水,一出门就是十天半个月,当他把永嘉山水玩了个遍后,就称病辞了官。

虽然老谢在温州光想着游山玩水,也没想到拉升一下当地的GDP,抓一抓当地的两个文明,啥正事也没干,但温州人还是挺怀念他的,温州有康乐坊(谢世袭为康乐公)、谢公亭、池上楼、澄鲜阁、谢池巷,都是为了纪念他而命名的。

11

温州朋友说,没到过五马街,没吃过猪脏粉,就不算来过温州。所以五马街再嘈杂,猪脏粉再吃不惯,也得走一遍,吃一回。

温州五马街是温州最出名的一条街,外地人到温州,当地朋友喜欢把他们拉到五马街,让他们见识见识温州的繁华与热闹。

这五马街跟王羲之有关系,东晋"书圣"王羲之当温州市市长时,出入乘五马,温州的老百姓觉得王市长派头真大,便立了五马坊。

到了五马街,那个人气啊商气啊阔气啊,真是扑面而来。

12

来温州当太守的都是文化名流,除了谢灵运、王羲之,还有写下"掷地有声"的《游天台山赋》的孙绰,有与谢灵运并称"颜谢"的颜延之,有注释《三国志》的史学家裴松之,还有写下"暮春三月,江南草长,杂花生树,群莺乱飞"的南朝文学家丘迟,他们为温州唱过很多赞歌。温州人民挺怀念他们的。

13

温州话之难懂,基本接近于鸟语。温州人是东瓯王国的子民,东瓯国的图腾就是鸟,所以,温州人说鸟语也是顺理成章的。

14

都说山东人说话爱用倒装句,其实温州人才喜欢倒着说话呢,什么人客、墙围、鞋拖,什么菜咸、江蟹生、鱼生、死人热,什么"你走先""你吃先",还有什么"你饭吃肴罢也未"之类。

浙
江
有
意
思

15

温州人说话喜欢讨口彩,老派温州人更有讲头,比如"短袖"要说成"高衫袖";"鸭舌"的"舌"谐音为"折本"的"折",不中听,要说成"鸭赚";断奶的"断"不是好彩头,所以断奶不能说断奶,要说卖奶。

16

温州人说话这么喜欢讨口彩,可是不知道为什么,他们偏又喜欢说什么"死人热""棺材贵""短命好"之类。菜烧得好吃——"死人好吃",女人长得漂亮——"伊棺材好看"。

17

温州人说的"拉屁龟龟自秤自",指一个人自吹自擂。

18

温州人把公公婆婆称为"地瓜爷""地瓜娘"。其实,正确的书面语是"大官爷"和"大家娘"。因为"大"在温州话中读"dei",听着就是"地瓜爷""地瓜娘"了。

19

说好温州话,走遍天下都不怕。温州话是唐宋音的活化石,夏承焘之所以被称为"一代词宗",王季思之所以被称为"元曲大家",跟他们是温州人不无关系。会说温州话,自然懂音韵的奥妙,做学问也比别人有优势。

20

对越自卫反击战时,越南兵破译了我方的密电码,我军指战员遂叫温州人充当临时报务员,一听叽叽咕咕的温州话,越南人就蒙了。

21

清人孙扩图有一首《忆江南·温州好》:"温州好,别是一乾坤。宜雨宜晴天较远,不寒不燠气恒温,风色异朝昏。"

这诗,不像是诗人写的,倒有点像气象播音员的播报。

22

温州真是一座温暖的城市,爱美的姑娘冬天也可以穿丝袜。秋冬时,有很多鸟儿飞到温州过冬。

23

浙江所有的城市中,只有在温州才能看到这么多的榕树。温州的邻居台州就长不了榕树。温州的温字不是浪得虚名的。

温州墨池公园内有一株榕树,竟然嵌在白墙上,长得跟皮影一样。

24

除了榕树,温州还有一种花树,叫红花羊蹄甲,这是南方特有的花树。温州也是浙江所有城市中唯一长有这种花树的城市,我只在广东、福建这些南方的城市,看到过红花羊蹄甲。

红花羊蹄甲开花时,给温州这座现实主义和功利主义的城市,平添了几分浪漫气息。

25

"云朝朝朝朝朝朝朝朝散,潮长长长长长长长长消",江心寺门口的这个叠字联,念起来很拗口,据说是南宋状元、温州人王十朋所写。它的正确读法是:云朝潮,朝朝潮,朝潮朝散;潮常涨,常常涨,常涨常消。

温州人卖弄起学问来,让人有点吃不消。

26

　　温州这个地名中有三点水,所以不缺水。在一万年前,这里是汪洋大海。从前的温州是水乡,有"东方威尼斯"之美誉,早些年,温州到处小桥流水。

27

　　可能是被水泡久了,温州有着几乎是全国最软的土质。温州人说,抓一把土捏一下,就会捏出水。杭州土壤含水量为40%,而温州土壤含水量却高达70%。

28

　　水乡的人不怕水,温州是游泳之乡,温州人都是浪里白条。温州有一百多家游泳馆,温州出过好几个世界级的游泳冠军。

29

　　温州人很精明,算起账十分利索。温州是数学家之乡,温州市区的白鹿洲公园里,就有温州数学名人馆。中华人民共和国成立初期国内大学的数学系主任,四分之一是温州人。中国现代数学史上,有许多个第一是温州人创造的。

　　温州籍作家叶永烈采访数学泰斗苏步青时,曾问苏老:温州出数学家,是不是因为黄鱼吃得多,脑瓜子聪明? 苏老答道,不是的,旧中国,温州条件差,没办法研究物理、化学,只能研究数学,因为研究数学只要一支笔、一张纸。

30

有这样一个段子:一个外星人抵达中国。在上海,他被捉起来展览,上海人卖门票赚了好多钱;在广东,他被好吃的广东人解剖,看看用什么方法烹饪最好吃;而在温州,生意人争着拉他去吃饭,问外星球上什么东西最好卖。

31

旧时温州,有给新人开面、画眉、点美人砂的习俗。结婚当天,女方的妈妈要为女儿开面,由童男童女各执剃刀一把,在新娘左右鬓角象征性地虚晃三枪,不,是虚晃三刀,然后以两根苎麻丝绞紧,拔除新嫁娘脸上的汗毛,俗称灭苦毛。

温州人把脸上的汗毛称为"苦毛"。有"苦毛",还有"甜毛"吗?

32

噱头噱头,在温州是名副其实的。温州人爱打扮,温州的美发店生意都很好。新娘子结婚化妆时,更要做足"顶上功夫"。二十世纪八九十年代,一个新娘做头,就要花去三四千元,在头上喷各种发胶,挂各种亮片,还要喷金粉银粉。要知道,那时一个月的工资,也就几百元,房子一平方米不到千元。

33

温州人订婚时发的喜糖,相当结棍。温州人的喜糖有大包小包之分,小包里有小糖,随手发发,小糖的标配是一袋大白兔或者阿尔卑斯奶糖;大包的送给亲朋好友,大包里有各种糖果、巧克力、饼干,快赶上一个行李箱那么大了,拎着挺沉的。这些糖是订婚时新人挨家挨户送给亲友的,送喜糖成了新婚夫妇搭伙过日子后承担的第一件体力活。

34

在温州,早年有娶媳妇送一斤金的习俗。

温州人要想抱孙子,没有几百万上千万是抱不到手的。儿子要娶亲,父母要给儿子准备一套房子,要装修,加上聘礼和给女方的首饰、红包,再加上喜糖、婚庆等各种七七八八的支出,是老大的一笔钱。

35

温州人很讲排场,前些年办婚宴,别处还是一千多元一桌时,温州的酒席就三千元一桌起价了,还不含烟酒。现在则都是万字头了,酒席上两瓶五粮液一条红中华那是标配。鲍鱼、鱼翅、龙虾这三样,是酒席上的镇席之菜。不过,有一点还是蛮实在的,男方只需负担女方四桌酒席，不像有些地方，男方要把女方的酒席全包了。

温州人结婚，亲朋好友送的红包都很大。送了红包，新人会回礼，还个几百元的红包给宾客，阔气的，甚至直接包一百二百美元。

36

有一年，我到温州朋友家里玩，她家有大院子，这天刚好是农历七月三十，朋友的母亲去摘院子里的香泡，我以为是招待我，说不用不用，这香泡还没成熟呢。

结果朋友说，这不是给你吃的，今天是地藏王寿诞，我们温州人要插香泡——摘来未成熟的香泡，在四周插上香，点一对蜡烛，挂在檐下，谓之插香泡，以此向地藏王祈福。

37

温州人很讲礼俗。二月二，龙抬头。每年农历二月初二"龙抬头"的日子，温州人会把稻草龙放在街头，每个人经过时都用水浇龙头，让龙抬头。

38

朱自清在温州任教过一年。他在温州游山玩水，顺便为梅雨潭做了旅游广告，他在文章中写道："我舍不得你；我怎舍得你呢？我用手拍着你，抚摩着你，如同一个十二三岁的小姑娘。我又掬你入口，便是吻着她了。我送你一个名字,我从此叫你'女儿绿',好吗?"

冲着他的文章,很多人不远百里跑到温州瓯海的仙岩镇去看梅雨潭。到了后才发现,这梅雨潭也就一个小水塘,潭水跟一缸洗澡水差不多。

不过温州那些上了岁数的老年人说,朱自清没骗人,当年的梅雨潭跟朱自清写的一模一样,"大跃进"时搞水电站,把瀑布给整没了,梅雨潭也严重缩水,后来虽然恢复了瀑布,但梅雨潭再也回不到原样了。

39

胡兰成一度成了温州人的"女婿"。抗战胜利后,胡兰成躲到温州教书,与比他大两岁的温州寡妇范秀美同居。他与范秀美一起看温州戏,在百里坊看三月三拦街福,恍然间,"我与秀美一个像许仙,一个像白蛇娘娘"。当时他和张爱玲的夫妻关系还没解除。

张爱玲从上海跑到温州找寻胡兰成。她说:"我从诸暨丽水来,路上想着这里是你走过的。及在船上望得见温州城了,想你就在那里,这温州城就像含有宝珠在放光。"

可满心欢喜的张爱玲却招来了胡兰成的一声厉骂:"你来做什么?还不快回去!"张爱玲黯然离开温州。温州这座城,幻灭了一代才女的倾城之恋。

40

2020年一开年,新冠肺炎疫情在武汉暴发,温州、台州因为在武汉经商者众多,成了重灾区。一些地方谈"疫"色变,要求在本地出现的湖北人、温州人、台州人居家隔离,发现湖北人、温州人、台州人要及时报告,村委会有奖励,报告一名湖北人奖励二百元,温州人、台州人奖励一百元。

温州人不乐意了:凭什么我们才值一百元? 我们温州人的身价就这么低? 搞得温州人不值钱一样,要标标一样价,温州人差这几块钱啊,钱不够我来出!

41

温州最出名的山就是雁荡山了。

温州人是天生的生意精,雁荡山景区白天晚上都开放,门票白天收,晚上也收,分为日景门票和夜景门票。

42

温州人很擅长炒作,也敢于吆喝。温州人自己也承认,在我们温州,两栋光秃秃的楼就敢叫花园;一个小台门,摆上几盆菊花,就敢叫花展。

43

南怀瑾是国学大师,是温籍著名学者,温州的铁路就是南怀瑾提议修建的,他不是光动嘴皮子,而是出面筹集了近五千万美元。金温铁路是中国第一条由地方、铁道部和香港三方合资兴建的铁路。

44

温州人有钱,不过每年都会被台风刮走一些。每次台风过后,不管损失多大,水未退尽,温州人就忙着干活了。

45

温州的匠人手很巧。温州的泰顺有很多座廊桥,泰顺联手丽水的庆元、景宁以及福建省四个县,共同申报世界文化遗产。前几年,一场台风带来的强降雨,冲垮了薛宅桥、文重桥、文兴桥三座廊桥,村民十分心痛,他们找回被冲毁的廊桥的大木构件,用了一年的时间,重修了廊桥。

明明知道会哭的孩子有奶吃,但每次灾难来时,温州人都是不哭不闹,想尽法子自救。

46

温州跟台州一样,经常被台风光顾。温州人见多识广,什么级的台风没见过,再大的风雨他们都不怕。结婚日如来了台风,婚照结不误,路上漫大水,接新娘的豪车就换成工程车、皮划艇,乘风破浪去接新娘子。

47

温州人是群居动物。他们干啥事都喜欢"一窝蜂",无论炒房还是炒别的啥,都是成群结队的。他们喜欢热闹,喜欢一呼百应,做生意这样,献爱心也这样。

依我看,温州人不是一个一个的,他们是一撮一撮、一群一群的,他们喜欢扎堆,过马路也是一撮撮走的。即使到海外,他们也要搞个"温州村"群居在一起。

48

温州人会做生意好像是从娘胎里带来的,就算是在"割资本主义尾巴"割得最厉害的那些年,温州还是有很多的小尾巴没有被割掉。

就算割掉了,像韭菜一样,又会很快长出来。

49

当年温州的"八大王"事件轰动全国。"八大王"是改革开放中，"敢吃第一只螃蟹"的温州人。1982 年，以"投机倒把罪"抓了一批站在市场经济风口浪尖上的人，其中有五金大王、矿灯大王、螺丝大王、合同大王、旧货大王、线圈大王等八人，被称为"八大王"事件。两年后，他们才被释放，归还财产。

这么多年来，温州一直是测量改革情况的"晴雨表"。

50

当年温州的影响有多大呢？就说一件事吧，20 世纪 80 年代，《解放日报》头版头条发表了一篇报道，叫《温州三十三万人从事家庭工业》，称"乡镇工业看苏南，家庭工业看浙南"，一时间，引发全国的"温州热"。几个月的时间里，全国各地有六十多万人到温州"朝圣"，一辆接一辆的大巴车开进温州，接待人员讲得嗓子都哑了，饭店、旅馆住满了，来人只好睡在走廊、过道。那时到温州，没有高速公路，过来要翻山越岭，穿过一个个山洞，外地驾驶员路况不熟，导致车祸频发。

因为到温州考察的人太多，国务院办公厅下发了《关于各地立即停止到温州参观考察的紧急通知》。

51

温州人有生意头脑，也有政治头脑，全国非公企业大张旗鼓招聘红色 CEO，就始于温州。

52

温州人虽然高调，但相当热心，肯帮人。每次搞活动或游玩，如果团队中有温州人，那肯定热闹，到哪里都可以听到温州人咋咋呼呼的大嗓门，若有点事，跑前跑后张罗的也是温州人。

所以，大家对温州人的印象都挺好的，觉得温州人有副热心肠。世界需要热心肠。

53

温州的大老板，很少有继承祖业的，多是白手起家，大多是睡地板熬过来的，经历过白天当老板、晚上睡地板的艰辛。他们有钱时也不忘及时行乐，弥补自己的辛苦与付出。

54

温州人买起奢侈品来，出手那个阔绰啊。就冲着温州人花钱这爽快劲，很多世界顶尖的奢侈品店都在温州开了分店。而在别的地级市，这样的奢侈品专卖店一般是不进驻的。

55

温州人"胆大包天"真不是随便说说的,第一个包航线的就是温州人。

温州人天生具有冒险家的精神,他们不但包机,还包油田、包海塘、包粮田。

56

马路边上有座庙,当地朋友告诉我,这座庙叫洪殿。要说这是庙吧好像又不全是,因为它的一楼是奥康专卖店,二楼是老年人活动中心,三楼才是翻新后的洪殿。这样三位一体的庙,只有在温州才看得到。

57

温州千年古刹妙果寺就在车水马龙的市中心,寺里有一副对联:"七宝庄严,一角小山藏世界;三乘庇荫,十方大地涌潮音。"

温州人的信仰比较杂,道教、佛教、天主教,他们既信这个教也信那个教,温州的庙堂、道观不少,温州的天主教堂也很多。

温州人信教,多半采取实用主义的态度,温州人不碰上事儿一般是不会去烧香的,有事才到庙里,他们喜欢临时抱佛脚。

58

温州人擅长空手套白狼，他们有强烈的冒险精神，常常做超过自己能力的事。比如一个欠了一屁股债的温州人，跑到中东某个国家，顶着沙漠里的烈日摆了几天地摊后，对人家说，这里生意好做，我想在这里建个温州商城。别人说，你能养活自己就不错了，白日梦就少做做吧。

没想到，几年后，他真的在这里建起了温州商城。

过了几年，这个温州人又把商城建到了南美的智利。

59

温州人出国，是一人带一窝的，甚至一个人会把一个村的人全带出去。世界五大洲，都有温州人，欧洲不少国家，都有温州村。据说，在国外的温州人有七十万。这七十万人中，堂堂正正出去的有四十万，未登记偷渡出国的有三十万。

温州华侨多，世界各地都能听到温州话。在海外的浙江华侨中，每三人中就有一个温州人。

60

温州人有"撒豆成兵"的本事，难怪他们开一个联谊会，就叫"世界温州人大会"。六十多个国家和地区的一千五百多名世界温州人的代表从世界不同的地方，坐飞机回来开会，温州人开个会像联合国开大会。

61

全世界有商业街的地方就有温州人。我在巴黎游玩时,看到很多黄皮肤,一听口音——温州人,巴黎的第三区有条"温州街",巴黎的第十六区也有很多温州人。

到意大利的罗马玩,住的酒店在市中心火车站边上,附近有条大街叫温州街。

到了中东的迪拜,又看到了温州人开的商场。自由女神像所在地——美国纽约,也有"温州街"。

世界那么大,温州人要去闯闯。温州人闯世界不局限于发达国家,什么中东西非,无论多远多动荡的地方,只要有钱可赚,温州人都敢去冒险。富贵险中求嘛。

62

温州人到外地,喜欢讲温州话。温州话好比一本无形的通行证,一个温州人,初到巴黎或者迪拜,四顾茫然,一时没饭吃没工作,他只要找到有温州人的店,用温州话说上几句,多半会有温州人过来助他一臂之力,给他饭吃给他活干。

不过,国外的温州人一回到温州,又会改口说起普通话——回了国的温州人摆阔气讲排场,要在酒店大宴宾客,而酒店的服务员都是外地人,听不懂温州话。不跟他们讲普通话,连饭都没得吃。

63

温州的房价高得令人咋舌,也是,温州人那么多,地那么少,再加上温州人又是那么有钱,温州的房价能不高吗?

在温州,一般性的房子要卖两三万元一平方米,位置好一点的甚至要卖五六万至十万元一平方米,当年杭州房价每平方米只有一万多元的时候,温州的房价已经涨到两万元一平方米,甚至比上海的房价还要贵。

所以,温州炒房客到了全国各地,一看当地的房价,都觉得是白菜价。

64

温州的房子,容积率都相当高,楼间距都很窄。但他们愣把普通的公寓房,卖出了别处的别墅价。

温州的地皮太贵了,温州人造房子见缝插针,但凡有巴掌大的一块地,温州人就要想法子用它盖房子,连边边角角也不放过。

65

温州人头发空心,头脑活络,号称"东方犹太人"。

66

别处的人只知道饭能炒,在温州人眼里,啥都能炒。温州人灵活狡黠,逐利性很强。他们嗅觉很灵,闻到哪里有铜钱味,就往哪里钻。

温州人炒煤、炒股;温州人炒房地产、炒旺铺;温州人炒完了黄金炒大蒜;温州人还炒冬虫夏草,原先,冬虫夏草一公斤只要八万,温州人一炒,就炒到三十万,把个虫草炒得比金条还贵。

温州男人喜欢炒,女人也没闲着,温州的太太炒房团就很出名。

67

温州的牌照拍卖曾经很疯狂,一些吉利的车牌能拍出几十万上百万的高价,浙 C88888 号称"全国最贵车牌",当年拍出一百六十万元高价。温州最"疯狂"的一次车牌拍卖会上,二十块铁皮(车牌),拍出了四百多万元。

这些很牛的牌照一开始都是挂在顶级豪车上的,伴随着生意场上的起起落落,有的会换到旧面包车和低档小轿车上。

68

《温州一家人》是一部讲述温州人改革开放初期创业故事的电视剧,这部剧火了后,温州又拍了《温州两家人》《温州三家人》,不知道《温州四家人》什么时候拍?

69

温州有一道冷菜叫泥蒜冻，卖相很好，有点像冬天冰冻的荷塘，黑黑白白，影影绰绰，像是一幅水墨画。它是用一种叫可口革囊星虫的虫子做的，这种虫外形长得像肥大的蚯蚓，看上去恶心极了。

温州还有一道菜，叫海蜈蚣，看上去更恶心，用来煮汤，味道好极了。温州人有化腐朽为神奇的本领。

70

温州人做菜喜欢放老酒，什么鲜炒、清蒸、煮汤等，都要来点老酒，做纱面汤、醉蟹、生醉牡蛎、酒醉鳗鱼、啤酒鸭，都少不了酒，甚至炒个青菜、炒个鸡蛋也要倒点酒。

温州女人坐月子吃的是酒泡猪心。除了吃猪心，温州女人坐月子时，还要把生姜九蒸九晒，然后用黄酒煮了吃。

温州人的酒量很不错。

71

温州人很爱吃猪脏粉。猪脏粉里除了猪大肠，还有粗粉干——这粉干宽宽的粗粗的，有点类似于西北的裤带面，本地人形容为"轿杠"。

猪脏粉里有青蒜叶、咸菜、猪血，还有筒骨。

温州的筒骨价格老高的，因为除了人吃，狗也要吃，温州的宠物狗很多。几年前,温州的菜场里,筒骨就卖到二三十元。本地猪的筒骨更贵,一根要七十多元。

72

除了喜欢吃猪的杂碎如猪大肠、猪舌头、猪尾巴外,温州人还爱吃鸭血、鸭脖、鸭掌、鸭舌、鸡爪之类鸡零狗碎的东西。温州的鸭舌很出名,不知道每天有多少鸭子在温州被割了舌头。

73

温州人,不但女人爱吃零食,男人也爱吃零食。有几次坐动车,边上坐着温州人。温州人一上车,不紧不慢脱了皮鞋,换上一次性拖鞋,然后把座椅调到最舒服的位置,不慌不忙从行李袋里掏出一堆零食搁到桌板上,鸡爪、鸭掌、鸭舌、瓜子、腰果等,有滋有味地啃着咬着嚼着,腮帮子一直在动,快到站了,嘴还没闲下来。

74

瓦市巷是温州吃货最喜欢的地方,那里的小吃真多啊。至于天一角美食街,更是把小吃一网打尽。不过,要吃到最正宗的温州小吃,不能去美食街,还得到街头巷尾自己找。没吃过十种八种的小吃,你都不好意思说自己到过温州。

75

温州人生猛,喜欢吃生海鲜,我的一位温州同事就说江蟹生其鲜无比,百吃不厌,是天下无双的美味。

除了江蟹生,温州人还吃白鳝生、鱼生、虾生、虾蛄生、盘菜生等。温州人说话喜欢倒着说,江蟹生、白鳝生、鱼生、虾生、虾蛄生、盘菜生之类,其实就是生江蟹、生白鳝、生鱼、生虾、生虾蛄、生盘菜。

北方人看温州人爱吃这些生东西,觉得温州人是没进化好的茹毛饮血的南蛮子,啥都敢生吃。

76

温州人很推崇一种叫灯盏糕的小吃。这灯盏糕,有点类似别处的萝卜丝饼,但比萝卜丝饼粗犷多了,有小孩的脸那么大。

灯盏糕的馅,除了萝卜丝,还可以加蛋、加肉,甚至还可以加鲍鱼!这也是温州人的创新。

77

一到正月初一,温州人家家户户要放"开门炮",放完鞭炮就会出城,温州人早就看好皇历了,哪个方位利好,就去哪个城门走一圈,以迎好运。

78

温州人把姑娘称作媛子儿。温州的媛子儿很爱美,再冷的天,也喜欢穿裙子。至于温州的老娘客,也很爱美,她们喜欢把头发染得五颜六色,有黄的,有褐的,有红的,看上去就像一把鸡毛掸子。

温州人很喜欢赶时髦,不管跟自己合适不合适、对不对路,反正见了时髦是一定要赶的。

流行梦特娇 T 恤时,温州所有的男人都穿这种胸前绣一朵小花的丝光 T 恤。流行黄金饰品时,有钱的温州人,不说十个指头戴满金戒指,起码也七八个指头戴着,尤其喜欢戴那种硕大的方戒指。

79

温州人喜欢名牌,名牌的 LOGO 越明显越好,比如温州人系的皮带,正中间往往有一个醒目的 LV 或者是一个大 H。

别处的人是语不惊人死不休,温州人是 LOGO 不惊人死不休。

80

这么有钱的温州,马路一点也不宽。温州人开起车来横冲直撞的,掉头也是随心所欲的,所以堵车也就难免了。

温州人说,我们温州的马路和机场都是民间集资建起来的,不像外地都是靠国家拨款的。小就小点,有啥要紧的,能用就行。

81

温州人喜欢追星,温州是全省十一地市中最喜欢找明星代言的城市,这股风气由"报喜鸟"首开,自任达华代言"报喜鸟"后,各路明星分别为温州的鞋子、梳子、减肥产品代言。

不过,温州企业傍星不是从一而终的,他们换代言明星换得超勤,一会儿港台明星,一会儿又换成大陆明星。

明星在温州赚到了大把的银子,所以提到温州,他们都说温州是个好地方。

82

温州的墙角,有时可以看到这样的大字——"狗尿远送"或者"在此小便者,狗生!"。

83

温州有一些开名车戴名表的大富豪,斗大的字儿识不得几个,写个名字跟鬼画符似的。他们到银行办点事,还得麻烦银行职员帮着填单子。

他们自个儿没文化,但他们对自己子女的教育一点不放松,有点钱有点路子的,就把自己的孩子送到杭州、上海读书,有些索性就直接送到国外。

84

前几年,温州的河道找不到几条干净的,有钱的温州人就悬赏巨款,请当地的环保局局长下河游泳。

这几年,温州的河道干净多了。

85

温州人虽然喜欢咋呼,但他们很有爱心。动车在温州出事后,热心的温州人自发去现场救人,献血的队伍排得老长老长。

温州还有四十年如一日免费施茶舍粥的红日亭,像这样免费的茶摊,温州有大大小小三百多个。

86

温州的发廊很出名,到大西北去,在偏僻的县城,也能看到"温州发廊"。全国很多城市的角角落落都有"温州发廊",不知情的人还以为这是温州人在全国开的连锁店呢。

其实,很多打着温州名号的发廊跟温州半毛钱的关系也没有。

温州这张虎皮挺大的,所以大家喜欢扯来当大旗。

浙江有意思

87

温州的好车真多，奔驰 S600、宝马 760、沃尔沃 S80、保时捷满街都是，可惜温州的马路太窄了，开不出好车的气势。

别处的人，实习开奥拓、桑塔纳练手，温州人实习则开着百万的豪车。

88

一个温州人，在海南一个别墅楼盘还未开盘时，就交了五万元订金，订了一套价值一千万元的豪华别墅。还没等付首付，海南获批国际旅游岛，一夜间，海南房价飞涨，这套房子涨到两千万。他马上转手卖出，这一进一出，他赚了一千万！

一千万呐！

89

温州人的嗅觉很灵，中国刚刚恢复高考时，温州人就从中看到了商机，全国上百所大学招收新生，这得需要多少校徽啊。于是各路温州人直扑各大高校的校长办公室，胸前挂着各式的校徽，用蹩脚的普通话推销着自己的产品。

这一年，温州的徽章销量占了全国的一半。

现在美国人身上佩戴的很多徽章，都是温州产的。

90

某年全国大搞爱国卫生运动,一个大字不识几个的温州人从电视新闻中嗅出商机,抢先做了"饭前便后要洗手"之类的牌子,然后一个城市一个城市推销过去,一个牌子才赚一两厘钱,但因为需求量大,一年下来就成了万元户。

那年头,万元户是中国人的奋斗目标,万元户的含金量是很高的,比现在的千万富翁还值钱。

91

20世纪80年代,温州建了一座有电梯的大楼,这是温州第一座民用高楼,总高十三层,叫东瓯大厦,当时也是浙江省第一座高楼。温州人都说,仰头看东瓯大厦,草帽都掉了。那时有外地亲戚来温州,温州人都喜欢把他们带到高楼前,让他们瞻仰瞻仰温州的东瓯大厦。

92

温州是"百工之乡"。那一火车皮一火车皮的鞋子、箱包、打火机、纽扣、徽章,都是从温州发出去的。

温州人大生意做,小生意也做,他们一百万一千万要赚,一厘一毫也不肯放过。当年温州的十大市场,卖的东西人家都是看不上眼的,比如永嘉桥头纽扣市场、金乡徽章标牌产销基地、平阳水头兔毛市场、

萧江塑编市场、塘下莘塍塑料编织袋松紧带市场，卖的都是不起眼的
纽扣、松紧带、蛇皮袋什么的。

93

温州皮鞋以前是假冒伪劣的代名词，杭州武林门前曾一把火烧了
温州鞋。

温州人痛定思痛，狠抓皮鞋质量，后来，温州皮鞋销到了五湖四
海。扬眉吐气的温州人后来在武林门又放了一把火，烧的就是仿冒温
州牌子的假冒伪劣鞋。

94

温州的车位很贵，地上随随便便画几条杠杠，就要四五十万甚至
六七十万。

温州人一边嘀嘀咕咕，说自己开的车都不如这地上的杠杠贵，一
边赶紧掏出银两买下这几条杠杠。因为稍一犹豫，车位就会被人家
抢走。

95

温州山上的坟都是靠椅式的，温州人称为椅子坟。

有一年整治青山白化，聪明的温州人想出一招，把山上的白坟漆
成绿色。

96

温州人能屈能伸,温州朋友给我讲过这么一个故事:她的一个朋友办了一家企业,本来经营状况非常好,因为替亲朋好友担保,被拖垮了,需要关厂还贷。他把自己的好车豪宅全卖了,凑了一千多万元还账,自己和老婆还有岳父岳母一家全住在厂里,日夜苦做,以期翻身。面对烂摊子,他不是一蹶不振,而是咬着牙重新杀开一条血路。他相信自己还能重新发达,温州人是坚韧、不服输的。

97

温州人喜欢折腾钱,他们总想着钱生钱。温州人有了钱一定要去做点什么,他们永远被内心的"疯子"追着往前跑。

温州人做什么都是全力以赴的,他们不懂得小富即安,也不会见好就收,他们不愿给自己留后路。他们风光时特别风光,但失败时也特别悲壮,经济低潮时,面对困境,固然有人狼狈跑路,有人决绝跳楼,但大多数温州人哪怕到了山穷水尽时,还想着东山再起。

98

温州有钱人多,大大小小的老板满街走,楼上掉下一块砖头,就会砸中一个老板。在浙江十一城中,温州是公认的老板最多的地方。

但是温州人不容易满足,他们对自己的要求很高。大数据报告中，温州人对生活的满意度最低，从家庭收入、社会治安、生活环境、精神生活、医疗、教育、养老七个权重指标的比较排行看，温州人在浙江十一城中，自我认定"最不幸福"。

99

我的女友嫁给了温州人，过年时跟温州夫婿回温州省亲，与温州亲友聚会几场下来，得出三个结论：第一，温州人的骄傲是骨子里的骄傲，他们觉得世界上最棒的是温州人，最好的地方是温州，无论哪里都不如温州；第二，温州人有种野心或者他们就是这么认为的，各行业做到顶尖的最后都是温州人和温州品牌；第三，温州人是自带发光体的生物，在聚会上光芒四射，将其他物种（外地人）笼罩在自己的光芒下。

100

温州人头发空心，天不怕，地不怕，有闯劲，肯吃苦，他们的心理承受能力和抗压能力都是超强的，国家把这么多的改革试验区放在温州，除了看中此地人勇钱多，还因为温州人如弹簧，就算失败了，也会反弹，他们有足够的勇气承担起改革失败的风险。

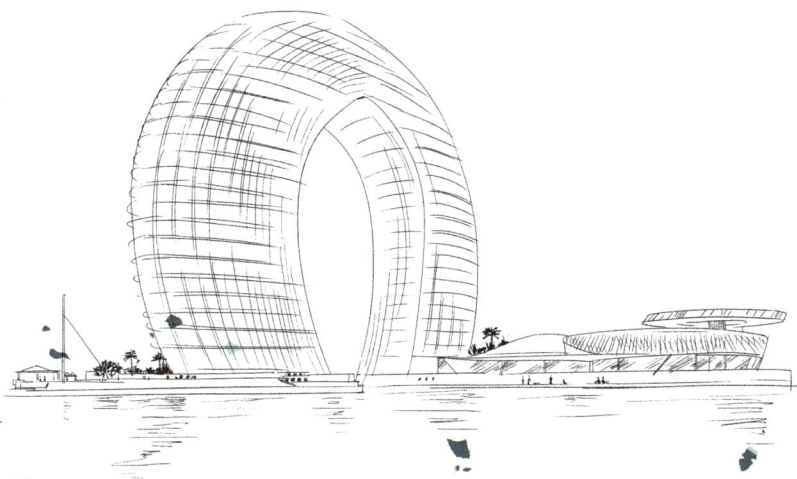

湖
州

1

"苏湖熟,天下足。"老天如此厚待湖州,湖州的家底,相当殷实。

2

湖州,跟杭州一样,是座彻头彻尾的女性化的城市。这座环太湖城市群中唯一以湖命名的城市,有着从容、温润、厚实、雅致、恬淡、细腻的城市特质。

3

湖州辖两区三县——吴兴区、南浔区、德清县、长兴县、安吉县。毕竟是风雅之地,湖州下面的县名也都很风雅:德清,取"人有德行,如水至清"之意;安吉,取《诗经》中"安且吉兮"之意;而长兴,取"长久兴隆"之意。

4

湖州人自豪地说,上有天堂,下有苏杭,天堂中央就是湖州风光。湖州这个地方,清丽、温和,那些个吴侬软语,那些个舟楫咿呀,那些个白墙黛瓦,就像吴冠中画中的江南。

湖州很像丝绸——光滑、滋润、舒适、浪漫,跟粗糙、粗野、粗放、粗气无关。

5

古代诗歌中,依依不舍的离别之地,在北方,是灞桥,在南方,则是白蘋洲,这个白蘋洲就在湖州。湖州是深情的。

6

湖州又称菰城。湖州有二千三百多年的历史,它的建城跟战国四公子之一的春申君黄歇有关。春申君是楚国的丞相,他在自己的封地设置了菰城县,菰草就是茭白,这就是湖州的由来。

7

湖州最早的命名跟茭白有关,后来又跟美酒有关。秦统一六国后,菰城改为乌程,以当地乌、程两家酿制的美酒命名。到了三国吴甘露二年(266),孙权之孙、吴国的末代皇帝孙皓一时兴起,就改乌程为吴兴,意谓"吴国兴盛"。

有权,任性! 想改啥名就改啥名。

8

一个城市找出几样有价值的人文景观并不难,但是要找出像湖州这样丰富而厚重的人文景观则不容易;

一个城市找出几个有价值的人文观念并不难,但是要找出像湖州这样深邃而博大的人文思想体系则不容易;

更重要的是,一个城市要找出几样昨天的人文精神并不难,但是要找出一直延续到今天的人文精神,就十分不容易了。这就是湖州人文精神的价值。

口气有点大,说话有点绕,不过这几句话还真不是吹的。

9

湖州当年是浙江的首富。江南自古富庶,苏州、杭州的富庶,天下人皆知,却少有人知道湖州是富庶之地,湖州是低调的、内敛的。

明清时期的湖州,富甲天下,"耕桑之富,甲于浙右"。明代人文地理学家王士性在《广志绎》中写到湖州,说盛产蚕丝的湖州是浙江最富的地方。当年的湖州,富得流油。

10

湖州就像个富家子弟,在很长一段时间里,过的是"要风得风,要雨得雨"的日子,虽然后来千金散尽,家道中落,但骨子里的那份安逸、那份精致、那份自傲,还是在的。

11

富裕的地方一般少乖戾之气,湖州人一向和气,湖州人脑后无反骨,不爱跟人钻牛角尖。湖州人爱面子,饿死不讨饭,做起事来一板一眼、有规有矩。

湖州人性子平和,不容易气血冲顶。马可·波罗评价道:"这里的居民温文尔雅。"

12

湖州历来被人们称为丝绸之府、鱼米之乡、文化之邦。现在它又有了很响的名头:"绿水青山就是金山银山"理念的诞生地,中国美丽乡村发源地。

13

世界丝绸之源在湖州,有钱山漾遗址为证。

说到湖州,丝绸是绕不过去的。湖州以蚕桑丝绸著名,一度拥有全国十分之一的丝绸产量,被誉为丝绸之府。有个叫米列斯库的外国人,就是这么说的:湖州府位于太湖之滨,是中国富裕的大城市之一……这里丝绸的产量如此之多,以至一个小城镇每年缴纳的丝绸税就达五十万两黄金。

早些年,靠着丝绸,湖州人的日子,过得真当惬意。

14

有丝绸不稀奇,江南哪个地方没有丝绸?但江南的丝绸中,以湖州丝绸为最,清代康熙时织造的九件皇袍,就是用湖州丝绸做的。道光皇帝的湖绸衣裤破了一个小洞,他舍不得扔,让内务府补补,结果一补就补了三千两银子。当年英国维多利亚女王过生日,大臣投其所好,把湖州的辑里丝献上。

湖州这个地方与欧洲隔了十万八千里,但湖州曾经让欧洲的财政出现赤字。当年欧洲人一见轻盈柔软、光彩夺目的湖州丝绸,眼睛就发亮,倾囊抢购。

湖州丝绸贵如黄金,导致大量进口丝绸的罗马帝国出现财政赤字。元老院为此还专门通过了一项禁令:禁止销售、穿着中国丝绸服装。

15

桑树是湖州人的摇钱树。湖州人用桑叶养蚕,蚕长大后吐丝,蚕丝织成华美的丝绸,换来真金白银。

湖州人还把桑葚做成桑葚酒,以蚕蛹为美食,他们相信"七个蚕蛹一个鸡蛋",吃蚕蛹约等于吃补品。甚至连蚕拉的屎,他们也要拿来做成枕头给小孩子用,说能明目、养脑,能祛暑退火,还能枕出宝宝健康周正的头型来。

16

湖州跟世博会有缘，1851年的第一届伦敦世博会上，湖州的辑里丝就拿到了金奖。1929年，为了纪念北伐胜利，湖州人、浙江省政府主席张静江在杭州举办了中国近代史上第一次现代博览会——首届西湖博览会，历时一百二十多天，有中外展品十四万件，参观人数达两千万人次，影响深远。

17

湖州还是瓷之源。湖州的德清窑是"中国青瓷的发源地"，湖州的德清窑一发掘出来，把成熟青瓷出现的时间至少前移了五百年，"害得"《中国陶瓷史》都得重新修编。

18

一部中国书画史，半部在湖州。

书画家跟这个地方格外有缘，王羲之、王献之、颜真卿、米芾、苏轼、曹不兴、张僧繇、贝义渊、朱审、释高闲、徐表仁、燕文贵等，要么在这里当过官，要么曾寓居湖州。

19

湖州是中国书画家出得最多的地方，在中国二十四史中最早立传的画家、中国士大夫画派和海上画派的创始人,都出在湖州。

顺便说一句,苏东坡对湖州很有感情,为湖州留下七十多首诗。

20

说到湖州,不能不提湖笔。笔、墨、纸、砚被誉为"文房四宝",是古代文人书房中的标配。这"文房四宝"以浙江湖州的湖笔、安徽徽州的徽墨、安徽宣城的宣纸、广东肇庆(古称端州)的端砚最为有名。

湖　笔

21

　　湖州人很讲孝道,《游子吟》的作者孟郊就是湖州人,"谁言寸草心,报得三春晖"。而二十四孝中,"孟宗哭竹冬出笋"的故事,也出自湖州。

22

　　湖州人才多,旧有"九里三阁老,十里二尚书"的说法,湖州人得意地说:"湖州人才半天下。"有人总结了湖州人才的特点:"湖州的古今英才,有三个特点是中国任何一个城市都不具备的:一是人才品级高,许多都是开宗立派的一代宗师。二是传承性强,巨星的光芒,可以闪烁几千年。三是涵盖面广,在各个领域,湖州都是英才辈出的。"

　　湖州人,相当牛!

众多湖州名人

23

写湖州，三种人不能不写：官人、诗人和商人。作为东南形胜之地，又是坐拥膏腴之城，湖州这个地方，风流才子出了一个又一个。风流才子多的地方，一般来说城市的脂粉气比较浓，桃红色的故事也会多一些。

24

赵孟頫就是湖州人。

赵孟頫字写得好，颜值也高，是个美男子。有一件事很能说明赵孟頫的帅气指数：当年三十多岁的赵孟頫被引荐给七十多岁的元世祖忽必烈，忽必烈一见到才气出众、气宇不凡的赵孟頫，就被他英俊帅气的外表、儒雅高贵的气质打动，称他为"神仙中人"，亲热地把这位"神仙哥哥"拉到自己身边，立马授官。

25

南朝齐梁时的沈约也是美男子，南唐后主李煜词中，有"沈腰潘鬓消磨"的句子，"沈腰"指的就是沈约的腰。人家男子是虎背熊腰，而美男沈郎却是一把细腰，丰神俊朗。沈约的家族十分显赫，后家道中落，为改变命运，他日夜苦读。他记忆力超群，白天读过的文章，晚上就能背诵。他是南朝梁的开国大臣，有名的史学家和文学家，著作等身，也是个藏书大家,藏书十二万卷。后因得罪梁武帝,这个美男子在忧惧中死去。

26

沈约是当时的文坛领袖。刘勰花五年时间写了一本《文心雕龙》,无人理睬。他知道沈约权重位高又识货,就背着这部书,守在沈约的家口,等沈约出门,准备坐车上班去时,他把《文心雕龙》恭恭敬敬地递给沈约,请沈大师"指正"。沈约读后,认为是"深得文理"的好书,刘勰和《文心雕龙》得以出名。

27

"西塞山前白鹭飞,桃花流水鳜鱼肥",湖州的西塞山很出名。唐代的张志和在西塞山隐居的时候,写下这首千古名诗。张志和弃官隐逸之举,苏东坡甚是欣赏,将他与陶渊明相提并论,"爱酒陶元亮,能诗张志和"。

张志和的《渔歌子》太出名了,当朝的达官贵人都想一读,唐宪宗求访他的作品而不得,张志和才不高兴和这帮鸟人打交道呢,更懒得献诗给他们。他的诗传播到了日本,当时的嵯峨天皇读了,击节称道。嵯峨天皇在位时大力推行"唐化",他迷恋汉学,擅长汉诗和书法,是日本填词的开山鼻祖,他模仿张志和的《渔歌子》,作了《渔歌子》五阕,被列入日本教科书。

28

西塞山的美景让无数人神往，明代工部尚书严震直就交代家里人，如果自己驾鹤西游了，一定要把他埋葬在西塞山，让他能够面对青山，含笑九泉。

29

湖北黄石也有座西塞山，黄石人说张志和诗中的山、水、花、鸟、鱼是写的他们那里的风景。黄石有个张志和纪念馆，黄石某校的大学生误以为这个张志和是川军起义将领张志和，他们怀着对革命烈士的敬仰之情，跑到唐代诗人张志和的这个纪念馆去缅怀革命先烈，闹了个乌龙。

30

明清小说繁荣的标志，除了"四大名著"外，还有"三言二拍"。凌濛初的《初刻拍案惊奇》《二刻拍案惊奇》和冯梦龙的《喻世明言》《警世通言》《醒世恒言》合称"三言二拍"。"三言二拍"是当时明末社会生活的生动写照，"二拍"中有不少湖州元素。"二拍"一问世，就成了市场畅销书。

老凌一辈子官场不得志，到了六十三岁才当了个徐州通判，他的官运太差了，仅仅过了一年，徐州就被李自成的农民起义军围困，他率众抵抗，忧愤之下，吐血而死。

浙江有意思

31

湖州有一个叫曹不兴的画家，也是牛人一个。他为孙权画屏风时，落了一点墨在上面，他就顺手画成一只苍蝇。孙权来指导工作时，以为是苍蝇飞到画上，伸手便拍。

32

费丹旭是清代有名的画家，以画仕女闻名，故宫博物院藏有他的《十二金钗图》。他肖像画也画得很好，道光皇帝的叔父瞎了一只眼睛，眼还凹进去。老皇叔找人画自己的光辉形象，但是没一个画得让他满意，后来找到费丹旭。费丹旭画了《掏耳图》，画中的皇叔眯着一只眼，在惬意地掏耳朵，巧妙地回避了皇叔的身体缺陷，皇叔大为满意。

33

湖州才子多，才女也多。唐代宗李豫的皇后沈珍珠就是湖州美女，她以良家子身份选入宫后，被太子李亨赐给广平王李俶（后改名李豫）为妃。可惜她生不逢时，荣华富贵的日子没过几天，逢上安史之乱，最后失踪，杳无音信。

同样，唐太宗的妃子徐惠，也是美女加才女。这个湖州女子出生五个月就能说话，四岁通《论语》、会作诗，八岁能文。入宫后，因出口成章，深得唐太宗宠爱。

34

湖州的才女不仅有才,而且御夫有术,镇得住家里的那一位,比如管道升,能诗会画,她给太后画过一幅墨竹,太后极为欣赏,封她为魏国夫人。

当年,二十八岁的大龄女文青管道升嫁给了三十六岁的赵孟頫,两人琴瑟相和,意趣相投,堪称神仙眷侣。后来赵孟頫见身边的同僚纷纷纳妾,也动了花心,想包个二奶回家。管道升不是一哭二闹三上吊,这位才女写了一首深情无比的诗——你侬我侬,忒煞情多。情多处,热如火。把一块泥,捻一个你,塑一个我,将咱两个,一齐打破,用水调和;再捻一个你,再塑一个我。我泥中有你,你泥中有我。与你生同一个衾,死同一个椁。

一首诗唤回了一颗风流才子的心,也让人知道,这世间情为何物,就是一物降一物。

35

元代诗人戴表元,知道他的人不多,但他一句"行遍江南清丽地,人生只合住湖州",让很多人记住了这座城,也记住了戴诗人。

从他身上,诗人们可以得到一些启发,一个人一辈子用不着写那么多的诗,写出一句好诗就能流芳百世。

36

"旧时王谢堂前燕,飞入寻常百姓家。"诗中的"谢"就是晋代的谢安家族。谢安和他的弟弟、子孙三代人中,有五人先后任吴兴太守。谢安很喜欢湖州,他说湖州这个地方清雅高远,多年来,无人改其评价。

在湖州生活真是滋润啊,当年,想在湖州终老的,除了一帮吟诗作画的文人,还有很多阔佬,湖州的确是座宜居城市,自古皆然。

37

当官也要讲个官运,在湖州当官不要太舒服噢。苏轼在《墨妙亭记》中就说:"吴兴自东晋为善地,号为山水清远。其民足于鱼稻蒲莲之利,寡求而不争。宾客非特有事于其地者不至焉。故凡守郡者,率以风流啸咏投壶饮酒为事。"苏轼的意思是说,吴兴自从东晋以来就是一个好地方,山水秀丽,物产丰富,百姓要求不高,与世无争。外地宾客除了有事非来不可,一般很少到这里,所以历任郡守,在这里为官都只是歌咏、酬唱、嬉戏、饮酒。

总之,在古代,在湖州当公务员,拿着公务员的工资,却啥事也不用干,整天吃喝玩乐、唱歌吟诗、风花雪月,老百姓一门心思赚钱,不惹事不闹事不来找你的麻烦,真是爽死了。

38

画家张僧繇当过吴兴太守，平时也是不太理政务的，因为湖州这地方，压根儿没多少政事需要他理，他一门心思画画，"画龙点睛"的故事即出自他。

39

吴承恩官运不好，五六十岁才来湖州长兴当了个副县长。过了一年，觉得没劲，拂袖而去。

老吴这人，性格有点拧巴，心态也不够好，难怪他看到美女都觉得是妖怪变的，要让孙悟空一棍子打死她们。

40

"二杜"之一的杜牧在湖州有一段风流韵事。唐大和二年（828），小杜在宣州幕下任书记时，来湖州访友。湖州刺史崔君素知诗人都是"骚人"，便唤来本城所有歌伎，由着小杜挑选。没想到，小杜一个也看不上，这位有着洛丽塔情结的浪漫诗人，看中了一老妪带来的十来岁的小姑娘。他给老妪一些财帛定聘，约定十年之内他必来当湖州刺史，到时再行迎娶。如十年不来，姑娘自可另嫁。

十四年之后，小杜果然当了湖州刺史，不过，他的"洛丽塔"三年前已嫁人，是两个孩子的妈了。

小杜惆怅万分,作《怅诗》一首:"自是寻春去校迟,不须惆怅怨芳时。狂风落尽深红色,绿叶成阴子满枝。"

41

"一树梨花压海棠"也与湖州的风流诗人有关。北宋湖州诗人张先,因"云破月来花弄影""娇柔懒起,帘压卷花影""柳径无人,堕絮飞无影"三得意句,被称为"张三影"。张先这人命好,不像别的诗人一样要为生计奔波,他一生富贵,诗酒风流,共有十子两女,年纪最大的大儿子和年纪最小的小女儿简直就是祖孙两辈,相差了六十岁。

他跟苏东坡是哥们,苏东坡曾赠他一诗——"诗人老去莺莺在,公子归来燕燕忙",他一辈子忙着儿女情长的事,八十岁时还纳了个十八岁的女子为妾,苏东坡打趣他,说他是"一树梨花压海棠"。

不管是官人、诗人还是画家、书法家,在湖州的日子都是相当快活的。

42

在湖州,姓沈的人最多,十个湖州人里,就有一个姓沈的。

43

"湖商"不是湖南的商人,而是湖州的商人,湖州商人过去名头很响。江南第一巨富沈万三就是这里人,他有钱到什么地步呢,开国皇帝朱元璋定都南京,要搞基建,扩建南京城,但国库没钱,沈万三出资替朝廷修了三分之一的城墙。沈万三还出资造了苏州街,还要犒劳军队,没想到沈万三热心过头,朱元璋认为他有谋反之心,把他流放到云南,后来老沈就死在了那里。

湖州有以他名字命名的红烧蹄髈——万三蹄。

44

1876年前后,是湖州商人最有钱的时候。他们的腰包鼓到什么程度呢,当地人有"四象""八牛""七十二金狗"的说法,用动物的体积来表示对应商人的财富。巨商富贾中,财富超过一百万两的就是象,五十到一百万两的叫牛,三十万到五十万两的叫狗。有钱人大多在南浔,过去有"湖州一个城,不及南浔半个镇"的说法。

可惜的是,湖商从富可敌国到全面没落,只用了不到一百年的时间。

没落是没落了,不过瘦死的骆驼比马大。

45

现在的大商人如王健林、马云等,都不如当年的刘镛有钱。刘镛是南浔"四象"之首,他从绵绸庄的学徒做起,成为富甲一方的丝绸商人。哪里有钱赚,他的手就伸到哪里,他还是大盐商和房地产商。当年清政府一年的财政收入不过八千万两银子,而他的资产有二千万两银子,相当于全国一年收入的四分之一。

与他同时代闻名全国的浙江商人还有两个,一个是杭州的胡雪岩,一个是宁波的叶澄衷。

46

"四象"的第二位是张颂贤,他从弹棉花做起,后来开设丝行,出口辑里丝,又做盐务生意,成为巨富。他有个孙子叫张静江,是个牛人,与蔡元培、吴稚晖、李石曾并称为国民党四大元老,担任过浙江省政府主席。

当年湖州人赚了钱后,就藏书,刘家如此,张家也如此。张颂贤请翁同龢书写的抱柱联是——"世上几百年旧家无非积德;天下第一件好事还是读书"。

47

张静江是富三代,其祖父家与外祖父家均被列为"象"。家里有两头"象",钱多得根本用不完。张静江的经商本领好像也是祖传的,他是第一个在法国开商行的华人,获利之巨,无法估计。他乘坐海轮去法国途中,遇见孙中山,向孙中山承诺,如果革命需要钱就给他发电报:A代表一万元,B代表二万元,C代表三万元。

张静江说到做到,孙中山发来一个C,张静江立马汇过去三万元。以后孙中山要用钱就找他,他次次都应诺,有一次钱不够,反清起义无法举行,张静江将他巴黎的一个茶店卖掉以资助起义。

孙中山称他为"革命圣人",他养病期间,孙中山特地亲书"满堂花醉三千客，一剑霜寒四十州"的对联，让人送到他府上。为了感谢他出钱出力，孙中山就任民国大总统后，把湖州南浔这个只有五万人的江南小镇升格为南浔市。

49

张静江的故事一大篓，他的子女故事也多。张静江有十个女儿两个儿子。三女儿芸英是钢琴家，爱上了电影明星陈寿荫。宋子文看上芸英，苦命追求，眼看好事将成，陈寿荫上演了一出苦情戏，催她赶快回来完婚，如果不来就自杀。芸英怕他真的自杀，摆脱了宋子文，瞒住了父亲，与陈寿荫完婚。

而他的四女儿荔英的婚姻更有传奇性。荔英是旅法画家，生性浪漫，二十四岁时执意嫁给了她心目中的"天下第一美男子"、比张静江还大两岁的陈友仁伯伯。陈友仁是孙中山的英文翻译兼外交顾问，是国民政府的外交部部长，他与张静江政见不同，是张静江政治上的死对头，还比荔英大了三十多岁。他俩在巴黎结婚时，宋庆龄以大媒的身份赶来参加。

50

湖州人有钱名声在外。中国最后一个皇帝溥仪被冯玉祥赶出故宫，迁居天津的日本租界。这个逊帝想恢复大清祖业，到处搞"众筹"，想招兵买马东山再起，他亲自跑到湖州，找来"四象"之一的庞莱臣，赐了一块匾，希望老庞捐几十万银子，可老庞这人讲政治，拎得清，没有站错队，一个子儿都没给他，搞得溥仪很没面子。

51

宋徽宗痴迷花石，尤喜太湖石。太湖石又名窟窿石，以"皱、瘦、透、漏"为美，是古代四大玩石、奇石之一。湖州有弁山，弁山产太湖石。当时有一太湖石，高六仞，广百围，花了九牛二虎之力运到京城，宋徽宗一看，龙颜大悦，竟然封石为侯——"盘固侯"。《水浒传》中就有涉及"花石纲"的章节，劳民伤财的花石纲，引发了农民起义。现在苏州留园的"冠云峰"、上海豫园的"玉玲珑"等名石，均采自湖州弁山。

52

天下爱喝茶的人，对湖州都很推崇，因为湖州这个地方，诞生了世界第一部茶文化专著《茶经》。出《茶经》的地方，自然有好茶，安吉有白茶、德清产黄芽、长兴有紫笋茶。

《茶经》是陆羽写的，光听名字，人都以为陆羽是个风流倜傥的大帅哥，其实陆羽是个丑八怪，他不是湖州本地人，他漫游到湖州，觉得湖州这个地方是宜居城市，就住下不走了，直把湖州当故乡。

53

别以为湖州人只会吟吟诗写写字作作画，湖州也出过军事家，可见湖州人不仅会风花雪月,也是很有谋略的。那个别姬的项羽,据说就是在湖州起兵反秦的。

54

樊哙是条好汉,鸿门宴上,项庄舞剑,意在沛公,为了救汉高祖刘邦,樊哙勇闯军帐,忠勇护主,大啖生肉,震慑对方,刘邦得以全身而退。

樊哙在湖州的西塞山抗过洪,那里便有了一个樊漾湖。

55

一方水土养一方人,湖州养了很多的情种。湖州的情种不仅有文人,还有官人,连帝王将相也是情种。

湖州人说起莲花庄、飞英塔,比自己家的后院子还熟悉。莲花庄,原是赵孟頫的府第,而飞英塔,是陈武帝陈霸先为痴情的飞英姑娘而建。

陈霸先是个不折不扣的情种,毛泽东对他很感兴趣,要求人们读《陈书》,了解陈霸先的身世经历。

56

到湖州,不能不去南浔。南浔是江南水乡六大古镇之一,还是历史文化名镇,是富甲一方的商贾重地。

叶圣陶写过故乡角直,茅盾写过故乡乌镇,陈逸飞画过周庄,而湖州籍作家徐迟,索性用六十六个"水晶晶"的意象来描写他记忆中的故乡南浔:脚丫船、渔舟、烟波、野鸭、白鹭鸶、水风车、水车、池塘、水网、荇藻、春草、垂柳、荷叶珠子、竹径、桑树园、蚕虫、油菜花、稻田、紫云英、稻香村、积谷仓、小岛、宝塔、藤萝架、九曲桥、太湖石、雨巷、长街、绸缎店、歌榭、酒肆、野荸荠、水晶糕、橘红糕、灯火、纺车、织梭……

在湖州,看见美丽中国。

57

莫干山是个好地方,现在小年轻度蜜月,跑到巴厘岛、普吉岛或马尔代夫去,当年中国最有权势的男人蒋介石,他和"达令"宋美龄的蜜月,就是在湖州的莫干山上度过的。

58

懂历史的人都知道,清初开国以来的第一宗文字狱——庄氏明史案就发生在南浔。

康熙二年(1663),湖州富商庄廷鑨请人修编《明史》。他脑袋有点不开窍,如实地写了明末天启、崇祯两朝的一段历史,被认为是有意反清,以致惹来大祸,庄氏全族和为此书写序、校对,以及买书、卖书、刻字、印刷的人等,一共有七十余人被杀,还有几百人被发配边疆。

湖州此地文风太盛,富人也有文化情结,要是在别处,这些个土豪,有了钱只管吃喝嫖赌抽大烟玩女人,而不是去藏书印书,就不会把命弄丢了。

59

凌迟是中国最残酷的刑罚,除了凌迟,古代的酷刑中,还有腰斩、斩首、宫刑、车裂、剥皮等几十种,听着就让人胆寒。中国最后一个被凌迟处死的犯人是盗贼康小八,光绪三十一年(1905)他在菜市口受刑。康小八受刑时,在场的洋人拍下照片,带回欧洲,洋人看了大惊,以为清朝是野蛮之邦,竟然还有割肉的刑罚。

在京城主持修订法律的大臣是湖州人沈家本,他上书光绪帝,要求废除凌迟、枭首、戮尸、缘坐、刺字等酷刑,并禁止使用刑讯逼供,禁止买卖人口,废除奴婢律例,光绪帝同意了这个湖州人的请求,凌迟等酷刑宣告废除。

60

别处是穷人闹革命,流传的都是"两把菜刀闹革命"的故事,而在湖州,是腰缠万贯的富二代富三代闹革命。

别处的人造反,有的是为了填饱肚子,有的是像阿Q一样,为了睡地主家的宁式床,湖州人闹革命,是为了心中的信仰和主义。

61

三国有桃园三结义,民国也有四结义,这四个把兄弟是张静江、陈其美、蒋介石和戴季陶,除了老蒋是宁波人,其他三个都是湖州人。

国民党建党初期,湖州人很是风光,那时一半多的中常委是湖州人,湖州人一开口,那基本上事就成定局了。

民国政府有"蒋家王朝陈家党"之说,蒋是指蒋介石,陈家党指的是陈果夫陈立夫两兄弟。蒋介石控制着民国政府,湖州陈氏兄弟掌控着国民党。

62

"湖州的中统,江山的军统,奉化的总统。"军统和中统是国民党的两个特务机构,分属蒋介石和陈果夫陈立夫掌控。

军统的领导人是戴笠,中统的领导人是湖州人徐恩曾。跟戴笠喜欢用江山人一样,徐恩曾也觉得湖州人靠得牢,他把自己的侄子、朋友甚至家里的用人都拉入中统,还找了同乡钱壮飞当自己的机要秘书,没想到钱壮飞是打入敌人内部的中共党员。顾顺章叛变的情报就是钱壮飞送出去的。周恩来说,要不是钱壮飞,我们这些人早就没命了。

63

钱壮飞的女儿黎莉莉,是个与王人美、阮玲玉齐名的大明星。当年潘汉年、李克农在钱壮飞家里开会,都是她在楼下望风。她幼时报过信,救过陈赓大将的命。

64

湖州人都说,要是没有湖州人的资金支持,辛亥革命根本不可能成功。辛亥革命不成功的话,哪有中华民国?搞不好,我们还生活在封建社会。

听湖州人绕了一大圈,终于听明白了:要是没有他们湖州人,中国的近代史就不是这个写法。

65

湖州的大街小巷都很干净。湖州人爱干净,南浔的爱国卫生运动尤其出名。二十世纪五十年代,全国除“四害”,南浔率先消灭了苍蝇蚊子,领导很高兴,亲自批示,要好好宣传南浔!

66

湖州是不折不扣的温柔乡。所谓温柔乡,意味着柔情、慵懒、甜腻、奢靡。湖州人很喜欢说的一个词,就是“安耽”,湖州人过惯了“安耽”生活,湖州人常挂在嘴边的一句话是“一日三餐粥,‘安耽’就是福”。

67

湖州,是浙江最靠北的城市,它和浙江最南的城市温州,有着迥然不同的气质。如果说温州的气质是散漫的、旷达的,像腰缠万贯、财大气粗的商人,那么湖州的气质就是儒雅的、内敛的,犹如月下吹箫的书生。

68

连湖州人自己都说,湖州人挺懒的。这种懒,不是说湖州人在生活中散漫,而是指湖州人精神上的慵懒。

湖州人即使碰到泰山压顶和火烧眉毛的事,也是不慌不忙、不急不躁的。湖州人做人做事,很沉得住气。

69

湖州竹子很多,据说全国十分之一的竹子都长在这里,《卧虎藏龙》中,章子怡与周润发就是在安吉的竹林中打来打去。

靠竹吃竹的湖州人,做竹席、竹扇、竹碗,甚至还用竹子做出了手表带。湖州农民琢磨出"春笋冬出"的法子,用毛竹叶、稻草给竹子盖上温暖的被子,让春笋早早破土而出,他们得意地说:"毛竹盖一盖,一亩增收一万块。"

靠竹吃竹

70

　　湖州人做青团用的"青"，跟别的地方不一样，是把南瓜的绿叶放在水中煮熟捞出，滤干水分，冷却后，洒上生石灰，然后放入坛子中，挤压紧实，再灌入冷水密封坛子口做成的。

　　我觉得湖州的这个"青"，简直可以申报世界文化遗产。

71

湖州人说话都是文绉绉的,他们至今还用"吾"来指代自己,用"尔"指代对方,以"伊"来指代女性。在湖州,茭白是菰,吊瓜是栝楼,芦花是苕,把长满芦花的溪,称为苕溪。太湖是全国第三大淡水湖,而苕溪的水正是流向太湖。"溪岸多苕花",一到秋天,溪边芦花如雪,故名苕溪。

有一种鸡叫芦花鸡,不知道湖州人是不是要把它叫成苕鸡?

72

湖州人就算骂人,也骂得含蓄,湖州人把败家子称为"掼脱货",把不上进、乱挥霍的人称为"潦坯",把不愿意多接近和鄙视的朋友称为"捏鼻子朋友",以"崇明人阿爹"指拎不清的人,把胡说八道的人称为"烂噪三观经",把财迷心窍的人称为"铜钿银子关心经"。

他们骂人,不是开门见山地骂,而是绕着弯子骂。湖州人骂人也骂得有文化。

73

湖州跟上海有渊源。上海跟湖州一样,也是春申君的封地,所以上海称为申城,而黄浦江的源头,就在湖州安吉龙王山中。

74

全国最大的童装生产和销售地，就在湖州织里。织里童装起步跟边角料加工有关，织里人把不值钱的边角料做成儿童肚兜，没想到，这些肚兜很受欢迎。织里由此起步，发展成中国童装之都。

75

有"碧波三千顷"的太湖环绕，湖州人的口福真好啊，秋天到湖州，最美的一件事，就是到太湖上大啖大闸蟹。

有一年到湖州出差，湖州朋友请我到太湖坐游船吃蟹，我吃了太湖的大闸蟹后，对别处的大闸蟹就看不上眼了。

上面的哥们，为什么你们气色看上去那么好？

太湖蟹

76

湖州的市花是百合花。湖州人既是浪漫主义者,又是实用主义者,湖州百合,花可以赏,鳞茎拿来做菜熬汤,清甜可口,湖州人称之为"太湖人参"。

77

中国有四大美女,湖州有四大家鱼——青鱼、草鱼、鲢鱼和鳙鱼,还有四大河鲜——鳝、鳖、龟、鳅,至于太湖三白——银鱼、白虾、白鱼,是太湖里的浪里白条,味道交关鲜。

78

湖州人喜欢吃鱼。湖州的孩子上了学,家长们喜欢让娃们吃鳜鱼,在湖州话里,鳜鱼的"鳜"读音同记忆的"记"一样,吃鳜鱼,为的是让孩子记忆力好。

湖州人说:"正月鲈,二月鳢,卖田卖地也要尝。"湖州人做人想得开,为了这一口,连田地都舍得卖,这跟绍兴人舍不得吃,只知道从牙缝里省钱形成了鲜明的对比。

总之,从这句顺口溜就可以看出,湖州人做人想得开,绍兴人做人想不大开。湖州人敢花钱,绍兴人会省钱。

79

湖州人吃河鲜有讲究,他们嘴巴刁,什么季节吃什么鱼都有讲究,不能乱了分寸的:"正月鲈,二月鳜,菜花鲤鱼桃花鳜,黄梅季节吃鲌川,夏食黑鱼抱籽虾,秋尝鳗鲡冬食鲢,除夕夜宴辣鱼头,逢年过节青草鳊。"

至于鱼的哪个部位最肥美,湖州人也知道得一清二楚:"鳙鱼头,青鱼尾,草鱼肚档鲫鱼背。"他们把鱼分为三六九等,"白鱼为上,鲈其次,鳜再次"。

80

据说,全国十分之一的淡水鱼都在湖州,湖州有百鱼宴。

湖州人的百鱼宴不止一百道菜,他们用鱼啊虾啊蟹啊,做出了五百多道菜,其中有五环鱼丝、蟹黄鱼脑、蟹粉鳜鱼羹、藏心鱼圆、雪梅鱼卷等。

吃鱼的人脑子都好用,难怪湖州出了那么多名人。

湖州人文韬武略都有,一般情况下,他们不显山露水,跟鱼一样,平常是不露头的。

81

湖州是个清淡清雅的城市,但湖州人的口味蛮重的,他们烧菜喜欢放酱油。湖州菜中的红烧头尾、烂糊鳝丝、炒甲鱼,都是浓油赤酱的。

82

湖州四大名点,是周生记的馄饨、丁莲芳的千张包子、震远同的酥糖、诸老大的粽子。其中的千张包子,皮子是用豆制品千张做的,它的馅是咸肉开洋,跟别处不一样。

83

湖州人的生活品质很高,喝个茶,要有茶点。湖州人的茶点标配是震远同的玫瑰酥糖、椒盐桃片、牛皮糖,合称"茶食三珍"。过去商人谈业务,走个亲戚串个门,拎的都是"茶食三珍"。

84

晚清民国时期的大家吴昌硕也是湖州人,是杭州西泠印社的首任社长,与任伯年、蒲华、虚谷合称为"清末海派四大家",诗、书、画、印,样样出色。吴昌硕贪吃,晚年尤甚,只要有人请吃,必赴宴大吃,吃撑为止。八十四岁那年,老友送他十包麻酥糖,子女怕他吃多,只给他一包,其余的藏起来,他半夜起来偷吃,吃了两包,梗在胃中,一病不起,直至去世。

85

湖州有两个一品,一个叫张一品,一个叫王一品,一个以酱羊肉著称,一个以湖笔出名,一个是物质文明,一个是精神文明。

这两个一品我都喜欢,不过我还是喜欢张一品多一点。因为湖笔有一支就够了,而湖州的羊肉,光吃一次显然是不够的。

86

湖州狐狸精很多,蒲松龄没把湖州当作文艺创作基地有点可惜。

湖州人信狐仙,把狐仙尊称为大仙、大仙公公,甚至叫大仙菩萨。他们供给大仙吃的馒头,比自己家里吃的馒头大多了。

87

如果你吃过湖州的丁莲芳千张包子、周生记馄饨、诸老大粽子、双林子孙糕、野荸荠橘红糕、震远同"茶食三珍",却没吃过湖州的熏豆茶,那也算不得吃遍湖州。

湖州有一种熏豆茶,据说是丈母娘招待女婿用的。湖州熏豆茶除了茶外,还有茶里果。茶里果中有熏豆、芝麻、丁香萝卜干、橙皮、桂花、青橄榄,有绿有青,有白有红,有黑有黄,煞是好看。

88

到湖州出差,坐上出租车,见前面一指示牌上写着"咸菜大街"。我纳闷地问出租车司机,湖州还有咸菜大街?

的哥大笑,说:什么咸菜大街,那是威菜大街!

威莱大街原来叫东街,后来东街冠名权卖给了威莱企业,遂更名为威莱大街。

89

湖州的诸老大是百年老店,以粽子出名。国民党元老陈果夫说,诸老大就是湖州的粽子状元。在台湾,粽子大多打的是湖州粽子的牌子。

但是现在,嘉兴粽子名扬天下,风头远远盖过了湖州粽子。

90

湖州人觉得,工作是老板的,钞票是儿孙的,身体是自己的,做人做事犯不着那么拼命。所以,他们喜欢说的一个词是"百坦"。湖州人啥都可以"百坦"。吃饭,"百坦"吃;喝酒,"百坦"喝;道个别,也是"百坦"。

湖州人喜欢"百坦",慢慢来,不着急。天塌下来,反正有高个子顶着。

91

湖州人喜欢打牌搓麻将,不过他们觉得搓麻将档次低,打牌档次高。

在湖州,那些退休的老头老太爱搓麻将,而层次高一点的湖州人,更喜欢打牌。

92

太湖边的月亮酒店，号称中国第一家七星级酒店。因其外形像马桶盖，被湖州人调侃成马桶盖酒店。

太湖边的月亮酒店

93

湖州的文人出名，湖州的文盲也出名。湖州有个文盲企业家，大字不识一个，在他的通讯录上，管工业的副市长，就在电话号码下画根烟囱，管农业的就画个粮垛，管园林的就画朵花，公安局局长画支长枪,派出所所长画支短枪。

如果碰到一个网站老板,估计他会画个蜘蛛网。

94

湖州人过年,不早起,女人更要睡懒觉,叫"焐蚕花"。老辈人说:"焐发蚕花,越焐越发。"睡懒觉有了冠冕堂皇的理由。

除了不早起,还要吃糖,意味着一年到头甜甜蜜蜜。

95

含山是蚕花圣地,一到清明节,就要举行轧蚕花的民俗活动,十里八乡的蚕农,潮水般地涌向含山,苏杭周边的游人也过来凑热闹。

未婚的男女青年,在庙会上你挤我我挤你,这不是"吃豆腐",湖州人称为"轧发轧发"。"轧蚕花"是个好兆头,人越多,轧得越热闹,这一年的蚕花就越兴旺,千万不能说"挤死了""别挤了"之类的丧气话。

96

湖州人说一个人老实,是这么说的:老实到肚脐眼都没有。意指这个人没有心眼,没有花花肠子。

97

农历二月二,是龙抬头的日子,又被称为春耕节。古时干农活全靠壮年男子,农活干多了,腰酸背痛是难免的。这一天,湖州人跟苏州人一样,要吃"撑腰"糕,把年糕放油锅里煎得香喷喷的,蘸着红糖吃,吃了这种糕,可以把腰撑住,腰板硬朗,干活有力。

98

因为舍不得自家的宝贝女儿嫁到男方家里,湖州人想出一个独特的结婚习俗,叫"不进不出",这个不进不出,跟 AA 制差不多。女方不嫁,男方不娶,男女双方平摊出钱买房子,女方不要彩礼,不出嫁妆,男方不下聘礼。结婚以后,如果生两个娃,一个跟父姓,一个跟母姓。

男女平等喊了这么多年,只有在湖州才得以真正实现。

99

湖州是茶文化的发源地,湖州的茶馆遍地开花。湖州人喜欢饮茶,他们把饮茶称为吃茶,湖州人以茶论道,品茗交友。湖州人这么爱吃茶,真对得起茶圣陆羽啊。

湖州的茶馆不仅是休闲场所,还是调解中心,湖州人有纠纷,不是找人干上一架,而是到茶馆"吃讲茶",喝喝茶,讲讲理,就把纠纷调解掉了。

浙江有意思

100

湖州人会享受生活，他们才不要"996"（早上 9 点上班，晚上 9 点下班，一周上 6 天班），他们一下班就急着回家喝茶打牌搓麻将。

工作是为了更美好的生活，要什么"996"？

嘉
兴

1

老天待嘉兴不薄,它在两座著名的天堂城市杭州与苏州之间,历史上,它就是中国富庶繁华的地区之一,是江南有名的钱袋和粮仓,明清时被誉为"江南一大都会"。

"土膏沃饶,风俗淳秀"的嘉兴,是宝地和福地。

2

老话说,仓廪实而知礼节,因为衣食无忧,所以这个地方的人没那么多的心事和心机。志书上说,嘉兴这地方"其俗少阴狡""士美民秀""人性柔慧"。

嘉兴人的性格,跟这个城市一样,秀外慧中,温文尔雅。

3

同在浙江,丽水是九山半水半分田,台州是七山一水两分田,湖州是五山一水四分田,而嘉兴,竟然有六田一水三分地。

浙江所有的地市中，就数嘉兴的田地最多了。嘉兴是浙江的"大地主"。

老天爷是不是有点偏心眼？把这么多的好田好地都给了嘉兴。

4

嘉兴是文章锦绣地、温柔富贵乡，嘉兴人讲话细声细气，做事和和气气，看上去文文气气。

5

嘉兴人都说自己托了大运河的福，运河之于嘉兴，是血管和动脉，也是嘉兴的文化血脉和精神符号。

大运河穿越嘉禾大地，给这片江南平原带来舟楫之便、灌溉之利，也带来了富足，带来了灵气，使得嘉兴成为"丝绸之府""鱼米之乡"，成为中国古代稻作农业经济最发达的地区和国家的财富重地。

6

嘉兴的名字变过好几次，它一度以水果来命名，这种水果叫檇李，春秋时，嘉兴就称为檇李。这檇李好吃到什么程度呢，用"补白大王"郑逸梅的话来说就是："檇李红润如火，表皮微被白霜，比之美人粉霞妆，毋多让焉。临啖将白霜拭去，以爪破其皮，浆液可吮而尽，甘美芬芳,难于言喻。"他说,槜李甜美多汁,用你的爪把皮撕破,可以用嘴吮着吃,好吃得不得了。

7

嘉兴是个老天赏饭吃的地方。三国时,嘉兴因为"野稻自生"——土地上自己长出稻谷来,改名"禾兴",后来为避太子孙和的讳("和"与"禾"同音),"禾兴"改为"嘉兴"。

8

粉碎"四人帮"的第二年,《第二次汉字简化方案》在全国推行,那些笔画多的字,再一次被拿来简化,"橘"简化成"桔","蛋"简化成"旦"字,"餐"字简化成了"歺","萧"简化成了"肖","嘉"字笔画多,也被简化成了"加",嘉兴有一段时间成了"加兴"。嘉兴人不喜欢这个"加"字,嫌它直白,嫌它不如"嘉"字寓意好。

几年后,"二简字"停止使用,"加兴"又恢复成"嘉兴"。

9

"山川秀美"这个词不是随便放在哪里都可以用的,比如用在嘉兴就不大合适,这个地方压根儿就见不到山,连小土堆都很难见到,嘉兴不是山川秀美,而是一马平川。

这地方无山,所以条条马路通四方,要造条路,只要把地整整平就是了,不像温州、台州和丽水,关山重重,山路十八弯,要造一条路,得钻山打洞、开山造桥,成本老高。在这些地方造条路,成本比在嘉兴造十条路还要高。

10

嘉兴的交通实在太便利了,嘉兴境内,竟然有八条高速公路！嘉兴有好多个高速出口,如果不用导航,外地人下高速时肯定找不到北。就算用了导航,有时也会犯迷糊。

11

浙江的很多地市,到本世纪才有动车,而嘉兴早就通火车了,嘉兴火车站在清光绪三十三年(1907)就建好了。嘉兴的火车站点很多,隔几十里甚至十几里一个,光一个海宁,就有硖石、双山、庆云、斜桥、周王庙、长安、许村七个火车站。

嘉兴人得意地说,我们嘉兴离上海、杭州、苏州、宁波很近,打个"火的",一会儿就到了。嘉兴人把"坐火车"调侃为"打火的"。

12

托了交通便利的福,中国共产党的创始人才转移阵地,跑到嘉兴来开会,所以有了开天辟地的宏大叙事,也有了让嘉兴人时不时拿出来抖几抖的骄傲之事。

13

中共一大原本是在上海开的,1921 年 7 月 30 日,在上海的最后一次全体会议上,出现了陌生的不速之客,大家嗅到了危险的气息。李达提议离开上海。周佛海说,那就去杭州西湖。张国焘不同意,说杭州人太多,容易暴露。李达夫人王会悟提议,不如到她的家乡嘉兴去,上海到嘉兴很近,人少又安静,不大会出乱子,就算出了乱子,她也有办法搞定。

好啊好啊! 于是,毛泽东、张国焘、李达、何叔衡、董必武、周佛海、陈潭秋、王尽美、邓恩铭、刘仁静等,就坐火车来到嘉兴。

就这样简单,嘉兴成了革命的圣地。

14

嘉兴是长三角的中心,跟上海、杭州、苏州是近邻,只有几十分钟的车程。嘉兴很谦虚地说自己是沪杭苏的后花园。

跟这些个名气老大的城市紧挨着,是好事,凡事都能沾点光,人家吃肉它能喝肉汤,人家栽花它能闻香,人家敲锣打鼓它能听个音,不过这些邻居风头太劲了,让嘉兴成了陪衬,就好像新娘边上的伴娘,再是美丽,宾客的注意力还是会被新娘吸引过去。

浙江有意思

15

嘉兴夹在"左杭右苏"中间,东北面是上海。

嘉兴人到上海就好像走亲戚一样自然:想买衣服了,去上海;想看病,去上海;孩子读书,自然也是去上海。不过旅游和度假嘛,嘉兴人还是去杭州和苏州多一些。

16

上海人称宁波人为"小宁波",说嘉兴人是"乡下大少爷"。上海人看什么地方都是乡下,哪怕它的邻居嘉兴,也是乡下。上海人之所以称嘉兴人为"大少爷",是因为少爷家里有田,底子不薄,吃穿不愁,性格平和,讲点派头。

17

嘉兴这地方富足,家底殷实,没有暴发户那种俗不可耐的腔调,也没有暴富之后的浅薄和轻飘,它是不动声色的,它就像富了十几代,很有教养的好人家。

前些年,省作协组织作家去嘉兴采风,当地的官员向我们介绍嘉兴的情况,话一起头,便是软实力,那些硬邦邦的"产值""利润"之类,让位给了嘉兴的文化、名人和特产。

18

嘉兴的城市气质是一脉相承的,无论世事如何改变,环境如何动荡,它都不曾改变过、摇摆过。它就像一位美人,一以贯之地优雅着,温柔着,含蓄着,年轻时这样,年老时也是这样,平淡时这样,发达时也是这样。

19

嘉兴的读书氛围很浓,这是个不爱武装爱文装的地方,这里人"罕习军旅,尤慕文儒",有钱人家自然要子弟好好读书,穷苦人家也要从牙缝里省出钱来供子孙读书,所以有"虽三家之村必储经籍","田野小民皆教子孙读书"的说法。

嘉兴人生活中的两件大事是藏书与读书。浙江藏书家最多的就是嘉兴。《浙江藏书史》记载了从南北朝起至近代的藏书家,嘉兴有三百一十五名;杭州二百七十名,宁波一百八十八名,绍兴一百二十一名,湖州一百一十一名,温州一百名,金华七十名。嘉兴的文运昌隆,可见一斑。

20

嘉兴的南湖相当有名。据说乾隆帝南巡时,先后八次登上南湖的烟雨楼,一高兴,赋了好多诗。民国元年(1912),临时大总统孙中山也到这里玩过。

浙江有意思

　　南湖与大运河相连,有个雅号"鸳鸯湖"——因为南湖分东、西两湖,这两部分形如两鸟交颈,如鸳鸯,故得名。老家在嘉兴的金庸在《射雕英雄传》第三十四回中写道:洪七公高声向黄药师道:"药兄,这南湖可还有个什么名称?"黄药师道:"又叫作鸳鸯湖。"洪七公道:"好啊!怎么在这鸳鸯湖上,你女儿女婿小两口闹别扭,老丈人也不给劝劝?"

21

　　明末大文人张岱写南湖:"湖多精舫,美人航之,载书画茶酒,与客期于烟雨楼。"

　　有湖,有画舫,有美人,有烟雨楼,当然是风流之地,但历史偏偏选择了南湖,它的风花雪月让位于时代风云,中国的命运在南湖的这条游船上发生了巨大的改变。

　　南湖的中共一大会址,理所当然成了全国重点文物保护单位。南湖还是国家 5A 级景区,是全国红色旅游经典景区、爱国主义教育示范基地。除此之外,它还是党员教育基地、廉政文化基地。

　　南湖的政治色彩比中国任何一个湖都要浓。

22

　　一到 7 月,全国各地不计其数的人,朝圣般地涌到这座城市来,说是"遥想革命先驱们当年的豪情万丈,感怀那个开天辟地的伟大时刻",当然顺便也来领略一下江南好风光。

23

嘉兴南湖上，这条被人称为"红船"的中共一大纪念船，是 1959 年仿制的。全中国没有一艘船的地位，比得过南湖的红船。

红　船

24

嘉兴的红船精神叫得很响。嘉兴人喜欢向红船表决心，比如，嘉兴日报报业大楼的门厅内，不像别处的报社一样，写几个如"铁肩担道义，妙手著文章"或"真实记录历史，客观反映时代"之类的大字，它写的是——"办好红船旁的党报"，有种一本正经的诗意，还有一种沉甸甸的责任感。

25

自从南湖有了红船,文人骚客泛舟南湖时,就少了一些风花雪月的情怀,多了一些"一叶舟中忧天下,万顷碧波念苍生"的情怀。

26

到了嘉兴,烟雨楼总要去走一走的。南湖的烟雨楼来头不小,杜牧写下《江南春》,其中有"南朝四百八十寺,多少楼台烟雨中"句,烟雨楼因此而得名。

27

嘉兴人送礼,如果送给外地朋友,一般会送几袋嘉兴粽子,如果是送给单位,十有八九会送一条南湖红船模型。前者叫经济,后者叫政治。

28

中国近现代史上,一半的文化名人出在浙江,这一半文化名人中,又有一大半出在绍兴和嘉兴。

就说中国现代文学史上的领军人物吧,钱塘江南边的绍兴出了个鲁迅,北边的嘉兴出了个茅盾。一江两岸,孕育出两位文学巨匠。

吃霉干菜长大的鲁迅,激愤尖锐,"横眉冷对千夫指"。而吃猪蹄髈长大的茅盾,则平和冲淡。这两位文学巨匠的性格,跟生养他们的城市气质,是多么接近啊。

29

茅盾之于嘉兴,就好像老舍之于北京、张爱玲之于上海、贾平凹之于陕西,没有这个城市人文、风物的滋养,就没有茅盾的作品。当然,没有茅盾,这个城市在全国文化人的心目中,地位也不会那么高。因他而名的文学奖,是中国最具含金量的文学奖。

30

嘉兴的面积很小,在全省排倒数第二,只比舟山大一些。但是小归小,五脏俱全,大城市有的,它全都有,属于小而精、小而美。

因为地方小,不认识的两个人,只要拐上几道弯,都可以攀上关系。

31

嘉兴地方小,但出的名人多。王国维、沈钧儒、李叔同、丰子恺、茅盾、徐志摩、张乐平、朱生豪等等,都是地道的嘉兴人。

可能金庸觉得他的家乡太好了,所以他笔下的乾隆皇帝也有嘉兴血统。

32

嘉兴人很喜欢扯乾隆皇帝跟海宁的八卦故事。嘉兴人都把乾隆皇帝看成嘉兴人民的好儿子,说乾隆六下江南四至嘉兴的海宁,为的就是看望他在海宁的亲爹陈阁老。

明明知道这个所谓的宫闱秘闻漏洞百出,经不起推敲,但嘉兴人不管那么多,为了推广旅游,还是毅然决然把盐官说成"乾隆故里",坚决地跟皇帝攀了亲。

33

嘉兴的文脉从来没有断裂过。民国有大师,当代也有大师,嘉兴人余华凭《在细雨中呼喊》《许三观卖血记》,就可以跻身当代最著名的作家之列——他曾经是海盐的一名牙医,跟鲁迅一样,半途弃医从文。

34

嘉兴人说自己人文底蕴丰厚是有底气的,走进嘉兴的餐饮店,哪怕是小得不能再小的饭馆,墙上通常都有书画挂着。嘉兴人连灶头上也要画上画。

嘉兴还有农民画,法国艺术家看了嘉兴的农民画,说有"马蒂斯风格"。

嘉兴的农民有文化,知道马蹄——荸荠,也知道马蒂斯。

35

江南有著名的六大古镇,分布在三个城市:苏州、嘉兴、湖州。六大古镇中,周庄、同里、甪直在苏州,南浔在湖州,还有两座——西塘和乌镇,都在嘉兴。

36

在嘉兴,你要知道,桐乡不是乡,许村不是村,濮院不是院,姚庄不是庄,上市不是市,王店不是店,乌镇嘛,倒真的是个镇,全称叫作乌镇镇。

37

小小的乌镇,历史上曾地跨两省(浙江、江苏)、三府(嘉兴、湖州、苏州)、七县(乌程、归安、崇德、桐乡、秀水、吴江、震泽)。

乌镇是桐乡下面的一个镇,但它的名气比桐乡大多了,属于儿子牛过老子的那种,过去乌镇出名,是因为茅盾,现在出名,是因为世界互联网大会。

38

第二届世界互联网大会期间,网易 CEO 丁磊组了一个局,丁磊还带了自家养的猪,所以这次饭局,外界戏称为猪肉局,雅一点的叫乌镇夜宴。这以后,每年互联网大会,丁磊都要请客。参加过丁磊饭局的,有百度董事长李彦宏、腾讯董事长马化腾、搜狐董事局主席兼 CEO 张朝阳、联想集团董事长兼 CEO 杨元庆、京东 CEO 刘强东、新浪总裁兼 CEO 曹国伟、携程 CEO 梁建章、小米科技董事长雷军等大佬。

一顿饭局,覆盖了中国互联网的半壁江山,人称"东半球最强饭局"。"最强饭局"名头很响,吃的却很平常,无非是桂花小排、香煎小排、蟹粉豆腐、红烧羊肉、酱鸭、白水鱼、茭白肉丝、茄子、响铃之类的家常菜。

39

到哪里看窗上新月一钩？到哪里听窗外的木船欸乃？到哪里找最江南的小桥流水人家呢？还是到嘉兴来吧,这里有被誉为"中国江南封面"的乌镇。的确,乌镇经得起这样的赞美,它不仅是嘉兴最美的地标,还可以做江南的代名词,它的青瓦白墙、垂柳碧桃、小巷石板路都是原汁原味的江南。

乌镇的味道,就像茅盾所写的"人家的后门外就是河,站在后门口(那就是水阁的门),可以用吊桶打水,午夜梦回,可以听得橹声欸乃……"。

40

乌镇的美,能安抚所有游子的心,诗人、文学家、画家木心,这个在美国孤独奋斗几十年,终被西方主流社会承认的大艺术家,在历经繁华后,最终落叶归根,回到故乡乌镇。

木心传播最广的一首诗是《从前慢》——从前的日色变得慢，车、马、邮件都慢，一生只够爱一个人。

那些念着《从前慢》的人，嘴里怀念着慢生活，但外卖迟了几分钟，他们都要跳起脚来催命一样地催。

乌镇的慢生活

41

观潮最好的地方就是嘉兴。

别以为嘉兴只有婉约的小桥流水，人家还有豪放的惊涛拍岸。乌镇与西塘的气质，是江南曼妙婀娜穿着印花蓝布的女子，而举世闻名的海宁钱江潮，是横刀立马的猛男的雄浑大气。钱江潮尤以农历八月十八潮最为壮观。

汹涌澎湃、波澜壮阔的钱江潮,让天下人震撼。

附带说一句,为了观潮,每年都要送掉几条命。

八月十八钱江潮

42

1916 年,农历八月十八观潮节,孙中山和宋庆龄到海宁观潮,看到潮水如滚滚天雷,奔涌而来,感慨万千:"世界潮流,浩浩荡荡;顺之则昌,逆之则亡。"

43

斯达尔夫人在《论文学》中说:"南方气候清新,又多丛林溪流,人们感情奔放,大都不耐思考;北方土地贫瘠,气候阴沉多云,人们较易引起生命的忧郁感和哲学沉思。"这话在嘉兴得到了验证,嘉兴有很多感情奔放的情种。

44

徐志摩原名叫徐章垿,他出国前,他爹才把他改名叫徐志摩的,因为徐章垿周岁时,有一个叫志恢的高僧摸过他的头,留下了"此子乃麒麟再生,将来必成大器"的预言,他爹希望儿子如高僧所言,将来能光宗耀祖,就把儿子的名字改成"志摩"。

徐志摩的一生与三个女人张幼仪、林徽因和陆小曼搅在一起。他最爱谁,谁又最爱他,没人搞得清。被他视为"土包子"的发妻张幼仪晚年感慨道:"在他一生当中遇到的几个女人里面,说不定我最爱他。"这话我是相信的。

45

翻译莎士比亚全集的朱生豪也是情种。他一生没做别的事,除了翻译,就是写情书,他给宋清如写过五百多封情书,他称呼心上人宋清如为:宋、好宋、宋宋、好人、无比的好人、好、宋家姐姐、澄、澄儿、好友、小亲亲、哥哥、二哥、哥儿、阿姐、傻丫头、青女、青子、小弟弟、小鬼头儿、清如我儿、孩子、昨夜的梦、宋神经、女皇陛下、姐姐、天使、心爱、宝贝、虞山小宋、爱人、老姐、小宋、姐姐……

而他的自称是:朱、朱朱、朱生、傻老头子、小巫、云儿飘、罗马教皇、无赖、猪八戒、小物件、红儿、丑小鸭、叽里咕噜、和尚、不好的孩子、虫、鲸鱼、二毛子、子路、张飞、一个臭男人、绝望者、冬瓜、牛魔王、你脚下的蚂蚁、伤心的保罗、快乐的亨利、丑小鸭、堂吉诃德、雨、魔鬼的叔父、臭灰鸭蛋、牛魔王……,他还把自己称为蚯蚓、老鼠、虫、哺乳类脊椎动物之一等,听得你鸡皮疙瘩落了一地。

情种的命都不长,徐志摩只活了三十四岁,朱生豪只活了三十二岁。

46

项元汴也是个情种,他是明朝有名的书画鉴赏家,他的收藏堪与皇宫相比。《杜十娘怒沉百宝箱》是小说,项元汴怒烧沉香床是真有此事,清人钮琇在笔记小说集《觚剩》中就有记载。

项元汴年轻时到南京,结识了秦淮河畔的歌妓,郎情妾意,情深意浓。项元汴回嘉兴后,买来上好的沉香木,让最好的匠人打造了沉香床,买来上等锦缎丝绸,做了几箱子的锦衣华服。几个月后,一切准备就绪,他雇了大船,带上金银珠宝、绫罗绸缎,还有准备颠鸾倒凤的沉香床,到秦淮河畔准备迎娶心上人。谁承想,歌妓一时想不起面前这个五短身材长满麻子的人是谁,态度颇为冷淡。项元汴一时性起,就在妓院门口,当街点了一把火,把沉香床烧了,香气多日不散。

这条街,从此得名沉香街,就是现在的南京钞库街。

47

嘉兴最老的情种,要数百岁老文人章克标。老先生连路都走不稳了,还要跑出来征婚,要寻求真爱,要夕阳红,要爱得你死我活天昏地暗,被媒体炒了个沸沸扬扬,让全国人民都感叹嘉兴人的风流。

48

嘉兴与绍兴,文化名人都很多,但嘉兴的文人,情感比绍兴的文人丰富多了。所谓才子风流,在嘉兴名人身上,体现得十分充分。绍兴才子的花边故事,比起嘉兴的文化名人来,那是少太多了。

可以这么说吧,绍兴的文化名人生平要是拍成情感剧,估计不出五集就剧终了,放在嘉兴的名人身上,随便哪个都可以拍上二三十集,像徐志摩这样风流倜傥的大才子,拍个一二百集都没问题。

49

不要以为嘉兴的文人都是风流倜傥的,也有鲁迅说的"老实得像火腿一样"的文化名人,比如王国维。

"昨夜西风凋碧树。独上高楼,望尽天涯路。""衣带渐宽终不悔,为伊消得人憔悴。""众里寻他千百度,蓦然回首,那人却在灯火阑珊处。"这些名句,大家都会背。

将三句毫不相干的名句,变成做学问的三重境界的,就是这个"老实得像火腿一样"的王国维。

50

嘉兴的文人也不是一味地情呀爱呀,还有看破红尘,了断情缘的。从上海滩上风度翩翩的佳公子李叔同,到一代佛学大师弘一法师,李叔同因为"哀国民之心死",不顾共同生活了十二年的日本妻子的苦苦哀求,决绝地遁入空门。

李叔同半世风流半世空门。"长亭外,古道边,芳草碧连天。晚风拂柳笛声残,夕阳山外山",他的笛音吹出的是离愁。他的墓碑上,写着他最后的留言——"悲欣交集"。

51

嘉兴的名人都是一串一串的,像冰糖葫芦似的,比如沈钧儒是徐志摩的表叔,金庸是徐志摩的姑表弟,琼瑶又是徐志摩的表外甥女。

新年快乐

谢谢表叔

新春大吉

谢谢表舅

嘉兴的名人多是亲戚

52

我总觉得，嘉兴的才子，比别处的才子来得风神俊朗些，比如李叔同、丰子恺、徐志摩，与别处的文人相比，嘉兴才子在外貌、气质、风流上总是略胜一筹。

这些嘉兴产的才子，唯美、多情、阴柔，有点像梅雨时节的嘉兴。

53

嘉兴人批评自己和表扬自己都喜欢拿特产说事。批评自己吧，就说像五芳斋粽子一样被捆住了手脚，像南湖菱一样没有棱角，像文虎

（谐音文火）酱鸭一样温吞吞。

表扬自己呢，则说像五芳斋粽子一样有包容性和文化凝聚力，像南湖菱一样有圆而不滑的诚信和理性，像文虎酱鸭一样温而不火且有持久力。

反正，横竖都可以说。

54

杭白菊不是杭州的，而是嘉兴桐乡的。当年杭白菊是可以与龙井茶并列的。嘉兴人喝一杯杭白菊泡的茶，看菊花在水中缓缓复活，徐徐绽开透明的花瓣，所谓的风雅嘉兴，也在这一刻，得到了另一种验证。

55

风雅的不只是杭白菊，嘉兴还有一种叫"梅花三白"的西塘黄酒。不是梅花三弄哦，是梅花三白，这三白是"米白、酒白、坛子白"。光听个名字，就知道嘉兴人有多风雅了。

56

嘉兴的茶是风雅的，酒也是风雅的，点心也是风雅的。

嘉兴古称嘉禾，一看这称呼，就知道它的富足。嘉兴在唐宋时期就是江南粮仓，华中有"湖广熟，天下足"的说法，在江南，也是"嘉禾一穰,江淮为之康;嘉禾一歉,江淮为之俭"。因为吃穿不愁,生活富足,嘉兴人对舌尖上的一切格外讲究,"富庶人家都嗜甜",嘉兴人、湖州人做的甜点糕团分外精细,被称为嘉湖细点。

嘉湖细点简直就是艺术品。吃着点心,不免感叹一句:嘉兴人,真会过日子啊。

57

老天对嘉兴很照顾。新中国成立后的七十年间,一共有四十三个台风登陆浙江,台风经常光顾的地方是台州、温州、宁波。最招台风的地方是台州,台风登陆过十七次,嘉兴最少,一共才登陆两次。

58

嘉兴的杭白菊很文艺,三白酒很文艺,嘉湖细点也很文艺,工艺品也很文艺,但他们烧出来的菜不怎么文艺。

嘉兴人的菜都是浓油赤酱的。他们烧菜的三部曲是:放油、放酱油、放糖。

59

嘉兴人喜欢吃蹄髈,只要是宴席,必有红烧猪蹄髈。嘉兴人说,无蹄不成宴。

嘉兴的新人们在婚后走亲访友,七大姑八大姨多半是要招待新人吃蹄髈的，如果新人啃了蹄髈的大骨，主人就会更加欢喜，连连说"切（吃）呀切（吃）呀"。

中午一个蹄髈，晚上又来一个蹄髈，连吃数日，吃到新人们看到蹄髈就要反胃。

嘉兴人的年夜饭里也少不得一道走油蹄髈。

60

他们还喜欢吃猪舌头，他们把猪舌头称为"门腔"，这么一叫，再俗不过的猪舌头也显得很有腔调。

嘉兴人喜欢把煮熟的猪舌头切片，加竹笋、香菇、青椒爆炒。

61

嘉兴人有多爱吃甜啊，不管什么菜，都喜欢放白糖。嘉兴人炒菜，压根儿离不开糖，最普通的炒青菜，他们是这样炮制的：油加热，将青菜倒入油锅翻炒，放入盐和白糖继续翻炒。

62

嘉兴人爱吃面。嘉兴有各种面，雪菜冬笋蘑菇面、大肠面、牛肚面、虾爆鳝面、筒骨猪肚面、骨头牛肉面、腰花面、牛筋面、大排面、笋片面……嘉兴人烧面也喜欢浓油赤酱的，一碗"酥羊大面"，羊肉是加了酱油、白糖、黄酒后在瓦缸里先烧到烂熟，再放到面里的。

就算烧面条,他们也会加糖。朋友带我到面条店吃大肠面,交代店主不要加糖,面要煮得烂一点。店主转过身来,朝厨房吼道:这几碗大肠面不加糖!

边上吃面的嘉兴人看着我们议论,这几个人吃大肠面,竟然不加糖!

63

嘉兴的点心,那些个糕呀酥呀糖呀饼呀,甜到发腻。嘉兴的菜,几乎每一道菜都带甜。爱吃辣的金华人、衢州人吃不惯,爱吃咸的绍兴人、宁波人、台州人更吃不惯。

不过,公认的是,喜欢吃甜的人性格是要温和一点的,不像爱吃辣吃咸的人性格那么冲。

64

别处的菱都是尖头尖脑的,长得黑不溜秋,像愣头青,偏偏嘉兴南湖周边的菱无棱无角、颜色青嫩,像舞台上的青衣。因为这个特点,南湖菱被叫作无角菱、馄饨菱、馄饨青、元宝菱、团角菱、圆菱、和尚菱。

65

嘉兴人啥东西都喜欢跟乾隆皇帝扯到一起。

关于这个南湖菱,嘉兴人说得煞有介事,说乾隆帝六下江南,四次下榻烟雨楼。一次吃菱时,皇帝的圣口被菱的尖角给划伤了,遂下御旨给南湖中所有的菱族:"汝等不得再生角伤人。"从此以后,南湖菱就这样无棱无角了。

奇怪的是,同样的菱种,如果种于远离南湖的其他水域,色彩虽然仍为青色,却会长出角来。邪门了。

66

别处拿菱当零食吃,嘉兴的菱当菜吃。

嘉兴人把菱拿来烧豆腐,据说这是嘉兴南湖的船菜之一。豆腐本嫩,南湖菱亦软糯,难怪可以搭配。要是拿别处的老菱来烧,哪怕把豆腐烧成蜂窝状,估计菱还没糯。

67

金庸对家乡的李子和南湖菱念念不忘,他在《射雕英雄传》中写道:"这嘉兴是古越名城,所产李子甜香如美酒,因此春秋时这地方称为槜李。当年越王勾践曾在此处大破吴王阖闾,正是吴越之间来往的必经之道。当地南湖中又有一名产,是绿色的没角菱,菱肉鲜甜嫩滑,清香爽脆,为天下之冠,湖中菱叶特多。其时正当春深,碧水翠叶,宛若一泓碧琉璃上铺满了一片片翡翠。"

金庸迷们跑到嘉兴,满街找槜李和南湖菱。

68

嘉兴人的性格跟这南湖菱还真的有点相似呢！他们温和敦实，不那么尖锐冒进；他们喜欢安逸稳定，不喜欢冒险闯荡。他们挣四元钱花两元钱。他们想的是如何"齐家"，而不是"平天下"。他们不喜欢跳槽，喜欢四平八稳。

69

全中国最出名的粽子出自嘉兴。很多人是先吃了嘉兴粽子，才记住嘉兴的，进入嘉兴境内，手机里收到的第一条短信就是"五芳斋欢迎您来到嘉兴"，而不是像杭州一样，来一句文绉绉的"三面云山一面湖的杭州欢迎您"。

嘉兴的欢迎词是现实主义，杭州的欢迎词是浪漫主义。

嘉兴粽子

70

粽子是嘉兴的城市名片,一只小小的粽子,拉升了嘉兴多少 GDP 啊,为嘉兴挣了多少的真金白银啊,又为嘉兴做了多少色香味俱全的广告啊。

嘉兴最出名的粽子出自五芳斋,号称"天下第一粽"。之所以叫五芳斋,是因为这家店的创始人沈氏膝下有五朵金花,分别取名玫芳、桂芳、莲芳、荷芳和芝芳,故名"五芳斋"。

71

嘉兴的粽子占领了高速公路的各个服务站。

嘉兴人是很懂得打品牌的。嘉兴有一艘船、一只粽,就够了。

72

嘉兴人的端午节,好像没屈原什么事。

别处过端午,是为了纪念诗人屈原,而嘉兴人的端午节是为了纪念伍子胥。当年伍子胥在嘉兴胥山屯军练兵,这个忠心为国的春秋时期的大将,却被昏君赐死且沉尸水底,难怪他的怨气不散,要化作滔天巨浪,王充《论衡》也是这么说的:"子胥恚恨,驱水为涛,以溺杀人。今时会稽丹徒大江、钱唐浙江,皆立子胥之庙,盖欲慰其恨心,止其猛涛也。"

凡是钱塘潮汹涌的地方,必有伍子胥庙,嘉兴也不例外,嘉兴还有不少伍子胥的遗迹,所以嘉兴人一到端午,都会提起伍子胥。

73

嘉兴出丝绸,明清时的嘉兴就已是"桑柘遍野,茧箔如山,蚕丝成市"。

在嘉兴,与蚕花有关的一切都是美好的。蚕乡人唱蚕花歌,看蚕花戏,扫蚕花地,点蚕花灯,结婚要讨蚕花蜡烛、撒蚕花铜钿。他们甚至把大姑娘的胸脯,称为"蚕花奶奶"。

74

嘉兴人把虾叫成"弯转",把姜说成"辣哄",之所以这么叫,也跟蚕有关。虾的嘉兴话是"霍",但不能这么读,因为有一种蚕病叫"霍",所以要改叫"弯转"。至于姜,因为与"僵"同音,而蚕"僵"掉,就完了,所以姜也要改叫"辣哄"。

75

清末奇案"杨乃武与小白菜"案,曾导致上百名官员被革职,被编成各种戏剧,拍成各种电影电视,当年杨乃武被人诬告,屈打成招,胡乱供出毒死小白菜丈夫的砒霜是在桐乡的爱仁堂买的。

后来杨乃武的姐姐滚钉板,告御状,慈禧太后亲自过问,才平反了这起冤案。出狱后,小白菜出家为尼,而杨乃武在"红顶商人"胡雪岩的资助下，在桐乡卖蚕种，他卖的是"凤参牡丹杨乃武记"蚕种。嘉兴人同情他的遭遇，都跑来买他家的蚕种。

76

越剧《何文秀》的故事发生在海宁，故事虽然没脱离"公子落难后花园，金榜得中大团圆"的老套路，但剧情一波三折，赚得戏迷一把眼泪一把鼻涕。盐官古镇上有一间茶楼，就是当年何文秀与妻相会的地方。剧中的"三里桃花渡""六里杏花村""七里凉亭""九里桑园"，都在盐官附近。

海宁人爱看越剧《何文秀》，但在海宁谈家桥，绝对不让唱《何文秀》，唱者要被责骂并被驱逐出村。明嘉靖年间，苏州才子何文秀与王兰英私奔到海宁，当地恶少张堂看中王兰英，何文秀被陷害入狱，几乎死去。何文秀中状元后，官至巡抚，派兵包围张府，活捉张堂、张兴，用土布将两人裹成蜡烛状，浇上油，一把火烧死。何文秀血洗张府，将张家满门抄斩后，张堂的小妾方氏和方氏的贴身丫头董梅花，侥幸逃到谈家桥，并在此繁衍后代，她们的子孙就住在谈家桥的南张村和北张村。何张结下的仇，四百年都未解。

77

嘉兴人性格平和，不喜欢钻牛角尖，不喜欢争个输赢，嘉兴人不爱打官司，他们喜欢不偏不倚当裁判。嘉兴世代做法官的，有好几个家族，当过刑部尚书的嘉兴人也有好多个，中华人民共和国最高人民法院第一任院长沈钧儒，也是嘉兴人。

78

嘉兴在上海边上，嘉兴人跟在上海人边上见过世面，眼孔蛮大的。嘉兴人也学会了上海人的腔调，把宁波人、温州人、绍兴人一概称为"小宁波""小温州""小绍兴"。

79

可能因为靠近上海吧，嘉兴男人也像上海男人一般顾家，他们经常下厨，据说嘉兴男人的厨艺都挺不错的。

80

嘉兴人好像有点财迷，比如他们讨口彩，把毛芋艿叫"毛一千"，意思是钱要一千一千地赚；把慈姑叫"有底（蒂）桩"，指的是做事靠谱、生活富足，有底气。

嘉兴人吃年夜饭，通常少不了两个菜，"毛一千"和"有底桩"。

81

嘉兴话也是蛮有意思的。在嘉兴出差，晨起散步，听见两位嘉兴大妈在聊天。一位说，格辰光，地雷上市了。另一位说，那就买些回家。

我心想,嘉兴这地方这么生猛啊,老百姓也做军火生意?后来才搞明白,人家说的不是"地雷",而是"地梨",嘉兴人把荸荠说成"地梨"。

82

嘉兴人形容一个人笑得很开心,说"笑得像调散蛋"。"调散蛋"就是水蒸蛋。

嘉兴人说话,喜欢在动词后面加个"发"字,什么"跳发跳发""荡发荡发""踢发踢发""相发相发"。

表示"非常"的意思,嘉兴话叫作"海完","好玩得海完"意思是好玩得很,"好吃得海完"就是很好吃。嘉兴人真是文雅,不像浙江一些地方,以"死人"二字表示"非常"之意,开口闭口"死人热""死人好吃"。

83

一个嘉兴人跟你闲聊起"我亲妈和我太太",不要以为他说的是婆媳关系。嘉兴人说的"我太太",不是自己的老婆,而是爷爷的父亲或母亲,即太公太婆。

嘉兴人称自己的祖母叫亲妈,真正的亲妈叫姆妈,至于祖父呢,叫"大爹"或"爹爹",亲爸呢,叫爸爸。

84

江南最有名的皮影戏就在嘉兴的海宁,我很迷恋海宁皮影戏。两根竹棒,就可挑起刀枪剑戟、风花雪月;三尺生绢,不断演绎着忠良奸佞、善恶美丑。

85

看斗牛不必跑到西班牙,在嘉兴就可以看到。

"嘉兴掼牛"蛮有意思,它不同于西班牙用红绸挑逗、用利剑相斗的那种斗牛,而是赤手空拳地同牛斗,把牛掼倒在地上,至于摔牛的标准,则分为"失蹄""倒地""四脚朝天"三级,以"四脚朝天"为最高级。

文里文气的嘉兴人敢跟牛斗,该夸他们有血性呢还是有兽性呢?

86

嘉兴有个范蠡湖,相传范蠡和西施曾隐居在这里。嘉兴城里,有倾脂河、胭脂汇,据说这些充满脂粉气的地名也与西施有关。嘉兴人说,范蠡西施两口子真会挑地方呀,找了嘉兴这个好地方隐居。

槜李上有道痕,嘉兴人也说是西施摘果子时不小心掐的。

浙江有意思

87

嘉兴这个地方什么都好,但是水质不咋的。有些考究的嘉兴人,从超市里整箱整箱地往家里搬矿泉水、纯净水,一年到头,只喝矿泉水、纯净水。

除了矿泉水、纯净水,净水器和净水壶在这里也很有市场。

88

过去,嘉兴是长三角有名的房价洼地,房价跟温吞水似的,温州炒房团在嘉兴也炒过房,不过没赚到什么钱,后来他们不声不响地撤了。

嘉兴这个城市一马平川,有的是地。地多,房地产价格就高不起来,跟沪杭市中心动辄五万十万一平方米的价格相比,这里的房价实在便宜。

G20 杭州峰会后,嘉兴的房价涨了好多,嘉兴人自己也吓了一跳,晚上没事,嘉兴人就躺在床上,掐着指头算算自己的身家增加了多少。

89

杭州人很少去嘉兴买房,但上海人跑到嘉兴买房养老的不少。嘉兴的地产商经常到上海拉一些看房团过来,从上海人民广场发车,直接把"上海银"拉到嘉兴的楼盘前。精明的上海人把铁算盘拨得噼里啪啦响,然后痛快地在嘉兴下了单——在上海南京路上只够买一个卫生间的钱,在嘉兴可以买下一套花园洋房。这笔账,上海人算得老灵清的。

90

白领们逃离北上广后,到哪里安放自己的人生呢?《南方人物周刊》推出"中国十座宜居小城",嘉兴就在其中,它被称为"沪杭同城下的宜居梦想"。

91

嘉兴人也不全来虚的,他们也会干些"无中生有"的事,比如在几乎见不到什么羊的桐乡濮院,建成了世界最大的羊毛衫集散中心;在那个不产皮革的海宁,建起了响当当的中国皮革城;嘉兴的嘉善没有森林,却成为木业大县。

92

嘉兴出过一个名震天下的改革风云人物,叫步鑫生,这个中国经济体制改革的先行者,以一把剪刀剪开了城镇改革的帷幕,成为家喻户晓的改革明星。那年头,全国没有人比他更红的了,来考察、取经的人不计其数,以致省政府规定:师、局级以上来访者由步本人接待,其余的听录音。

93

嘉兴自古以来重文轻商,嘉兴有名的文化人一抓一大把,有名的企业家,除了步鑫生,想来想去,想不出几个。

94

浙江农民在全国是腰包最鼓的,浙江连续三十多年农民人均可支配收入居全国第一。浙江十一市,哪个地方的农民最富呢?不是杭州,不是宁波,而是嘉兴,嘉兴已经连续十多年农民人均可支配收入稳居全省第一。嘉兴农民,真让全国农民羡慕啊。

95

嘉兴人办事很讲规矩,一是一,二是二,干什么都是一板一眼的,连谁先给谁打电话,都有套路的,不能乱了分寸。

喝酒也文明,不怎么劝酒,也不怎么斗酒,爱喝多少喝多少,不会喝也没关系。

96

跟温台地区相比,嘉兴的节奏慢多了。

嘉兴人的日子过得的确蛮滋润的,一般的城里人,手里都捏着几套房,一套自住,其余的拿来出租。单位的保安大叔,别看他不起眼,一个月才拿两千来元的死工资,但因为有余房出租,当当包租公,收入也是妥妥的,日子自然是美美的。

97

月河历史街区,很有味道的。在这里可以吃吃菜吃吃酒,可以泡泡吧泡泡茶,可以听听书听听雨。这里还有个月河客栈,不过跟武打小说中的新龙门客栈之类不相干,它是个五星级酒店,很大很大,差不多占了半条街,走着走着有时会找不到北。

98

什么是全国百强县呢,就是中国一百个最富裕最强大的县(市)。嘉兴下面的五个县(市)——平湖、海宁、桐乡、嘉善、海盐,全部进入了"全国百强县"。嘉兴人的实力,不容小觑。

嘉兴人财大,但气不粗,说话不喷响鼻。这一点很招人喜欢。

99

嘉兴是革命圣地,但跟别的革命圣地不太一样,嘉兴人的革命性一点也不强,老百姓不激进,不尖锐,不喜欢轧闹猛,心平气和地过日子,挺好的。

浙江有意思

100

　　嘉兴的味道，三言两语道不尽，千言万语又嫌啰唆，它就像丰子恺先生的那幅画——"人散后，一钩新月天如水"，寥寥几笔，把个江南意境删繁就简地凸显出来，留下空白一片，这样的简约画风，就足够让人想象的了。

绍兴

1

被称为"中国文化圣地"的城市屈指可数,绍兴是其中之一。别的啥也不用说,光凭这六个字,就能掂量出这座城市的分量。

2

中华民族的图腾是龙,绍兴人的图腾是鸟,绍兴的地底下,挖出过青铜鸠杖等大鸟像,青铜器上有鸟虫书,笔画形如鸟爪。

中华民族是龙的传人,绍兴人也是龙的传人,而不是鸟的传人。

3

绍兴有两千多年的建城史,曾经是越国的都城,它不像一些地方,因为祖先曾经阔过,开口闭口就是"老子当年",死端着架子不肯放下。绍兴有点架子,但不大,让人产生点敬畏之心,但不至于让人敬而远之。

4

绍兴的古迹都是货真价实的，有唐虞时代的舜耕圣迹，有为治水三过家门不入的大禹的陵墓，有勾践投醪劳军的投醪河，有沈园、兰亭、青藤书屋……在绍兴，转个弯，就有古迹。

5

绍兴是名士之乡。明代大文人袁宏道就说，绍兴"士比鲫鱼多"。绍兴的名人啊，比湖里的鲫鱼还多。

绍兴的名人，是真有名，全国人民都知道，不像别处的一些名人，出了方圆几十里，别人就不知道了。

可以这么说吧，绍兴打名人牌，掼出的牌都很大，差不多都是红桃老 K 这一级别的。

6

绍兴人有才，天下皆知，不但有才，绍兴人还是全能选手，样样都出色。王冕是画家、诗人，又是书法家、篆刻家。杨维桢既是诗人、戏曲家、文学家，又是画家、书法家。王羲之书法有名，绘画也出色。嵇康，是著名的思想家、音乐家、文学家，又是著名的书法家。

这样的全能型人才在绍兴一抓一大把。

7

绍兴人的才华是祖传的。

绍兴出才子，简直跟批发似的，一代就有三五个，一堆堆出，一群群出，几代连绵不断地出。祁彪佳兄弟，皆工诗文、书画，还是藏书大家。王羲之父子是书画家，王羲之的儿媳妇谢道韫，既是诗人，又是书法家。戴逵父子三人，既能画，又长于佛像雕塑。谢灵运一族，个个成名成家。还有天才画家陈洪绶，他自己是著名的书画家和诗人，他的女儿陈道蕴也能书会画，尤擅小楷，名闻越中。陈洪绶有个吴姓小妾，貌美且有灵性，他也把她调教成了画家。

8

绍兴的黄酒喜欢以山命名，有会稽山、古越龙山等。会稽山是绍兴最出名的山，黄帝呀，舜呀，都跟会稽山有关，大禹的封禅、娶亲、计功、归葬等人生重大事件都是在会稽山完成的。会稽山的头衔很多：大禹封禅之地，中华九大名山之首，华夏文明的重要发祥地，中华文明的象征。

9

绍兴人很会算计，"会计"一词，就跟绍兴有关。司马迁在《史记》中记载，大禹治水成功后，把各路诸侯召集到会稽山来，考核大家的

KPI，然后论功行赏，在考核时大禹突然去世，就葬在这里，会稽山由此得名。会稽就是"会计"之意。

10

绍兴古城有三座小山，龙山、塔山与蕺山。蕺山因多蕺菜而得名，王羲之的故居就在山脚下。蕺菜，就是鱼腥草。据说，勾践尝吴王粪便，落下口臭的毛病。范蠡出了个馊主意，让勾践身边的人都吃鱼腥草，这样大家都口臭，以臭攻臭，其臭自败。这个事听着像个笑话，但《吴越春秋》确有记载："越王从尝粪恶之后，遂病口臭，范蠡乃令左右皆食岑草，以乱其气。"

11

煮酒会友论英雄，曲水流觞道风流。绍兴是我国首批二十四座历史文化名城之一。

绍兴看上去不起眼的山呀，老房子呀，旧台门呀，路呀，都跟当地的文化名流、英雄豪杰有关。

12

到了绍兴，眼前一黑。

绍兴人喜欢乌漆麻黑的物事。绍兴有"三乌"——乌毡帽、乌篷船、乌干菜，绍兴的民居，黑墙、黑门、黑瓦、黑柱、黑枋，都是一黑到底的。

到了绍兴，眼前一黑

13

绍兴人特立独行，连崇尚的颜色都跟别处不同，别处的人喜欢大红大绿，或者紫呀土豪金呀，绍兴人偏偏喜欢黑色。

绍兴人为什么这么喜欢黑色呢？史书上是这么说的：吴越争霸之时，越国战败，越王勾践被押送去吴国。勾践的夫人见江面上乌鸦低回盘旋，悲泪长流。据说此后，越人一见黑色，就会涌起雪耻复仇的情绪。

照此说法，我的娘啊，那一到天黑，绍兴人是不是都想着复仇的事啊？

14

绍兴的台门真多。台，指古代中央直接委任的官员，如府台、道台、藩台等。台门原指宫室、富豪之宅第。

"绍兴城里十万人，十庙百庵八桥亭，台门足有三千零"，这些台门中，有御史台门、参将台门、状元台门等，主人都是功成名就、显赫一方的大佬，但绍兴的台门一点也不显山露水，哪怕主人官再大、钱再多，里面再是豪华，外面看看，也就是一座不起眼的小平房。

绍兴人低调内敛，绍兴人不爱露财。

15

南宋状元王十朋说，绍兴人"慷慨以复仇，隐忍以成事"。

绍兴人的性格有两面性，一面是"慷慨"，一面是"隐忍"，他们沉稳、内敛，喜欢韬光养晦后再发力，他们做事喜怒不形于色。

绍兴人的这种性格是不是有点像忍者神龟？

16

周树人先生对其同乡是这样描述的：矮矮的，黑黑的，刀巴脸，一副苦大仇深的样子。绍兴人的血脉中有"慷慨以复仇"的基因，天晓得绍兴人怎么会有那么多的仇要复。历史上的两本复仇之书都是绍兴人写的,汉代袁康、吴平作《越绝书》,赵晔作《吴越春秋》。

绍兴人咬着腮帮子说:君子报仇,十年不晚。

看来,得罪别处的人可以,但千万不能得罪绍兴人啊。要不过了个十年八年,你早忘记有这茬事了,人家绍兴人还闷在肚里发酵,指不定哪天给你来一闷棍。

17

木心把江南分为有骨的江南和无骨的江南,他说苏州是无骨的江南,绍兴是有骨的江南。

绍兴人的骨头是铁硬的,铁血汉子特别多。往上追溯,有卧薪尝胆的勾践,此人岂止尝苦胆,为了复仇,连仇家的屎也吃,还有那个治水的大禹,也狠,离家十多年,三过家门,硬是不入。

18

每到改朝换代之际,绍兴人的骨头就显得特别硬实。明末清初,绍兴猛男王思任大书"不降"二字,绝食而死,另一猛男祁彪佳留下"含笑入九泉,浩气留天地"十字绝笔,赴水而死,还有刘宗周,大笔一挥,写下"慷慨与从容,何难亦何易"句,活活把自己饿死。

近现代还有徐锡麟、蔡元培、鲁迅,都是青史留名的人物。

绍兴这地方,净出硬骨头。

19

是真名士自风流。

祖籍绍兴的嵇康是魏晋时有名的美男子，史书上说，嵇康言辞华美、气质出众、风度翩翩、仪容俊美，但他从不加粉饰雕琢，自有龙凤之姿。嵇康是皇亲国戚，娶的是曹操的曾孙女，曾任中散大夫，人称"嵇中散"，但他特立独行，不与司马集团同流合污，他善弹《广陵散》，《广陵散》是描写聂政刺韩王的古琴曲，别人想学，他一个也不教。嵇康四十岁时被司马昭所害，临刑时，从容地弹了一曲《广陵散》。死前他只有一件后悔的事，就是当年没教人家《广陵散》。

20

清末发生的暗杀事件中，最出名的就是辛亥志士徐锡麟刺杀安徽巡抚恩铭事件。徐锡麟被抓后，被剖胸挖心，这条绍兴硬汉毫无惧色，行刑前，按惯例要为死囚拍摄一张照片留底，拍完后，徐锡麟说："面无笑脸，怎样留示后世？再拍一张！"

21

不但绍兴男人不怕死，绍兴女人也不怕死。徐锡麟刺杀恩铭被杀后，他的朋友秋瑾立刻策划浙江起义，事败，被捕。秋瑾被斩前，提出三个要求：要写家书诀别、不能直接斩首、不能剥去衣服。按照清朝的法律,犯人被斩首时,为防顶包,无论男女,都要脱去上衣,并且一刀两断。山阴县令李钟岳敬佩秋瑾的大义,同意了她的要求。秋瑾被斩首后,自感愧对秋瑾的李钟岳,没多久也悬梁自尽了。

秋瑾就义的地方,是古轩亭口。当年秋女士抛头颅洒热血的地方,现在是车水马龙的马路,热闹得很。

22

抗战期间,绍兴人马寅初在演讲中一口气骂了三个中国最有权势的人——蒋介石、宋子文、孔祥熙。蒋介石脸上挂不住,想拉拢他,请他去谈谈心,马寅初不买账,说谁想见,谁自个儿过来见。

另外一个姓马的绍兴人,叫马一浮,是国学大师,与梁漱溟、熊十力合称为"现代三圣",脾气也很大。蒋介石许以官职,他不要;孔祥熙的老妈去世,请他写墓志铭,他不写;孙传芳以东南五省联军统帅身份前去拜访,他不见。

23

百年北京大学,有四位绍兴校长,何燮侯、蔡元培、蒋梦麟、马寅初。

马寅初因《新人口论》被称为"计生教父",他主张一对夫妇生两个孩子,如果超生,就征税。他自己有一妻一妾,有七个子女。

24

绍兴人是"隐忍"的，也是"淡定"的。秦晋淝水之战中，东晋以不足十万的兵力与前秦百万大军决一死战，主帅谢安却在后方指挥所里若无其事地下围棋。

绍兴人平时不喜欢咋咋呼呼，关键时刻也沉得住气，因为他们有底气。

25

"我吃过的盐比你吃过的饭还要多""我走过的桥比你走过的路都要多"，背后的意思是：我的资格比你老，你还嫩着呢。

不过，绍兴人有资格说这句话，绍兴是海盐的重要产区，早在二千多年前的越王勾践时，就已经设盐场、置盐官。绍兴的菜都很咸。

至于绍兴的桥，更多，过去绍兴有"出门坐船，抬脚过桥"之说。在绍兴，过一座桥就跟过一个红绿灯一样稀松平常。绍兴是浙江水乡文化的代表。

26

中国没有一座城市像绍兴一样占了语文课本那么大的篇幅。什么沈园百草园，什么兰亭大禹陵，什么阿 Q 闰土，什么覆盆子茴香豆，就算你没去过绍兴，绍兴的一切你也不陌生。

27

　　绍兴的旅游口号是"跟着课本游绍兴"，很多慕名而来的游客，到了绍兴，就是为了看看鲁迅笔下的百草园和三味书屋，就是为了吃几颗孔乙己吃过的茴香豆，就是为了到水乡听听欸乃的橹声再看一看社戏。

　　我们的中学语文课本，为绍兴的旅游事业，做出了不可磨灭的贡献。

跟着课本游绍兴

28

绍兴人读书很用功,绍兴人才不讲什么快乐教育呢,绍兴人苦读书,读书苦,传下来的读书故事,如王献之依缸习字、陆佃映月而诵、王冕佛殿夜读、陈洪绶白壁学画、黄宗羲鸡鸣就枕等,没有一个不苦。

绍兴人相信,吃得苦中苦,方为人上人。

29

绍兴有无数的名人故居,比如王羲之故居、徐文长故居、杨维桢故居、王冕故居、刘宗周故居、章学诚故居、鲁迅故居、蔡元培故居、秋瑾故居、徐锡麟故居、范文澜故居、马寅初故居、周恩来祖居等。

这些故居就在寻常的街巷中,就如同当年,这些名人都是从这些巷子里走出来的一样。

30

江山也要文人捧,绍兴是古代浙东唐诗之路的必经之处,古代的文人骚客都喜欢到绍兴一游。他们不游白不游,游了不白游,为绍兴留下大量的诗歌。

除了江山,美女也需要文人捧,李白称赞绍兴女子"镜湖水如月,耶溪女似雪",他看越女,从脸看到脚,觉得真白啊,"玉面耶溪女,青蛾红粉妆。一双金齿屐,两足白如霜"。杜甫也说:"越女天下白,鉴湖五月凉。"

在他们眼里,绍兴女子都是白富美,肤色白皙,长得可人,个个都是水做的骨肉。

31

越女不但白净,而且长得如花似玉。梁代昭明太子就有"莲花泛水,艳如越女之腮"之句,李白看来也喜欢越女,"吴娃与越艳,窈窕夸铅红",写下"问世间情为何物,直教人生死相许"的情种元好问,索性直截了当地说"越女颜如花"。

"越女一笑三年留",韩愈有一首《刘生诗》,说越女一笑颠倒众生,姓刘的小子被勾了魂,连家也不想回,在越地停留了三年。

32

中国最美的女人就出在绍兴。这个千娇百媚的美人,是雄才大略的政治家棋盘上的一枚棋子。春秋时,吴国大败越国。越王勾践卧薪尝胆,决心复仇。西施被送到吴国,色诱吴王,为国献身,成了中国历史上最有名的爱国美女间谍。

自她以后,只要好看的人和物,都可以冠上这个绍兴女人的名字,什么豆腐西施、槟榔西施之类,连狗也有叫西施犬的。天下闻名的杭州西湖实在拿不出别的东西可比了,也被比成了西施。

33

西施是浣纱女。"越女颜如花,越王闻浣纱。"在文人骚客的眼里,美丽的浣纱女代表了吴越风情。

四体不勤的他们哪里晓得浣纱有多累啊,西施姑娘浣的那个纱是苎麻,不是轻飘飘的丝绸。

34

西施是绍兴诸暨人,诸暨有"西施殿",西施殿还是诸暨的爱国主义教育基地。绍兴人搞旅游,抓住了美女西施,也不放过丑女东施。

多年前,我和一批作家游诸暨,当地官员介绍说,要在西施故里的浣江对岸投资十五亿元,建东施旅游村,这么多年过去了,不知东施旅游村建得如何了?

35

"绍兴五女"是绍兴历史上最出名的五个女人。

除了西施,还有投江寻父的孝女曹娥,与心上人同化为蝶的情女祝英台,以《钗头凤》与前夫陆游唱和的才女唐琬,还有一个就是"右手把剑左把酒"的侠女秋瑾。

可惜的是,这五女的结局都不那么美好,要么沉了江,要么化蝶变成异形,要么抑郁而死,要么被砍了脑壳,类似"公主与王子从此过上了幸福生活"的光明结局一个也没有。

36

苏州有唐伯虎,绍兴有徐文长。徐文长这个人够衰的啊,虽然书、画、诗、文、剧样样拔尖,连郑板桥都说自己是"青藤门下走狗",但他一生穷困潦倒,七年牢狱,八次落榜,九次自杀,简直落魄到极点,是个命运比凡·高还要悲惨的文人。

不过在民间传说中,徐文长这个一辈子落魄的文人,却是一个风流潇洒的江南才子。

传说嘛,听听就是了,别当真,传说与现实的差距总是很大很大的。

37

绍兴有落魄的才子,也有潇洒的名士,比如王子猷,对,他爹就是大名鼎鼎的王羲之。寒冬某夜,下起大雪,他醒来后,打开窗户,一看到雪,兴致来了,让仆人斟上酒,慢步吟诵着左思的《招隐诗》,不知怎么想到剡县的哥们戴逵,就立马起身坐船去见戴逵。等到了戴逵门前,却转身返程。人家问他,为何到戴家门前而不入,他说:我雪夜访戴,是乘兴而来,现在已尽兴了,见不见有啥要紧的。

浙江有意思

38

杨维桢也很潇洒,他是诗人,还是书法家、笛子演奏家。他当过官,后来觉得当官没意思,太受拘束了,就沉湎诗酒声色,放浪形骸,他在宴席上见到有三寸金莲的舞女,就脱其鞋,将酒杯置鞋肚,斟以"行酒",还为这"鞋杯"起了个美名曰"金莲杯"。

这个绍兴人喜欢恶搞,活得随心所欲,就这样一个顽主,还被称为"元末三高士"之一。

39

说到绍兴才子,万万不可少了张岱。张岱是明末文学家,此人有点像贾宝玉,他阅尽繁华,也阅尽苍凉。年轻时是纨绔子弟,极爱繁华,有钱,会玩,"好精舍,好美婢,好娈童,好鲜衣,好美食,好骏马,好华灯,好烟火,好梨园,好鼓吹,好古董,好花鸟,兼以茶淫橘虐,书蠹诗魔"。明亡后,他避兵山中,家里只有"破床碎几,折鼎病琴,与残书数帙,缺砚一方而已",穷得叮当响。

时局稳定后,他回到绍兴,家产悉数易主,生活陷入绝境,年已六十七岁还要亲自舂米、担粪,人生的反差实在太大了,但他不骂天不骂地不骂娘,心态超好。

40

江南出才子,绍兴出师爷。

绍兴是师爷的盛产地,师爷相当于现在政府智囊团的成员。当师爷的,各地都有,不过最出名的就是绍兴师爷,从中央朝廷到地方衙门,到处可见绍兴师爷,有"无绍不成衙"的说法。

师爷不是那么好当的,要眼观六路,耳听八方,要能说会道人活络,要笔头功夫好,要见人说人话见鬼说鬼话,还要"跑得出、拎得清、合得来"。这么多地方的人,师爷只有绍兴人当得最像样。

"无绍不成衙"

41

绍兴师爷平素都干些什么呢？绍兴有文牍师爷，负责起草公文，相当于今天的办公室主任、秘书长之类的角色；有钱粮师爷，负责钱粮工作；有刑名师爷，负责公、检、法等的工作。

42

宋六陵就在绍兴。宋六陵是南宋时期的帝陵，说是宋六陵，其实有十四陵，分别是北宋徽宗及南宋高宗、孝宗、光宗、宁宗、理宗、度宗七帝陵，还有昭慈孟太后等七座后陵。

元朝一个叫杨琏真伽的蒙古和尚掘了墓，满墓的宝贝被拿走不说，帝王尸骨都被他弃于草丛中。这个百无禁忌的蒙古和尚还把宋理宗的脑袋拧下，以他的颅骨做成酒杯来喝酒。

43

有一段时间，杭甬高速绍兴段打出巨大的广告牌"绍兴——中国第一名人鲁迅故里"。很多人看了这块广告牌，鼻子里都在哼哼：鲁迅是出名，但中国第一名人总该是孔子吧。

不过，绍兴人拉鲁迅当大旗没错，绍兴有鲁迅路，有鲁迅幼儿园、鲁迅小学、鲁迅中学、树人中学、鲁迅图书馆、鲁迅电影院、鲁迅广场，还有咸亨阁、咸亨集团、咸亨大酒店、周家食品、孺子牛土特产、吴妈土特产、长妈妈食品、孔乙己餐厅……一个鲁迅故里,投资就达十亿元,绍兴人把"鲁迅故里"当成了"镇城之宝"。

44

鲁迅在《故乡》中写到少年玩伴闰土,闰土的原型是章运水,是鲁迅家长工的儿子,少年闰土活泼伶俐,中年闰土木讷愁苦,见到鲁迅,不再叫他"迅哥儿",而是叫"老爷",章运水与鲁迅是在同一年去世的。

"闰土"有个孙子,叫章贵,就是《故乡》中水生儿子的原型,很是好学,后来被招到鲁迅纪念馆工作,还当过副馆长,也吃上了鲁迅饭。

45

绍兴人嗓门很大,喉咙梆梆响。饭桌上,听一群绍兴人说话,震得耳朵嗡嗡响。也是,绍兴是水乡,两船相遇,船上的人打个招呼都是扯着嗓门喊。久而久之,绍兴人这嗓门能不大吗?

46

绍兴人目光很远大,生个女儿,要埋几坛老酒,女儿终归要出嫁的,到时取出这酒来接待宾客或做陪嫁,叫"女儿红"。

生了男伢儿,绍兴人更要埋酒,并在酒坛上涂上朱红,取名"状元红",希望以后儿子能中状元。

47

绍兴的情种蛮多的。女的嘛,有祝英台和唐琬;男的嘛,除了陆游,还有张爱玲为了他低到尘埃里的胡兰成。

陆游是痴情,胡兰成则是滥情——见一个爱一个,他的爱情观是狗熊掰玉米式的,但他觉得自己对得住所有爱过的女人。

48

如果没有陆游和唐琬的爱情,沈园哪有这么大的名气。这样的园林,在江南园林中,太过寻常。当年,被迫分手的两人,在沈园不期而遇,老陆感怀万千,挥笔在园壁上题了一首《钗头凤》:"红酥手,黄縢酒,满城春色宫墙柳。东风恶,欢情薄,一怀愁绪,几年离索。错!错!错! 春如旧,人空瘦,泪痕红浥鲛绡透。桃花落,闲池阁,山盟虽在,锦书难托。莫!莫!莫!"唐琬和泪作一阕:"世情薄,人情恶,雨送黄昏花易落。晓风干,泪痕残,欲笺心事,独语斜阑。难!难!难!

人成各,今非昨,病魂常似秋千索。角声寒,夜阑珊,怕人寻问,咽泪装欢。瞒!瞒!瞒!"

游人多半背不全这两首词,但对陆游和唐琬的故事是知道的,"错错错""莫莫莫"这六个字总归是记得的。

49

绍兴情种多,陆游又是情种中的极品,他至死不忘报国,也至死不忘唐琬。六十三岁时,他在严州任上,写下怀念的诗句:"唤回四十三年梦,灯暗无人说断肠。"六十八岁时,他重游沈园,又记起唐琬:"泉路凭谁说断肠?"陆游八十一岁高龄游沈园时,还无比伤感地写下一诗:"路近城南已怕行,沈家园里更伤情。"直至离世前一年,陆游还念着他的琬儿表妹:"也信美人终作土,不堪幽梦太匆匆。"

真是老年多健忘,唯不忘相思啊,女人都被老陆的深情打动了,她们说,被绍兴男人爱过,不管最后嫁不嫁给他,能不能白头到老,都能一辈子被绍兴情种念叨着牵挂着,多好啊。

50

绍兴山好水也好,东晋名士王羲之、谢安等都是冲着"会稽有佳山水"而定居这里的。

谢安隐居此地二十三年,直到东山再起,以淝水之战成就一世英名。

王羲之跟谢安是哥们,他邀请谢安、孙绰等名士修禊兰亭,曲水流觞,成千古风流事。

51

王羲之任会稽内史时，谢安来讨信纸，王羲之很大方，"库内有九万枚，悉与之"，把库房里的九万张纸全给了哥们。

绍兴出好纸，当年用剡溪古藤造出的纸，叫剡藤纸，薄、轻、韧、细、白，质地精良，不会蛀，能保存很久。晋代的时候，剡藤纸成了官方文书的专用纸。到了唐代，不但是公文用纸，皇帝诏书很多也用剡藤纸，以至公牍被称为"剡牍"，荐举人才的公函就称为"荐剡"。

52

王阳明太出名了，孔、孟、朱、王，朱是朱熹，王就是王阳明。王阳明是绍兴府余姚县人，余姚现在属于宁波，但过去是绍兴的地盘。王阳明十岁时跟随中了状元的父亲王华迁居到山阴县（绍兴）。

绍兴人理所当然把他当作绍兴的名人，把他当成绍兴的文化名片，宁波人也理所当然地把王阳明当作宁波的名人，当成宁波的文化名片。

53

浙江是个资源小省，但是绍兴地底下的宝贝不少，有能源、黑色金属、贵金属等各类矿产五十余种，让别处的人眼红。铜镜、越王剑、越窑青瓷，被誉为"古越三宝"。

两千五百多年前,越人就开采出铜,造出宝剑。越国青铜宝剑代表了当时兵器的最高工艺水平,号称天下第一剑。1965 年在湖北江陵的一座楚国墓穴中挖掘出的越王勾践剑,剑身镀着铬,近剑格处有两行鸟虫篆铭文"越王鸠浅(勾践)自乍(作)用剑"八字,这把宝剑在地底下埋藏了两千多年,依然锋利无比。

到 20 世纪,外国人才拿铬镀处理金属器物,这项技术公元前 5 世纪的绍兴人就用得炉火纯青了。

54

四千多年来,老祖宗们都是用铜镜照容貌、正衣冠的。一直到清代中晚期以后,铜镜才被玻璃取代。

古人们照的镜子大多来自绍兴,绍兴是全国最大的铜镜制造中心。

55

旧时祭祀、拜佛都要烧纸,用得最多的就是锡箔。锡箔是涂有薄锡的纸,用来折成元宝状的纸锭,这些锡箔大多来自绍兴。

清代至民国,绍兴锡箔的销量占了全国的十分之九,民国时绍兴有三十多万人做锡箔,有"锡半城"之说。后来,纸币流行,"冥国银行"的纸钱,额度更高,动不动就是上亿元,孝子贤孙们为了让老祖宗在阴间花钱花得更痛快,用上了大面值的冥币,锡箔的用量就少了。

浙江有意思

56

就像吃西餐要配刀叉一样，喝黄酒是要配锡壶的。旧时绍兴人喝绍兴老酒，喜欢放在锡壶里温过喝。

绍兴的锡制品很多，有锡酒壶、锡茶叶壶、锡烛台、锡花瓶，嫁女儿要陪嫁全套的锡器，什么汤婆子、酒具、茶具之类。后来知道锡里面含铅，对身体不好，绍兴人就不大用了。

57

苏东坡说杭州西湖如美人的眉目，绍兴鉴湖如人的肠胃，而在明代大文人张岱眼中，这两个湖都是美女，不过，他称西湖为"曲中名妓"，而把鉴湖比作"名门闺淑"。

鉴湖有五个西湖大，不过不如西湖风情万种。

58

好水出好酒。绍兴是中国黄酒的故乡，鉴湖水富含微量元素，酿出的酒特别好。

绍兴人梁章钜说，别的地方也有人酿黄酒，但是没有绍兴的水，味道差得不是一点点。

59

绍兴人不大恋家,他们跟宁波人、温州人一样,"跑过三江六码头",不过,跟宁波人、温州人不同的是,宁波人、温州人走到哪里,生意做到哪里,绍兴人走到哪里,点子出到哪里。

60

儿子小时候,带他游绍兴,问儿子对绍兴有什么印象。

儿子说:绍兴有很多很多的桥,有很白很白的墙,有很黑很黑的船,有很臭很臭的豆腐。

61

绍兴人就算坏起来,也不是坏得流脓的那种,他们的坏,顶多只能算是小坏。

就说阿Q吧,他造反并没有想到称王称霸,更没有做皇帝梦,他要求不高,只不过想睡一下秀才娘子的宁式床,再和吴妈睡上一觉。

62

治水有功的人,绍兴人都视他为大功臣。前有大禹,后有明代绍兴知府汤绍恩。汤绍恩刚出生时,一个峨眉山下来的僧人对他父母说，将来有个叫绍兴的地方，你家儿子将会造福那里，父母遂给他取名"绍恩"。长大后，他果然成为一个对绍兴有恩的人，修建了三江闸水利工程，自此绍兴水患不再，沼泽之地成了鱼米之乡。

汤绍恩为修水闸倾尽心血，以致听到树叶有声，以为风雨将至，就会吐血。他虽然吐了不少血，不过很长命，活到九十七岁才去世。

63

人工淡水养鱼的先河，是范蠡开创的，两千五百多年前，范蠡第一个挖塘养鱼。

范蠡是楚国人，后成为越王勾践的大夫，为勾践灭吴称霸出谋划策。勾践灭吴后，他知道勾践这个人只能共患难，绝不能同富贵，就辞官下海，成了商人，人称"陶朱公"，成为中华商祖。他是中国第一位首富。

64

绍兴的茶叶很出名，茶圣陆羽在《茶经》里就说了，茶，"越州上"。绍兴的茶园面积居全省第一，浙江十大名茶中，绍兴就占了两个——大佛龙井和绿剑茶。

喝好茶，还得配好的茶具。哪里的茶具最好呢？陆羽又说了，"碗，越州上"，"瓯，越州上"。说来说去，还是绍兴的好。

65

夏丏(miǎn)尊的名字很难读,很多人读成夏丐(gài)尊,但绍兴春晖中学的学生绝不会念错。

绍兴上虞白马湖畔,有春晖中学,虽然只是县一级的中学,但名头很响,有"北有南开,南有春晖"的说法,现代文学史上的大家如朱自清、夏丏尊、李叔同、经亨颐、丰子恺、朱光潜、王任叔都在此执教过,柳亚子、刘大白、俞平伯都去游学讲学过。这里一溜烟地排着经亨颐的长松山房、夏丏尊的平屋、朱自清的故居、丰子恺的小杨柳屋、李叔同的晚晴山房、何香凝的蓼花居。

跟春晖中学挂上钩的,一个个都是民国的大家。

66

酒是绍兴的灵魂。绍兴两个字,就是蘸着酒写成的。越王勾践为了增加兵力和劳力,鼓励百姓多生娃,奖品就是绍兴黄酒:"生丈夫(男孩),二壶酒,一犬;生女子,二壶酒,一豕。"《红楼梦》中的贾宝玉过生日,袭人等也是抬了一坛好绍酒来助兴的。

连女侠秋瑾,也说要用貂裘换酒。别处的女人,哪里舍得用这么名贵的貂裘换酒喝呀,拿酒换貂裘还差不多。

67

绍兴被称为"酒都""醉乡",绍兴酒被称为文人酒,文人在别的地方喝醉了酒那叫不懂节制,叫发酒疯,在绍兴喝醉了酒叫真性情,叫名士风流。

绍兴黄酒乃检验是不是真文人的标准,到了绍兴,文人们都巴不得自己醉一回。第二届浙江作家节在绍兴举办时,有一半多的作家在绍兴喝醉了,连舒婷、阿来都喝醉了。

68

"黄酒糯米做,吃了像妞妞。"黄酒初喝时没感觉,后劲上来时,才知道它的厉害,不过为时已晚。北方人到绍兴,以为自己酒量好,跳出来与绍兴人斗酒,想放倒他们,结果自己先被他们放倒。绍兴黄酒小瞧不得,绍兴人也是小瞧不得的。

绍兴的黄酒,名字很好听,元红、加饭、善酿、香雪、花雕,一个个都像宋词中的小令。不过,白酒的名字就不那么好听了,有一种糟烧,竟然叫"枪毙烧"! 怪吓人的。

69

绍兴人把黄瓜叫成青瓜,把豌豆叫作蚕豆。至于真正的蚕豆呢,他们叫成罗汉豆。

除此之外，绍兴人把包子称为馒头，而馒头呢，他们叫面包，至于面包呢，他们叫成烤面包。

70

没有比绍兴人更喜欢腌制食品的了，他们逢货必腌，鲁迅他老人家就说过："究竟绍兴遇着过多少回大饥馑，竟这样地吓怕了居民，仿佛明天便要到世界末日似的，专喜欢储藏干物品。有菜，就晒干；有鱼，也晒干；有豆，又晒干；有笋，又晒得它不像样；菱角是以富于水分，肉嫩而脆为特色的，也还要将它风干……"

71

到绍兴，闻得到酒气，闻得到臭气，闻得到霉气！绍兴人引以为骄傲的"六霉"是霉豆腐、霉笋、霉毛豆、霉千张、霉菜头、霉苋菜梗。绍兴人跟宁波人一样，善于从牙缝里省钱。绍兴菜不是"霉"，就是"酱"，要不就是腌、糟、醉、腊。他们拿这个"一菜抵十菜"。

透过这些个"霉"呀"酱"呀"臭"呀的菜，能看出绍兴人袍子里的"节俭"二字。

72

按照养生法则，霉、腌、臭的食品不能吃，吃了不利健康，影响长寿。但绍兴的百岁老人，个个都爱吃霉、腌、臭的食品，他们说从小就吃这些东西,他们天天这样吃啊吃,一直吃到一百岁,吃成了长寿老人。

73

绍兴酒是百搭的,像虾兵蟹将、花蛤红菱之类,绍兴人把它们放酒里泡泡,等它们醉了,就直接端上桌,省去了入锅烧煮的麻烦,既省了火力,又省钱。

绍兴黄酒的副产品——酒糟,名字里虽然有个糟字,但在绍兴人眼里,它不是糟粕,而是精华。绍兴人用酒糟做糟鱼、糟鸡、糟鸭、糟鹅、糟肉。糟了荤的,也不肯放过素的,他们糟茭白、糟豆芽。

幸好他们没把年糕也拿来糟,否则就成了糟糕。

74

绍兴的"十碗头",有扣肉、扣鸡、清蒸鱼、红烧鱼、肉圆、鱼圆,有糖醋芋芳羹、荠菜豆腐汤、炒小虾等。这十碗菜摆在八仙桌上,象征着十全十美。未庄的十碗头,很有水乡风味。

这个未庄,原是鲁迅笔下虚拟的村庄,好个绍兴人,把虚拟店开成了实体店。为了吸引游客,他们建了一个未庄,又建了一个鲁镇。

75

绍兴酒多,被称为酒城;水多,被称为水城;以此类推,臭食多,是不是可以称为臭城呢?

绍兴的臭食中,最出名的是臭豆腐。光臭豆腐绍兴人还觉得臭得不够,将臭豆腐与臭苋菜梗合蒸,成了顶风臭十里的蒸双臭。

绍兴城里,那些镶了牙边的杏黄幡子在风中飘着,上面写着三个大字——臭豆腐。

76

早在清代,霉干菜就成了贡品。封坛时,绍兴知府和山阴知县要到现场监制,腌得不好,是要丢官丢脑袋的。

霉干菜又称乌干菜,"乌干菜,白米饭,臭霉豆腐过泡饭","乌干菜,长下饭,户户人家省勿来"。绍兴人把霉干菜做到了极致,霉干菜烧猪肉,被誉为绍兴第一菜。他们不管烧什么菜,都喜欢放霉干菜,炒盘虾、烧碗肉、蒸条鱼,烧点土豆、四季豆,都少不了霉干菜,夏天来碗汤,也是霉干菜汤。

我的女友调到绍兴工作后,被霉干菜吓怕了,她说,绍兴人,餐餐霉干菜,啥都是霉干菜,现在我听到霉干菜三个字都要抖三抖。

77

在绍兴人眼里,干菜是一种菜,也是一味药。绍兴人用陈干菜解暑热,清脏腑,治咳嗽,疗积食。吃不下饭,来点干菜;嘴上淡出鸟来了,来点干菜;晕车了,来点干菜。如果一点不行,再多来一点。甚至,他们跑了马拉松回来,也要吃点干菜。

宁波人拿咸菜烧黄鱼,没觉得委屈了黄鱼。绍兴人用霉干菜烧龙虾,也没觉得委屈了龙虾。

浙江有意思

78

　　绍兴人喝酒不需要红袖来添香,他们只要有几粒豆子添香就行了。

　　绍兴人喝酒要有"过酒坯",以茴香豆、五香豆腐干和茶油青鱼干最为常见。

　　除了茴香豆,绍兴还有鲜罗汉豆、鲜蚕豆、带壳鲜毛豆、盐青豆、爆开豆、兰花豆、芽罗汉豆、笋煮豆和鸡肫豆等可以下酒,绍兴人称为"十豆过酒"。

茴香豆与女儿红

79

鲁迅先生在 1930 年 3 月 15 日的日记中记载：“因有绍酒越鸡，遂邀广湘、侍桁、雪峰、柔石夜饭。”

越鸡里面，最出名的是小绍兴白斩鸡，是上海人的心头之好。20世纪 40 年代，绍兴人章润牛随父亲在上海摆了个小摊，专卖鸡粥、鸡脚及白斩鸡，白斩鸡斩成小块，用绍兴酱油蘸着吃，味美无比。一只鸡征服了挑剔的上海人，因他是绍兴人，故称鸡为小绍兴白斩鸡。自此，白斩鸡雄霸上海滩。

80

绍兴人不是没钱，但他们就是不太舍得花钱，他们有点钱喜欢藏着掖着。

绍兴人很爱存钱，哪里的银行利息高，他们就存哪里，他们的存款经常搬家。

81

浙江人买窗帘，喜欢跑绍兴去买，绍兴柯桥的中国轻纺城，是全国最大的纺织品专业市场，绍兴印染布年产量占全国三分之一。

而西施故里诸暨，是世界上最大的淡水珍珠生产地，每天，数以万计的珍珠从这里走向世界。

82

卧薪尝胆、沉鱼落雁、兴高采烈、东山再起、鸡犬升天、金龟换酒、乘车戴笠等成语,都跟绍兴有关。

83

绍兴人的老祖宗很有艺术细胞,越王勾践以"五音""五色"调教乐女,嵇康临刑还要弹一曲《广陵散》,这些基因一代代传下来,难怪绍兴成了我国地方戏曲最多的省辖市。绍兴市拥有越剧、绍剧、绍兴莲花落、新昌调腔、诸暨乱弹等二十多种戏曲。

84

越剧发源于绍兴的嵊州,在全国排名老二,是第二大剧种,但在江南,它拥有最广大的戏迷群。别的地方需要拯救这个剧拯救那个剧,越剧完全用不着拯救,越剧一下乡,十里八村的人都会跑过来看。

越剧缠绵悱恻,常把下面的戏迷听得一把眼泪一把鼻涕。在越剧中,破镜是一定能重圆的,夫妻都是能团聚的,苦尽一定甘来,读书的一定会中状元,好人嘛,一定是有好报的,坏人嘛,都是没有好下场的。

缠绵悱恻的越剧

85

绍兴人说:"绍剧打天下,越剧讨老婆。"绍兴有绍剧,最出名的当数《孙悟空三打白骨精》,周恩来曾四次观看这部绍剧,毛泽东在观看后还专门写了诗。

绍剧名伶里,有六龄童、七龄童、六小龄童、小六龄童,这一家出过好几代的绍剧传承者,光看这名字,好像是孙悟空拔了一根毫毛,变出来的徒子徒孙。

86

绍兴的古树名木很多,有八万多棵,占了全省古树的三分之一。最多的古树就是香榧树,有七万多株。绍兴的市树就是香榧树。

香榧果实上有两颗眼睛状的凸起,绍兴人称之为"西施眼"。

87

绍兴的市花是兰花。两千五百多年前,绍兴人就在养兰花了,绍兴人为兰花很舍得投入,鲁迅的曾祖就栽培过许多兰花,还为兰花特地盖了三间房子。

绍兴的兰花还曾被周恩来当成国礼送给日本政客。

88

绍兴五个县市区,各有各的性格特点,绍兴人概括为"绍兴师爷""诸暨木陀""嵊州强盗""上虞拐子",至于新昌,也有绰号,不过我不好意思说,不大好听。

89

诸暨很出名,以前出名是因为它出过大美女西施,现在出名则是因为官场上的诸暨人。这个不大的县城,这几年出过好几任封疆大吏,厅局级干部更多,据说最高峰时,浙江各厅厅长里有四分之一是诸暨人。再往早些说，民国时期诸暨更厉害，少将以上的高级军官就出过一百五十人，为民国三大将军县之首，其余两个为湖南醴陵、安徽合肥。

90

没读过《古文观止》，是不好意思说自己喜欢文学的，《古文观止》有十二卷，收录上至先秦、下至明末的优秀散文二百二十二篇，与《唐诗三百首》合称为"双璧"。

《古文观止》是清代绍兴人吴楚材、吴调侯叔侄俩编的。

91

第五套一百元人民币上的毛泽东头像，是绍兴人刘文西绘制的，他是"黄土画派"的代表画家。为了画钞票上的毛泽东，他五十八次赴陕北写生，画了两万多张速写。

92

绍兴姓王的名人出过很多，有王羲之、王冕等。绍兴人姓王的最多，每十五人中就有一个姓王。

93

绍兴人很精明,很会过日子,他们从各种渠道收集打车券或红包,打车时用来抵扣金额。

滴滴出行平台数据显示,在最精明的十大城市排行榜中,绍兴以明显优势高居榜首,绍兴人出行,一半的订单都用了优惠券。绍兴人过日子,能省一点是一点。

94

王羲之在绍兴写下天下第一行书《兰亭集序》,兰亭从此成了中国的书法圣地。

全中国哪个地方的人字写得最好?八成就是绍兴。绍兴人从小被家长和老师逼着练书法,学校里都有书法课,光书法教科书就编了九册,绍兴还有兰亭书法艺术学院。

95

大人物到任何一地,都被求着题字。

不过到绍兴,最好不要轻易提笔,绍兴是藏龙卧虎之地,高人很多。有些官人和名人到了绍兴,喜欢题几个字,字好倒也罢了,要是写得像狗爬一样,是要被绍兴人耻笑的:这种字,也好意思拿出来现眼?

96

桑蚕桑蚕,自古以来,"蚕"就是跟"桑"连在一起的,蚕要吃了桑叶才能长大,长大后才能吐丝。谁也不会想到,绍兴人颠覆了传统的养蚕模式,绍兴有世界唯一的工厂化养蚕基地,生产线上的蚕宝宝,口粮也变了,不需要吃桑叶,而是吃玉米粉、番薯粉、桑叶粉等合成的人工饲料,就能长得白白胖胖。一万吨的鲜茧产量,过去要十万蚕农忙活,现在二百名工人就能完成。

绍兴人,这是要变天啊!

97

绍兴有"三缸"——染缸、酱缸、酒缸,染缸用来染织料,酱缸用来做酱油,酒缸用来酿老酒。

98

想与绍兴人扑心扑肝地交朋友,难。绍兴人的"隐忍",给人以城府很深的感觉,以致有些外地人还把"隐忍"二字解读成"阴"字。哪怕你酒醉了把自己祖宗十八代的旧事告诉了绍兴人,绍兴人也未必会把自己的老底兜给你——何况他们酒量好着呢,千杯不醉,想让他们酒后吐真言,真不是件容易的事。

在绍兴,你不太容易交到朋友,不过一旦绍兴人把你当朋友,那就是一辈子的朋友了。

99

云游四方的诗人、歌手周云蓬说,每到一个城市他就给一个城市打分,有山有水加十分,行道树好看加十分,饭好吃加十分,酒好喝加十分,一个朋友加十分,两个加二十分。

他虽然看不见世界,但在他心中,绍兴是个分值很高的城市,所以他一度把家安在绍兴。

100

文化是一地的命脉。绍兴的文脉很深很长,数千年来一直没断过,难怪有人感慨:"中国最大的票号可以出现在太谷,最豪华的住宅可以出现在歙县,最潇洒的一夜掷千金壮举可以出现在扬州,但最伟大的文学家、最伟大的书法家、最伟大的画家、最伟大的教育家和一流的学者却只能出现在这里。"

听上去有点像吹牛,不过却是真的。

金华

1

外人想不通金华为啥叫八婺,以为跟八婆或者八卦有什么关系。其实半毛关系也没有,金华古称婺州,因其位于金星与婺女星的争华之地而得名,它下辖八个县,故称八婺。

2

金华位于浙江的地理中心,是谓"浙中",明太祖朱元璋就说金华是"浙江之心"。金华的朋友老跟我吹他们这地方风水好。他们说,金华地处金衢盆地,地势南北高、中间低,山脉蜿蜒起伏,势如游龙,大小江河贯穿盆地,绝对是风水宝地。

为了证明所言不虚,他们甚至搬出风水堪舆学向我证明金华的山川和地势是如何藏风聚水的:"东北有宁绍台为藩篱,西南有衢温处为比邻,西北有杭严徽为蔽障,诚一郡之形胜,两浙之要区也。"金华是浙江省唯一一个既不沿海也不邻省界的城市。

3

香港人传得神乎其神的黄大仙，是金华人。黄大仙又名赤松仙子，就是葛洪《神仙传》中"叱石成羊"的那个神仙——黄初平。香港有黄大仙庙，香火旺得不得了。在香港，黄大仙的人气指数比关公、观音还要高。

黄大仙在香港如此走红，但在几十年前，他在老家金华几乎默默无闻。此大仙先从香港红起，再慢慢红回金华，也算是"侨仙"吧。

黄大仙

4

香港人都说黄大仙很灵验。每年有不少操着"鸟语"的香港同胞不远千里,到黄大仙故里金华,敬香祈福,求黄大仙保佑他们大吉大利、财源滚滚。

5

关于金华下面几个县市的特点,金华人用几个"头"来概括——金华甜头,兰溪埠头,义乌拳头,东阳刀头,永康炉头,武义芋头。

除了几个"头"外,还有"金华银""兰溪鬼""东阳蛮""义乌佬""武义侬""永康精"的说法。

6

金华人说话蛮嗲的,尾音上扬,听上去,跟唱的一样好听,难怪被称为"金华甜头"。

金华人讲话,句末常有"哇"或"喂"这两个语气助词,再强硬的话,加上这两个语气助词,气势都减了几分。

7

金华人脾气比较温和,吵架打架不是别的城市人的对手。不过,义乌人却以拳头硬著称,所以有"义乌拳头"一说——义乌的小商品市场很出名，义乌拳头同样出名，在中国历史上，以将领的名字命名的最有名的军队有两支，一支是宋朝的岳家军，一支是明朝的戚家军。

而很多人不知道的是，戚家军这支逢战必胜的精锐之师里，就有不少义乌兵。在《明朝那些事儿》这本书中，对戚继光的征兵要求有直接的描述："概括起来，戚继光要找的是这样一群人：四肢发达，头脑简单，为人老实，遵纪守法，服从政府，敢打硬仗，敢冲锋不怕死，具备二愣子性格的肌肉男。"

8

河姆渡遗址的发现把中华文明往前推了两千年，宁波人骄傲地说，我们比其他地方的人早发育两千年，而金华的上山文化比宁波的河姆渡文化还早三四千年。金华人骄傲地说，阿郎（金华方言，我们）金华人发育得更早喂，阿郎金华人比其他地方人早发育了五千年，阿郎金华才是浙江人的老祖宗喂。

9

金华是市场大市，金华下面有很多城，什么义乌国际商贸城、东阳中国木雕城、永康科技五金城，都是响当当的。还有什么浦江水晶市场、磐安中药材市场……金华还有个"零头布市场"，是大妈大嫂们的最爱。

10

金华人做生意是一把好手，要不怎么会有这么多市场。当年，十里洋场的大上海，有二十二个商帮，其中之一就是"浙江帮"。"浙江帮"里有"宁波帮""绍兴帮""金华帮""钱江帮"。

11

义乌的名气很大，这个靠鸡毛换糖起步的县城，名气甚至超过了金华，以致有些搞不清的人，还以为金华是属于义乌管的呢。

12

金华是盆地城市，在金衢盆地的中间，南北的群山庇护着中间的丘陵和平原，这个地方"台风吹不着，地震震不到"。金华有温婉、安逸的一面。

13

金华安逸了好多年，安逸到自己也不好意思起来，于是批评起自己的"盆地意识"——眼界不够开阔，没有奋勇争先的意识。当地的报纸曾开辟了一个栏目，栏目名称叫"醒来吧，金华"。当地领导找到报社，商榷道，你们能不能把栏目名称改一下，不要叫"醒来吧，金华"，叫"崛起吧，金华"。领导说，我们一直在努力，并没有睡着。

14

金华人把地理位置最好的地方说成"火腿心"。"火腿心"的楼盘，价格要比别处高出一大截。

火腿心的楼盘价高一筹

15

金华人很好客。金华人说："客人是龙，不来要穷。"客人上门，他们打上三个鸡蛋给客人吃。金华人送礼，要"出六进四"，回礼要比别人送的礼多，比如，人家送你四斤米，你要回送他六斤米。

我准备送金华的朋友四万元钱，等他回送我六万元钱。

16

农历初三、十一,是金华人的黄道吉日,娶亲、做寿,什么好事都喜欢放在这两天办,金华人说:"初三、十一不择日。"

17

金华人喜欢结亲,买头牛也要结个亲,养牛的是"牛大舅",买牛的是"牛亲家"。金华人看到棵老樟树,也会结个亲,以求"樟树娘娘"庇护。金华人名字中有个"樟"的,很可能小时候跟樟树结过亲。

18

金华与衢州分分合合,合合分分,中华人民共和国成立后金华和衢州一度合并为"金华地区",20世纪80年代,衢州又从金华地区划出去,单立为地级市。

19

金华有些地名蛮有意思的,如安期里、道学里、望仙岭、芭蕉岭、四牌楼、净渠头、醋坊岭、四世一品、龙舌嘴等。从这些地名中,可以看出金华的老底子不薄。

浙江有意思

20

金华城区的主干道,不少以金华的历史名人命名,如以画家黄宾虹命名的宾虹路,以戏曲家李渔命名的李渔路,以名医朱丹溪命名的丹溪路,纪念思想家吕祖谦的东莱路,还有宾王路、宗泽路、望道路、雪峰路等。

21

每次到金华,就会想到写"西塞山前白鹭飞,桃花流水鳜鱼肥"的张志和。张志和是金华人,是道士,亦是诗人,他喜欢钓鱼,自号"烟波钓徒",据说他练就了卧雪不冷、入水不湿的"水上漂"功夫。

唐肃宗蛮欣赏他的,赐他男女奴婢各一人,张志和让他们结婚,取名渔童和樵青。男渔童整天帮他拿鱼竿收鱼线,在芦苇荡中划船钓鱼;女樵青在竹林里捡柴为他煎茶。

可能是湖州的鱼比金华多,所以张志和长期隐居在湖州。当时的湖州市长颜真卿知道隐居湖州的张志和喜欢钓鱼,还专门送了他一条船,让他随时可以钓个痛快。张志和最后自沉于水,用道家水解的方式上升成仙了。

22

李渔也是金华人,他是中国最有名的吃货。李渔嗜食螃蟹,螃蟹未上市时即储钱以待,自称购蟹之钱为"买命钱",秋天他的餐桌上,无一日无蟹,人称"蟹仙"。

但凡吃货,很少有人不知道他写的《闲情偶寄》,这是一部关于吃喝玩乐的生活宝典。就算不知道《闲情偶寄》的人,多半也知道他的"黄书"《肉蒲团》。香港人把《肉蒲团》一拍再拍,重拍的 3D 电影《肉蒲团》,因为尺度过大没能进入内地市场,内地的旅行社甚至组团浩浩荡荡到香港去看这部黄片。

大家都知道李渔风流多才,不过很多人不知道李渔是金华人。

23

金华这个地方,让逃难的李清照一会儿豪放,一会儿婉约,一会儿悲壮,一会儿哀怨。

李清照一生只写过两首豪放诗,一首是"生当作人杰,死亦为鬼雄",还有一首就是写金华的《题八咏楼》:"千古风流八咏楼,江山留与后人愁。水通南国三千里,气压江城十四州。"晚年的艾青在病榻上,想念家乡金华,曾眼含泪水,一字一句地向老友吟诵起这首诗。

而李清照的另外一首诗则极尽婉约:"风住尘香花已尽,日晚倦梳头。物是人非事事休,欲语泪先流。 闻说双溪春尚好,也拟泛轻舟。只恐双溪舴艋舟,载不动许多愁。"金华的双溪路因此而得名。

24

金华出仙人,也出猛男。艾青读李清照的诗流泪,毛泽东晚年读陈亮的《念奴娇·登多景楼》也曾痛哭失声。

金华人陈亮是宋代永康学派的代表人物，他是名儒、词人，也是狂人、衰人，曾三次被关进大牢。此人性子火暴。他去拜访辛弃疾，辛家门前有小桥，他胯下的驽马三跳不过。陈亮大怒，拔剑斩了马头。辛弃疾见了，觉得这是条汉子，与他结为至交。他与台州的名人之后谢希孟为喝花酒的事，还在台州的东湖干过一架。

25

唐仲友是南宋的官员、作家，也是金华学派的学者。老唐曾出任台州市市长，在台州闹出过一段绯闻。他跟朱熹在学术上有分歧，政治上有矛盾，朱熹六次上奏弹劾唐仲友，想从"男女关系""作风问题"找到突破口，说唐仲友在台州当市长期间，跟台州名妓兼美女诗人严蕊有一腿，此事成为南宋官场一大绯闻。

为了找到突破口，朱熹下令台州司法机关将刚刚获得自由身的严蕊逮捕入狱，并严刑拷打。无奈严蕊坚决不招，让朱老夫子碰了一鼻子灰。

这个故事被写进了"三言两拍"，全国人民都知道了唐市长的绯闻。

26

金华人革命性挺强的。1920年四五月间，陈独秀在上海成立马克思主义研究会，这是中国最早的共产主义组织，成员有陈独秀、施存统、俞秀松、李汉俊、沈玄庐、陈望道等。其中，施存统、陈望道就是金华人。

27

虽然当年主政衢州的领导拼命推销衢州保姆,但中国最有名的保姆不在衢州,而在金华,来自艾青的长诗《大堰河——我的保姆》。

28

幼年艾青由于"克"双亲被送到保姆"大堰河"家抚养,这个朴实的农妇给了他无尽的温暖和关怀。艾青诗歌中这个善良、勤俭而命运悲惨的农村妇女,打动了很多文艺青年,以至当年的文学青年,现在的文学中年,一到金华,必定会背诵艾青的两句诗,一句是"为什么我的眼里常含泪水",另一句就是"大堰河,是我的保姆"。

29

绍兴人吃鲁迅饭,金华人吃艾青饭。金华有艾青小学、艾青中学、艾青纪念馆、艾青公园、艾青文化公园。

30

艾青热爱的这片土地,滋养过不少文化名人,远的就不多说了,近现代的就有陈望道、曹聚仁、冯雪峰、邵飘萍、吴晗、黄宾虹、施光南、严济慈等。

说起文化名人什么的,金华人还是有底气的。

31

抗战时期，金华一度成为东南政治经济文化中心，像冯雪峰、林默涵、聂绀弩、柯灵、张乐平等文化名人，纷纷从沦陷区跑到金华来，搅动了金华的文化活水。当时的金华有十三个抗战文化团体、九种报纸、五十多种刊物、十二个抗战剧团、二十家书店。

当年金华的文化产业比现在发达多了。

32

金华出过很多新闻界的大咖，有"飘萍一支笔，抵过十万军"的邵飘萍；有翻译《共产党宣言》的《新青年》编辑陈望道；有民国著名的记者、作家曹聚仁；著名诗人艾青也当过编辑编过刊物。

33

大画家黄宾虹就是金华人。可惜的是，黄宾虹的故居二十多年前就被拆了，现在的黄宾虹故居跟黄宾虹实在是一点关系也没有。

34

"艾青诗，光南曲。"作曲家施光南也是金华人，他的《在希望的田野上》等歌曲响遍全国。金华有一座广场，就是以他命名的，叫施光南音乐广场。

35

　　金华双龙洞相当出名,因为小学语文课本里有叶圣陶的《记金华的两个岩洞》。

　　所有读过这篇游记的人,到了金华,总是想游一游双龙洞。因为洞口小,进洞时,人要躺在船上被拉进去。

　　有个大人物也想进洞看看洞里乾坤,大人物嘛,肚子一般也都比较大,结果因为他的肚子太大了,卡在洞口进不去。

躺着进的双龙洞

浙江有意思

36

金华这个城市,虽然看上去不那么文艺不那么浪漫,其实民歌、戏剧都很活跃。金华人插个秧有《插秧歌》,放个牛有《看牛歌》,摘个茶叶有《采茶歌》,车个水有《车水点数歌》,斫个柴有《斫柴歌》:"爬起五更头,拖双破鞋头;走到锅灶头,吃碗冷饭头;走到扶梯头,背起柴铳头;走到青龙头,挑起两捆头;一路挑至下桥头,卖了铜钱两块头,只买半个猪娘头。"看来,金华人很喜欢吃猪娘头。

37

越剧是流传最广的地方剧种,发源于绍兴嵊州,浙江的老百姓最爱唱的是越剧,最爱听的也是越剧,但在金华,老百姓最爱的不是越剧,而是婺剧。

婺剧俗称金华戏,金华人觉得全世界最好听就是婺剧,金华特地为它建了一个气派的大剧院,叫"中国婺剧院",而比它名气更大、流传更广的越剧,只有浙江越剧院、上海越剧院等,却没有中国越剧院。

38

婺剧虽然不如越剧、京剧名气大,但是它的资格老。说起来,越剧不过百年历史,京剧也就二百年历史,而婺剧,却有四百年的历史,难怪京剧大师梅兰芳说,京剧要到婺剧里找祖宗。

39

同样生于南方,越剧缠绵婉转,昆曲细腻雅致,而婺剧的唱腔硬朗高亢。

越剧与昆曲哼哼唧唧唱个没完,婺剧是一言不合就开打,有《三打王英》,有《火焰山三打白骨精》,连《断桥》也是乒乒乓乓打得热闹,许仙有跪步、吊毛、抢背、扑虎等高难度动作,还有十三跌,故道:"唱死白蛇,做死青蛇,跌死许仙。"

40

金华人捧了一个大仙,又开始捧一个女鬼,他们一口咬定《聊斋志异》中的女鬼聂小倩是金华万佛塔下寺庙里的女鬼,更多的金华人相信兰若寺旧址就在西峰旅社。

我的一个朋友,是浙师大的教授,他就神神道道地跟我说,他们学校有个老师以前住在那附近,晚上经常会听到远方有怪声传来。

听了他的话,我到金华出差,一到晚上,总会想到《倩女幽魂》什么的。

41

金华有女鬼,还有鬼市——夜间摆的集市。金华人还喜欢"叫魂",金华下面有一个县,有"叫魂一条街",招牌上几个大字——"祖传三代叫魂"。

叫魂也有祖传的,呵呵。

42

金华最有名的高校就是浙师大,被学生戏称为"牛津大学"和"早稻田大学"。浙师大是 20 世纪 60 年代从杭州搬迁到金华的,学校在骆家塘和高村之间,过去农民天天牵着牛穿过学校,留下一坨坨的牛屎,故学生们戏称其为"牛津(进)大学"和"早稻田大学"。

"牛津大学"

43

金华除了浙师大,曾经有一所比浙师大更有名的学校——浙江省立英士大学,为纪念辛亥革命先驱者陈英士而名,中华人民共和国成立后,英士大学被裁撤,部分并入复旦大学,部分并入浙江大学。

金华还有所专门培养火车司机的学校,叫金华铁路司机学校,后来并入了浙师大。你看到的动车司机和地铁司机,很有可能是来自这所学校的。

44

浙师大的学生说自己跟总统是校友,真的不是吹牛。中非共和国总统图瓦德拉,在浙师大非洲法语国家大学校长研修班学习生活了一个月。

浙师大的非洲研究在全国高校中是响当当的,学校的黑人留学生也多,学生打趣道:"留学生,满街跑,十个洋妞七个黑两个灰。"

45

金华这个地方产萤石,尤以武义为最,储量居亚洲第一。抗战时期,日本侵略者为了抢夺萤石,专门为武义修了一条铁路。

46

一万多年前,金华浦阳江畔的上山,当地人就会造房屋、制陶器、种水稻了,还会用石磨棒和石磨盘脱稻壳。上山是世界上最早人工栽培水稻的地方。

47

婺州窑名列唐代六大名窑之一,以产茶碗出名,陆羽的《茶经》把婺州产的青瓷碗列为第三位。

48

金华人的称呼,外地人听了有点晕。金华人把父亲称为"爷",祖父叫"爷爷",把母亲称为"娘",但祖母不叫"娘娘",叫成"妈妈"。金华人管姑妈叫"娘娘"。金华人把老头叫成"老货"。

王力宏的经典情歌《爱你等于爱自己》,金华人是这么唱的:"是弗是爱侬别等于爱阿西,哦哦……"

49

金华话有时要闹点小笑话,比如金华人赞美外地人的小孩,说:"格小银歪个(这小孩乖的)。"孩子妈听了以为金华人在骂她孩子,很生气。

50

金华浦江的仙华山,据说是轩辕黄帝的女儿玄修得道升天之地,号称第一仙山。

仙华山下的乡村有全省最早的农家乐,山脚下还有神笔马良传说的起源地——登山村。

51

一说到金华,所有中国人脑海里蹦出的第一个字眼,就是火腿。

52

除了二师兄猪八戒,最有名的猪就是金华的两头乌。金华火腿就是用这种猪做的。两头乌一身白,唯头颈部和臀尾部是黑色的,被誉为"熊猫猪"。

很多人只知其名,不知其猪。有一年,两头乌到杭州展览,猪的边上围了里三圈外三圈的人,为了衬托两头乌的尊贵,还找了美女模特站在两头乌的边上撑场子。

53

在金华出差,看到一家店的霓虹灯明明暗暗,缺胳膊少腿的灯上打出的是"金华人腿"几个字,吓了一大跳。

54

这个说法有点八卦,却是真的:金华火腿的命名者,是害死岳飞的赵构,而金华火腿的创始人,是抗金名将宗泽。

金华火腿是送礼佳品,金华人送礼,最拿得出手的礼品就是金华火腿。鲁迅就给毛泽东送过金华火腿。在延安的毛泽东收到火腿,高兴地说,可以痛痛快快地吃一顿了。

55

黄蓉是金庸小说中古灵精怪的美女,黄蓉为洪七公烹制"二十四桥明月夜""君子好逑汤"等美食,以此引诱洪七公对郭靖倾囊相授"降龙十八掌"。

"二十四桥明月夜"就是把二十四个豆腐球塞到火腿的二十四个圆孔中,蒸熟后,火腿的鲜香味尽入豆腐球中,而火腿弃去不食。香港的美食家蔡澜对这道菜一直心向往之,和几个香港名厨一起,用电钻将整只金华火腿锯开,辛辛苦苦钻挖出二十四个洞,又用雪糕器舀出圆形的豆腐塞入火腿洞中,用猛火蒸了七八个小时,终于炮制出"二十四桥明月夜"。

56

有一个关于金华火腿的段子:一个金华人出门,将一只金华火腿放在行李架上,结果火腿滴了一滴油下来,落到一个绍兴人身上。绍兴人不高兴,骂道:呐默格咸胎(绍兴话"他妈的贱胎")。

金华人以为绍兴人在问火腿是猪的前腿还是后腿,喜滋滋地回答:不是前腿是后腿。

57

金圣叹因"清风案"被斩,临刑前交代儿子:"花生米和五香豆腐干同嚼,可吃出金华火腿的味道。"

这话有金华人添油加醋的成分,他们把金圣叹的遗言变成了植入式广告。

金圣叹的原话是说,豆腐干与花生米同嚼,有火腿滋味。他老人家并没有收广告费,当然没有义务替金华火腿打广告。

58

金华酒以前也蛮有名的,明代冯时化有一部《酒史》,里面写到金华酒:"晋字金华酒,围棋左传文。"《金瓶梅》里西门大官人跟潘金莲等众妻妾玩乐时,常拿金华酒助兴。潘金莲就是这么说的:"吃螃蟹得些金华酒吃才好。"

59

金华人不爱吃水煮花生、油炸花生,他们喜欢吃原生态的生花生,吃时配上红糖。金华人说:"花生配红糖,抵过偷婆娘。"说花生配红糖的滋味，比偷情的滋味还要好。

这话听起来好像金华人都偷过婆娘似的。

60

金华市区的人很喜欢"卵"字，鸡蛋，他们叫"鸡卵"，蛋清，叫"卵白"，蛋黄，叫"卵黄"，鸡蛋糕，叫"鸡卵糕"，鸭蛋呢，自然是"鸭卵"，咸鸭蛋叫"腌鸭卵"。

但是鸡蛋饺，金华人不叫"卵饺"，而是叫"蛋饺"，鸡子馃，也不叫"鸡卵馃"。

不要问为什么，这个没有为什么的。

61

金华的汤包挺好吃的，当地人称为金华第一包。这汤包皮薄褶密、馅香汁稠，名声在外。要是这包子放在温州，肯定叫"江南第一包"。放丽水，没准叫成"华东第一包"。但在金华，只叫"金华第一包"，金华人蛮实在的。

62

金华有一种饼叫鸡子馃，此饼馅以猪油、瘦肉和葱制成。美食家李渔认为，"葱、蒜、韭能秽人齿颊及肠胃"，他一生不吃葱、蒜、韭，但吃了鸡子馃后，他破了戒。

63

除了鸡蛋饼,金华还有各种饼,什么火烧饼、酥饼之类,反正金华人就是喜欢把面粉包上肉做成各种饼。

重要节日里,他们要吃馒头,就是那种白馒头,然后在馒头里夹上肉。馒头配扣肉,是金华人过年的标配。

金华人吃馒头还有种奇葩的吃法,是夹着臭豆腐吃。

金华人过年,大年初一早上要吃金华汤圆,汤圆的馅是雪菜猪肉和萝卜。

64

《金瓶梅》里写到猪头。潘金莲、孟玉楼、李瓶儿没事儿做,就买了金华酒和一个猪头、四个猪蹄,来旺媳妇用柴禾把猪头烧得皮开肉烂。就着金华酒,一帮人吃得眉开眼笑。

金华人喜欢吃猪头肉,他们对猪头蛮有感情的,猪头不叫猪头,叫"猪脸"。酒店里的一道菜,就叫"腌猪脸"。金华还有什么腊猪脸、咸猪脸、卤猪脸。金华人对猪脸烹饪方法的研究,比《金瓶梅》里的那帮男女深入多了。

65

金华最出名的小吃是金华酥饼。金华酥饼形如蟹壳，两面金黄，咸香酥脆。这酥饼的创始人是"混世魔王"程咬金，他名列唐朝二十四位开国元勋之一，没发迹前，是个以卖烧饼为生的"屌丝"。

看来，"英雄不问出身"这句话是有道理的。

66

"金华三绝"是金华火腿、金华酒、金华酥饼。不过，我觉得，最绝的应该是童子尿煮鸡蛋。

东阳人相信童子尿煮鸡蛋有大补之效，吃了这个尿蛋，春天不会犯困，夏天不会中暑。每到开春，农村人都会煮这种蛋，煮这种蛋必须要用童子尿，而且必须是男孩子的，年龄越小越好，所以幼儿园就成了最佳接尿圣地，是为东阳一怪。

童子尿煮鸡蛋，还是当地的非物质文化遗产！

67

每到清明前后，东阳的街头就飘着一股尿臊味。在当地人的嗅觉里，这分明就是春回大地的味道。有一年文明城市评审团来东阳，闻到满街的尿臊味，还以为东阳人满大街随地小便。经陪同的当地官员解释，才知道是煮尿蛋所致。

68

霉干菜在金华是励志菜。金华人把霉干菜叫成"博士菜"，金华出了十几个院士、数百名博士，这些个院士博士，当年都是啖菜根勤读书的苦孩子。

金华人觉得，嚼得菜根，方能成就功名。那些功成名就的大师，当年的求学生涯里，都离不开一罐霉干菜。就算现在他们吃得起山珍海味，在他们的味觉里，世上所有的菜，都不如霉干菜好吃。

69

金华人跟北方人一样，喜欢面食。别处有啦啦队，金华有拉拉面。金华的索面可以拉到几百米长。金华还有一种叫"米筛爬"的小吃，类似于"猫耳朵"。

金华还有种面，叫沃面。最初用残羹冷炙来煮面条，然后加入番薯淀粉制成糊面，别看它做法简单，但沃面上得了台面，拿来招待贵客一点不嫌寒碜。

沃面是真的好吃啊，这个真不是吹的。

70

有一段时间，金华砂锅在全国各地都安营扎寨，一到冬天，砂锅店的生意就格外红火。

如果你冬天到金华，金华的朋友总是说："阿侬请侬切（吃）煲。"

71

金华骨头煲里的肉炖得又酥又烂,金华人吃骨头煲,主要不是啃骨头缝里的肉,而是喜欢拿根大吸管在骨头里吸啊吸。金华人,最会"敲骨吸髓"。

72

金华人做高汤不惜血本,他们认为,用上等的金华火腿、老母鸡、棒骨和五花肉一起,实打实煲出的汤才能称为高汤。说到别处用调料弄出的"高汤",金华人嗤之以鼻。

73

金华是南方奶牛之乡,当年胡耀邦还给奶牛做过批示。养牛场有句口号:像对待公主般伺候奶牛,养快乐牛,产优质奶。

74

金华有火腿栗子粽,还有中药粽。

中药粽子是在馅料里加入十余味中药做成的。金华不愧是黄大仙的故里啊,一个粽子都搞得那么玄乎。

75

丽水人喜欢吃知了,丽水隔壁的永康人也喜欢吃知了,听说有人一次性买了二百斤的知了,炒熟后放在冰箱里,想吃就拿出来吃。

76

金华人喜欢吃羹,无羹不成宴。他们还喜欢吃豆制品,三月青炒千张、大蒜叶炒永康豆腐干,是他们的乡愁。

金华人把早饭叫成"五更饭"!

77

金华的佛手很出名,金华大大小小的酒店,不像别处的酒店摆的是蝴蝶兰,它们摆的是金佛手。

金华佛手,如从绿叶间伸出的一只只金色的爪子,金华人说这是龙爪。金华人拿这"龙爪"泡茶、泡酒。

金华佛手

78

金华人喜欢跟皇亲国戚攀亲。金华有一种甜点叫"的卜",外面麦芽糖,里面芝麻糖馅,甜得要命。金华人说是后宫娘娘教他们做的。他们把蜘蛛叫成"蟢"或"八脚蟢",说金华的蜘蛛救过朱元璋的命。除了这些,还有茶叶、酥饼,金华人都能跟皇亲国戚挂上钩。

反正虚虚实实、真真假假,金华人说得煞有介事。

金华还有福建人不知道的福建(健)羹,有江西人没吃过的江西小馄饨。

79

浙江十一城中,最爱茶花的是金华人,金华有万亩山茶花生产基地,有国际山茶物种园,有中国茶花文化园。全世界能找到的山茶花品种,在金华都有。

在金华,一朵山茶花值一辆名车,甚至一套别墅。有一个老外看中当地的一株茶花,花了一千万买下。

80

太平天国侍王府中,有两株很老很老的古柏,树龄有一千一百多年,相传为五代吴越王钱镠亲手所植,古柏老得快要成妖了。

81

国内最大的游戏交易平台,叫"5173",就是金华人办的。公司的名称,就是金华方言"我要吃柴"的谐音。在金华,小孩子被父母打,叫"吃柴"。小孩子玩网络游戏,不好好读书,气急败坏的父母肯定要让他吃柴,故起名"我要吃柴"。

82

明清以来,全国三大建筑行帮,有香山帮(苏州)、宁波帮,还有一个就是东阳帮,著名的徽派建筑,绝大多数是东阳帮木匠造的。东阳的建筑大军转战大江南北,清代重修紫禁城,东阳帮就是主力。

83

金华人很有工匠精神。永康以铜匠、铁匠、锡匠出名,钉秤、箍桶、冶炼是他们的拿手好戏;而东阳出木匠、雕花匠、泥水匠。

84

唐代以来,东阳木雕名列中国四大木雕之首,故宫皇极殿内雕有成百上千条龙的"乾隆宝座",就是东阳木雕大师复制的。土豪们装修新家时用的红木家具,大多来自东阳。

85

金华的东面,金华人开玩笑叫华东。如果金华的企业,起名叫华东超市或华东苗木市场什么的,业务不一定覆盖华东六省一市,有时仅仅是坐落在金华的东面。

86

别处的斗牛是人与牛斗,比如西班牙斗牛,就连文绉绉的湖州,斗牛也是人与牛斗。唯独金华斗牛是牛与牛相斗。金华的斗牛待遇很高,上场决斗之前,要喝一公斤黄酒,吃十多只鸡蛋,有时还要吃党参等滋补品。酒足蛋饱后,才被人牵上场来,开始相斗。

87

鲁迅先生说过,诸葛亮料事如神"近于妖"。金华有个神秘的八卦村,住的据说都是诸葛亮的后人。抗战时,日本侵略者就从这村边上经过,竟未发现这繁华村落,使这个村子免遭生灵涂炭。

现在这个八卦村成了旅游点,很多游客喜欢在村子里买把羽毛扇,学着诸葛亮摇上几摇。

88

磐安有神秘的炼火。炼火者,穿草裙,赤着脚,头戴金钢圈,潜心念咒,在火堆上光脚往返跃走,脚竟然不会被烫伤。这个有点玄乎!

89

北京的故宫是紫禁城，东阳有个民间故宫叫卢宅。"文化大革命"中，无数古建筑灰飞烟灭，这个卢宅却幸运地得以保存下来。现在，这个明清建筑群成了影视剧拍摄的最佳场所，像什么《鸦片战争》《雍正王朝》《海瑞罢官》《人间四月天》《天下粮仓》等都是在这里拍摄的。我两次去卢宅，都看到拖着"猪尾巴"的演员在这里拍清宫戏。

90

作家来金华采风，采些什么风呢，除了左一个城右一个城外，还有婺剧、斗牛、炼火、十八蝴蝶、东阳木雕、金华火腿、诸葛八卦村、麦秆剪贴、浦江剪纸、兰溪断头龙、方岩庙会、永康锡艺、郑义门古建筑及磐安赶茶场，当然少不得"青砖灰瓦马头墙，肥梁胖柱小闺房"的江南民居。

作家们都说，不看不知道，看了吓一跳。没来金华之前，以为金华没什么花头，来了之后才知道，金华的花头这么多。

91

义乌是个神奇的地方，美国大选还没结束，义乌人就知道谁能当总统，依据就是谁的支持者的 T 恤订单数量多。义乌指数已经成为研究国际局势的重要参数。

每年到义乌进货的老外有五十五万。义乌的商店招牌上，印着中文、英语、韩语、阿拉伯语。义乌有世界最大的小商品批发市场。知道义乌的外国人比知道金华的要多得多，比知道北京的也多得多。有些洋人还以为中国的首都是在义乌呢。在义乌机场，40％的旅客为外国人，超过北上广深的机场，位居全国第一。

92

中国人到国外旅游，喜欢买当地的旅游纪念品。到了义乌才知道，无论是在迪拜买的挂坠，还是在俄罗斯买的套娃，都是从义乌小商品市场流出去的。

没有义乌，外国人根本没办法过圣诞。全世界十顶圣诞帽，九顶来自义乌，至于什么圣诞树、仿真雪、圣诞老人服、圣诞老人公仔，十之八九，也都是来自义乌。

93

"一铺旺三代"，在义乌最能体现了。我的一个义乌朋友，在义乌有几间商铺，当包租婆，每年光租金就有百万元收入。而且她的租客中，经常有老外。

94

所有你能想到的商品，都可以在义乌找到。"只有你想不到，没有你买不到"，义乌人说，只要是合法的东西，在义乌都能找到。

95

你手里的扑克牌很有可能来自金华。武义的扑克销量占了全国的一半多，占了全球的 42%。

96

东阳横店影视城，被称为"中国的好莱坞"，它是东阳的一个农民在一片荒坡上建起来的。

横店影视城有"香港街""秦王宫""清明上河图""明清宫苑"，很多好片和烂片，如《荆轲刺秦王》《汉武大帝》《英雄》《无极》《满城尽带黄金甲》之类，都是在这里拍出来的。

在东阳横店影视城，你经常可以看到明星。运气好的话，你可以跟周润发在同一个洗发店洗头，跟巩俐在同一家店吃沃面。

97

有个冷笑话：有一个日本人来中国旅游，第一站到浙江，他找了一个当地导游，给了三千元钱，说他祖上战死中国，要求导游带他去国内日本人伤亡最多的地方看看。

导游收钱后，花三百元包了辆车，一个小时后，告诉日本人，到了。日本人下车一看：横店影视城。

98

金华市区的人挺悠闲的，男人们可以一杯清茶消磨半天，女人们一闲下来，就唱唱跳跳。

而像义乌、东阳这些地方，喝杯茶、喝杯咖啡，都是与生意、利益有关的。

99

金华大大小小的市场，过去都是线下交易，现在到处是电商，交易在线上进行，点点鼠标，生意做到全世界。浙江省跨境电商的十强县，金华占一半。

别以为金华是三线城市，金华的快递业务量远超京沪，力压传统的商业重镇广州，名列全国第一。

100

金华以义乌名气最大，金华其他的县市乃至乡镇也是"儿子名气盖过老子的"。永康的五金、东阳的建工、浦江的水晶、横店的影视赫赫有名，以至本地人开玩笑称：浙江金华、中国永康、亚洲横店、世界义乌。

在杭甬温之外，"金华—义乌都市区"已崛起成为浙江第四极。

衢州

1

衢州是个路路通，历史上素有"四省通衢，五路总头"的赞誉。

衢州的领导对"衢"字是这样解读的：一行人向前走，两只眼睛向前看，看到最佳处，就是衢州城。

2

衢州人对外宣传自己的家乡，喜欢用四字组合，什么"围棋仙境""南孔圣地""四省通衢""东南锁钥"，让人觉得，衢州人道行很深啊。

3

衢州是兵家必争之地，它曾经是全国六十六个军镇之一，老话是这么说的："守两浙而不守衢州，是以浙与敌也；争两浙而不争衢州，是以命与敌也。"换作大白话就是，守住衢州，就是守住浙江。

所以，千万不要小瞧了衢州。就凭"兵家必争之地"几个字，怎么着你也得掂掂它的分量。

4

"吴越地卑,而此方高厚",对衢州人来说,还有什么比这评价更让人自豪的呢?这座有着一千八百年历史的古城,处于全省的制高点,它"居浙右之上游,控鄱阳之肘腋,制闽越之喉吭,通宣歙之声势",它在军事上有多重要,闭着眼睛也想得到。

5

衢州人的前世跟兔子、鸭子结了多大的仇啊,非得取下它们的首级吃之而后快。

"三头一掌"是兔头、鱼头、鸭头和鸭掌。这些个不上台面的杂碎,是衢州人的心头之爱。

衢州人深情地说,作为一名衢州人,你可以不知道衢州现任的市长市委书记是谁,但是不能不知道衢州最好吃的兔头、鱼头、鸭头和鸭掌在哪里。

衢州"三头"

6

那些打着衢州菜招牌的饭店,如果没有"三头一掌"撑腰,是不好意思叫衢州饭店的。

其实,"三头一掌"这些杂碎,也就是这几十年间才冒出来的。早先,衢州最出名的三道菜是红嘴绿鹦鹉、泥鳅钻豆腐和铜伞遮锦护,跟什么头都无关,它们的原材料是腌火腿、泥鳅、铜伞菇和鲤鱼鳞。

7

别处的人续命靠吸氧,衢州人续命靠吃辣。

8

孔氏家庙全国有二,一南一北,北在山东曲阜,南在浙江衢州。

衢州的朋友喜欢带外地朋友到南宗孔庙,就好像北京朋友喜欢带外地朋友到故宫、天安门一样。

靖康年间,金兵铁骑南下,宋高宗赵构举朝南迁,孔子第四十八代嫡长孙、衍圣公孔端友带着家人"奉像南渡",曲阜孔庙留给弟弟孔端操看守。两年后,宋高宗定都临安(杭州),他感激孔氏后人"护驾南渡"和"奉像南渡"的功德,赐家衢州。在最高领导的高度重视和殷切关怀下,孔氏后人在衢州兴建家庙。因在长江以南,称为南宗孔庙。

衢州孔子像

9

　　孔氏后人"奉像南渡",奉的就是孔子夫妇的楷木像。孔子夫妇楷木像一直保存在曲阜祖庙,是孔府最珍贵的祖传宝物,是孔氏大宗的象征。

　　当年孔子第四十八代嫡长孙孔端友背负着圣像南行到衢州,南宗孔庙建成后,孔子夫妇楷木像便珍藏在衢州南宗孔庙,历经二十七代,长达八百余年,尽管其间有战火兵祸,劫难不断,但最终被完好地保护了下来。

1959年国庆时，为办孔府复原陈列展，孔子夫妇楷木像被北宗曲阜孔庙借走陈列。说是借，却有借无还。几年后，曲阜孔庙归还了一对复制品，真迹从此藏于曲阜孔庙。为这事，衢州人民到现在还在嘀咕。

10

抗战爆发后，日寇两次攻陷衢州，日本侵略者听说孔氏家庙珍藏着孔子及夫人楷木像，就想占为己有。孔氏后人为了掩侵略者耳目，特地做了赝品蒙混过关。日军未能得手，又劫掠了庙内的四百多件珍品，还一把火烧了孔庙藏书楼。整个孔庙只剩下一匹可怜的老马，饿得差点把屋柱子都啃断了。

11

孔子是教育家，有弟子三千。每到高考前夕，衢州一些分管教育的官员、学校的领导和老师，还有考生家长，都喜欢跑到孔庙，拜谒一下孔子，希望他老人家保佑学子考出好成绩。

12

衢州是历史文化名城，你问衢州有什么好玩的，衢州的文化人会故作高深地来一句："问衢哪得清如许，南孔圣庙仙弈棋。"

他们指的是钱江源、孔庙、烂柯山。

13

衢州人经常把"两子"挂在嘴边,谈及文化,必言两子,一是孔子,二是棋子,号称"两子文化"。衢州作为南孔圣地,有中国儒学馆、孔庙、孔府、孔家山,有尼山小学、仲尼中学。

而孔子塑像,是这些地方的标配。

14

衢州是国家历史文化名城。衢州人觉得,衢州享此殊荣,是托了孔子的福,沾了孔氏南宗家庙的光。就好像绍兴人爱提鲁迅一样,衢州人最爱提起的名人就是孔子。

孔子故里山东曲阜经常搞些"孔子搭台,文化唱戏"的活动,不是向全球发布孔子的标准像,就是搞中华文化标志城。衢州当然不能落伍,也搞了个孔子国际文化节,南孔祭典还被列入第三批国家级非物质文化遗产名录。

15

《论语》是孔子和他弟子的语录,旧有"半部《论语》治天下"的说法,既是南孔故里的人,不可不知《论语》。从读经班到《论语》辩论赛,从讲《论语》故事到《论语》演讲,衢州人把"之乎者也"常挂嘴边。街头随便拉来一个衢州人,都会背诵句把《论语》。

16

都说抱个金娃娃,但金娃娃长啥样,谁都没见过,衢州博物馆的镇馆之宝,就是南宋金娃娃。金娃娃在地下沉睡了七百年,1974 年的初冬,一位叫吴天才的农民,在自家的菜园子里刨出了金娃娃。除了金娃娃,他还刨出四十件文物。

金娃娃是黄金铸成的,半个拇指大小,重六克。衢州人说,金娃娃好是好,全国唯一,就是小了点,是个袖珍娃娃。要是金娃娃有九斤重,是个巨婴,就更值钱了。

17

衢州人随遇而安。孔子曾经表扬过学生颜回:一箪食,一瓢饮,在陋巷,人不堪其忧,回也不改其乐。

衢州的经济虽然在全省处于垫底的位置,不过,衢州人也"不改其乐",他们的幸福感,一点不比老大老二少。

18

浙江"班级"排名,关于衢州,是这么说的:"从未任过任何职位,长得中等偏下,性格极度内向,和同学关系一般,不给班里添麻烦,唯一优点喜欢帮其他同学做家务。"

衢州人民看到这段话,心里很不是滋味,哼,什么叫"唯一优点",我们衢州,优点一抓一大把。

浙江有意思

19

衢州人的接头暗号是"南孔圣地，衢州有礼"。衢州拼命推广作揖礼，衢州人一见面，就抱拳作揖。至于左手抱右手，还是右手抱左手，怎么个抱法，都有玄机。抱得不对，还以为你来砸场子，准备打架来了。

20

衢州与杭州共饮一江水。钱塘江的源头在衢州开化海拔一千零五十四米的莲花尖上。

衢州的水好，因为来自高山密林的钱江源、乌溪江，是国家一级水源，钱江源的水，捧起来可以直接喝。

21

衢州人开玩笑，说自己不东不西、不土不洋。历史上，衢州名义上划属浙东，而衢州人习惯上称自己为浙西。衢州的文化人批评起衢州来挺深刻的，说衢州不但处于地理上的边角，还处于思想上的边角、文化上的边角。

自己批评自己是可以，属于人民内部矛盾，但是别人说三道四，就是"敌我矛盾"了。有个外地人在衢州的论坛上跟着发了几句感叹，批评了一下衢州人，遭到衢州人的跟帖围攻，说他对衢州大放厥词，"简直不配做一个中国人"。看这架势，恨不得开除他的国籍。

22

《浙江通志》说衢州人"居市者文而浮,处野者质而鄙",意思是说,衢州的城里人,温文尔雅,不过有点华而不实,衢州的乡里人,质朴憨厚,不过比较粗俗。

衢州人根本不认同这样的说法。

23

衢州人说,南孔落衢,衢州从此文风大盛。

衢州的文风是否大盛,不好说。南孔落衢后的数百年间,衢州好像也没出过名满天下的大文人,不过"文风小盛"还是可以说说的,比如说吧,随便在街上逛逛,就会发现衢州的店名起得很有意思,洗脚屋叫"天涯海脚",土鸡蛋叫"大咯大",还有一个著名商标,叫"山里神依"——充满俚俗味,倒也别有情趣。

24

说到衢州,就是打、打、打。

戏曲家、《长生殿》作者洪昇说衢州"一片夕阳横白骨"。既是兵家必争之地,那战事肯定频繁,春秋战国以来,这里曾发生过数以百计的战争。平均每过二十年,这里就会沦为战场。一打仗,很多人就会成为炮灰。

25

"东南有事，此其必争之地也。"东南一有啥事，就会牵连到衢州。

不过，衢州城是铁打的城，易守难攻。方腊、黄巢、陈友谅、耿精忠都在这里吃了败仗，那个"贼中第一狡悍之徒"、太平天国的翼王石达开和侍王李世贤，率领二十万精锐部队，几次围攻衢州，想攻开衢州城的铁门，无奈铁门坚如磐石，久攻不下。

"铁衢州"不是浪得虚名。

26

衢州这个地方算不得福地，因为此地多战事、多灾荒、多变故，白居易就说："是岁江南旱，衢州人食人。"这一带的人，比别地方的人爱上坟，清明、农历七月十五、冬至、春节，他们都要上坟烧点纸钱给老祖宗。

跟别的地方不一样，衢州人上坟一般中午才去，上午是断不可以惊扰先祖的。

27

以前外地人对于衢州，只知道一个顺口溜般的"衢州三宝"：癞痢、茅坑和香泡。此外还有一个名气很大的巨化，外加一个劳改农场。那时候班里如果有同学读书不认真，外带一些小偷小摸的话，老师就会放出狠话:再这样下去,以后要去衢州劳改农场劳改的。

现在衢州名声在外的东西不少,蜂蜜、胡柚、龙顶茶、钱江源、鸭头、鱼头和兔头,还有周迅和衢州保姆。

28

衢州坏人很多,不过你放心,这些坏人都关在监牢里。衢州有四座监狱:浙江省第一监狱、浙江省第三监狱、浙江省衢州十里丰监狱、浙江省十里坪监狱。

29

很多人不知道衢州在哪里。

"你是哪里人?"

"浙江衢州人。"

"哦,徐州人啊。原来徐州在你们浙江啊。"

30

居住在城墙内的衢州人,喜欢自称"城里人"。他们打招呼时,往往会来一句:"喂!你城里人啊?""嗯,我也是城里人喂!"一句"城里人",让彼此之间一下子就热络起来了。

31

衢州满目皆山,宋代曾几写过一首《三衢道中》:"梅子黄时日日晴,小溪泛尽却山行。绿阴不减来时路,添得黄鹂四五声。"

其实,一到梅子黄的时节,衢州的闷热就开始了,因为是盆地,被山捂在中间,衢州的夏天热得像蒸桑拿似的。不过,衢州人想得开:别人洗桑拿要花钱,我们白洗不用钱,还有什么好抱怨的。

衢州人做人做事,很会自我开解、自我安慰的。

32

被评为国家历史文化名城的,没有一个不是托了老祖宗的福,衢州也不例外,它是南孔故里,有古城门、古城墙、古护城河,有神农殿、天妃宫、赵扑祠、周宣灵王庙,还有很多很多的古道。

33

衢州的古道既有军事功能,又是商贸通道。最出名的是浙闽赣三省交界处的仙霞古道,有"两浙之锁钥,入闽之咽喉"之称,在两晋隋唐时,仙霞古道就是北上中原的交通要道。当年黄巢率十万大军,在此劈山开道七百里,直达建州(今福建建瓯)。

黄巢简直就是个开路先锋啊。

34

衢州人说话古里古气,衢州的母亲河是衢江,衢江古称瀫水——以水纹似罗縠而得名。不过这个"瀫"字,没几个人会念,更没几个人会写。

衢州文化人喜欢掉书袋,以"观瀫采兰"为风雅事,喜欢用"衢山莽莽,瀫水泱泱"来形容衢州的满目青山和绿水。别处的人听不懂,总要问,啥水泱泱呀?

35

衢州有母亲河,还有母亲山(不知为什么不叫父亲山)。三衢山是衢州的母亲山。"昔有洪水自顶暴出,界兹山为三道。"衢州得名跟此山有关。

三衢山跟雁荡山一样,以石著称。

36

三衢山的名气不如烂柯山和江郎山大。

烂柯,是"围棋"的代名词。相传古时有仙人在此下棋,一砍柴樵夫在此观棋,山中方一日,世上已千年,棋局未终,斧柯已烂。

全国有十多个地方叫烂柯山,个个都想抢围棋圣地之名,但都抢不过衢州,围棋圣地还是稳稳地落子衢州。

浙江有意思

衢州烂柯山

37

　　江郎山俗称"三爿石"，号称中国丹霞第一奇峰，山上有一线天奇迹，两壁最近处只有三点五米。美国极限跳伞运动员杰布·克里斯在征服了美国皇家峡谷大桥、金门大桥、巴黎埃菲尔铁塔、上海金茂大厦、张家界天门洞等世界著名地标后，又来挑战江郎山。

　　杰布从直升机上一跃而下，冒险横穿了世界最狭长的天然山体裂谷——江郎山一线天，整个过程惊险万分。杰布心有余悸地说，这是他人生中最难的一次挑战。

江郎山

38

江郎山申遗成功后，很多人在想，这江郎山的门票，是不是要涨了？

没想到，衢州老大方了，不但没有涨，而且免了门票，还打出"全球免费游衢州"的响亮口号，拿出十三处景区供大家免费游览，第一个就是烂柯山，还有药王山、江郎山、龙游石窟、天脊龙门、廿八都、清漾村、民居苑、仙霞关、浮盖山、三衢石林、根宫佛国、钱江源等。

这些景区在工作日不收门票。不过，双休日和法定节假日，门票还是照收不误。

39

"书空"的典故和成语"咄咄怪事"就出自衢州。

《世说新语》记载,东晋人殷浩在征战中,因为作战不利,被贬到衢州。他心情郁闷,又不敢发牢骚,整天用手指比画,对空画出"咄咄怪事"四个字。殷浩后来死在衢州,衢州老百姓很厚道,为这个落魄的官人修建了"将军殿"。

40

与包拯齐名的"铁面御史"赵抃就是衢州人,他是宋代的名臣,人长得跟黑炭似的。他到成都当市长,带了一琴一鹤就去上任了。鹤是他的宠物,他用鹤毛的洁白勉励自己要清白做人,用鹤头上的红色勉励自己赤心为国。卸任的时候,他带着一琴一鹤飘然而去。国家领导人宋神宗知道他的事迹后,表扬他"为政简易"。成语"一琴一鹤"由他而来。

他退下来后,写了一首诗:"腰佩黄金已退藏,个中消息也寻常。时人要识高斋老,只是柯村赵四郎。""腰佩黄金"不是说自己腰缠万贯,而是指铜铸的官印,时称"黄金印"。

41

赵抃的孙女婿毛滂是有名的诗人,也是衢州人,词牌"醉花阴"就是他首创的。毛滂的父亲、叔叔和伯伯都是进士,都当官,但毛滂"性懒散,不喜为吏",官路坎坷。

虽说官场失意,但他情场得意呀。"铁面御史"赵抃亲自做主,将十八岁的长房孙女赵英嫁给毛滂,两人甚是恩爱。毛滂在杭州当司法系统干部(法曹)时,因为诗写得好,受到苏东坡市长的赏识。"酒浓春入梦,窗破月寻人"就是他写的。

42

衢州生活过一位皇后王钟英,就是老百姓口中的"痢痢娘娘"。她是大明王朝第八位皇帝明宪宗朱见深的第二任皇后。明宪宗先有吴皇后,后有王皇后,但他畸恋比他大十七岁的乳母万贞儿,把万千宠爱给了她一人,并且任由她祸乱后宫,弄得自己险些绝后。苏富比拍出二点八亿的斗彩鸡缸杯,就是当年明宪宗为了讨万贵妃欢心,命人烧制的。

为避免落得像吴皇后一样被废的下场,王皇后处处小心,辛辛苦苦熬了二十多年,终于熬到万贵妃死了。没想到,41岁的明宪宗因为悲伤过度,一病不起,没几个月也驾崩了。

43

衢州人中，姓徐的最多，每十三个衢州人中就有一个姓徐。

44

衢州的刻书和造纸业很出名，衢州因此被誉为"江南纸都"。当年十里长的沙滩上，晒满了做工精细的白纸，人称"六月晾雪"。其中尤以开化纸最为出名，当时宫廷内的诸多文书和刻本就是用的开化纸，《全唐诗》《四库全书》等也多是用开化纸印的。

45

隔壁东阳是远近闻名的百工之乡，隔壁的丽水出青瓷出宝剑出石雕，还出能工巧匠。跟它们一比，衢州似乎略逊一筹，不过衢州有衢州白瓷，还有开化根雕。开化根雕与东阳木雕、青田石雕、乐清黄杨木雕，并称为"浙江四雕"。

46

杭州的车牌号是浙 A，衢州的车牌号是浙 H。

杭州的电话号码是 0571，而衢州的区号是 0570，排在杭州之前。衢州原属金华，后来分家单过，成为衢州市，据说当时电话区号从 0571 至 0579 都被各地用了，只剩下 0，于是有了排在老大杭州之前的 0570。

47

　　浙江人中,最会吃辣的就是衢州人了。人家舟山人、台州人是"无鲜勿落饭",丽水人是"无菇勿落饭",衢州人是"无辣勿落饭"。无论荤菜、素菜、点心,都要放上辣椒。衢州朋友说了,吾拉辣椒当菜,呒有菜的日子,辣椒炒鸡蛋。

　　衢州人大清早吃个豆腐脑,也要往里面加辣椒! 他们吃碗面条吃碗稀饭,都要加一勺辣椒酱进去,炒青菜,也要放辣椒酱。他们连粽子也不肯放过,他们的骨头芋头粽子,芋头、骨头的配料都是用辣椒酱配成的。

　　如果菜里没有辣打底,衢州人吃什么都没有味道。

48

　　衢州人不大会烧海鲜,海边朋友带透骨新鲜的海鲜给他们,他们把海鲜全部切成块,然后用辣椒爆炒,搞得又咸又辣,海边人看了痛心疾首。

49

　　衢州菜很辣,辣得不会吃辣的你一佛出世二佛升天。除了辣,如果再用一个字概括,就是咸,如果再加一个字,就是油。

　　衢州人口味真重,吃惯了衢州菜,不管吃杭州菜、宁波菜,还是吃丽水菜、台州菜,衢州人都会觉得嘴巴淡出鸟来。

50

衢州有个餐馆,名字叫"妈的厨房"——我一看,以为跟外婆家一样,打的是温情牌,结果,衢州朋友告诉我,这餐馆名的意思是"辣得想骂娘"。

51

衢州人喜欢以中草药配制食物调料,衢州有一种药鸡,据说是用二十八种中草药秘制而成。

又据说,当年乾隆皇帝南巡途中,闻到药鸡之香,顿时口水直流,抓来便嚼,转眼间,药鸡像照了 X 光一样,只剩下几根骨头。乾隆皇帝食罢,大赞神奇啊神奇,好吃啊好吃,遂钦定为宫廷秘膳。

这个传说铁定是卖鸡的衢州人编的,因为衢州人口中的这个乾隆,一副丐帮帮主的做派。

不过,我对衢州最初的印象,的确来自衢州的一只鸡——读初中时,吃到过衢州的"不老神鸡",从此对衢州产生了好奇心。

52

除了药鸡,衢州人还喜欢烹制药膳,他们喜欢把中药材放菜里烧,有板蓝根猪蹄汤、山药芡实排骨汤、黄芪牛肉汤、枸杞炖猪肝、陈皮炖红烧肉、山楂清水鱼片,至于烧鱼、炒青蛳,要放紫苏叶,有火泻火,有毒攻毒,体虚补虚。

53

衢州出过不少名医,名医的故事很多,跟名医有关的地名也不少,有神农殿、药王山、杨家巷、宁绍巷等。最有名的神医是明代的杨继洲,被称为"针圣"。杨继洲在京城当了四十六年御医,用一根银针治好了尚书千金的颈核肿痛病,治好了某锦衣卫夫人的癫痫病。当时巡按山西的中纪委干部(监察御史)赵文炳得了痿痹,怎么也医不好,求诊于杨继洲,杨继洲针到病除。赵文炳为表答谢,赞助杨继洲出版了《针灸大成》,这本书成为明以来流传最广的针灸学著作。

54

衢州这个地方,多山。山多,野货就多,有什么野菜、野兔、野鸡、野猪、野生鱼。除了野人,衢州好像啥野东西都有。

55

到衢州,衢州朋友请我吃虫子——蚕蛹啊竹虫啊什么的。衢州朋友说,这都是蛋白质,是大补之物。

敢情衢州朋友都是给虫子补得白白胖胖的。

56

别以为衢州人只会吃些野豁豁土唧唧下里巴人的东西,他们有一道传统的农家菜——清炒栀子花,倒是相当的阳春白雪。梅雨时节,一边赏着院落里的栀子花,一边吃着清炒栀子花,这感觉,有点复杂。

衢州还有道天罗妇,是把南瓜花裹上面粉放油里炸熟了吃,跟日本天妇罗有的一拼。

57

衢州人相信食补胜过药补,男孩子到青春期开始发育,衢州人就用山栀子花根炖鸡给娃们吃,让娃们发育得更好。山栀子花根炖鸡最好用小公鸡,刚打鸣、没被阉过的,据说补功最好。

至于木槿花炖排骨、茉莉花炒鸡蛋、金针花炖汤,在衢州,是家常菜。

58

衢州人喜欢吃豆腐。豆腐在衢州可以变出很多花样,有泥鳅炖豆腐、神仙豆腐、白辣椒老豆腐、毛豆腐,还有菱角豆腐。衢州的豆腐没有一点豆腥气,好吃得很。

59

衢州人过立夏，要吃饼，有民谚为证："立夏不吃饼，鬼在门口等。"听这话，好像衢州的鬼很多似的。

60

衢州人爱吃烧饼，他们把烧饼叫烤饼，有道是，一座衢州城，半城烤饼香。据说周迅想吃家乡的烤饼，一次性让家人快递了二百只过去。

而衢州人幸福的一天，是从"搁袋饼"（一种长条形的衢州烤饼）夹油条的早餐开始的。

61

衢州人一到清明，就开始在朋友圈里奔走相告："衢州人民请注意，吃螺蛳的时候到啦！"最出名的是开化青蛳，上过《舌尖上的中国》，只在钱江源头出没。水质越好，青蛳的个头越大、颜色越黑、肠子越绿，吃起来越有味道。

衢州有螺蛳烧饼，不过，螺蛳烧饼里没有螺蛳，之所以叫螺蛳烧饼，是因为烧饼在最后封口的时候要打入鸡蛋，并把封口旋成螺纹状，故称。

62

衢州人烧鱼有各种烧法，如柴火鱼、酸菜鱼、麻辣鱼、石锅鱼、红烧鱼、酱爆鱼、葱油鱼、水煮鱼等。

那些长在钱江源头清冷活水中的鱼,不用油,慢火炖,炖成白汤,鱼肉和鱼汤一点鱼腥味也没有,鲜得你眉毛都掉下来。

63

小时候背过一副浙江地名联:仙居天台云和月,龙游丽水玉环山。

龙游是衢州的一个县,龙游有很多糕,什么红糖糕、青糕、白糖糕、桂花糕、核桃糕、红枣糕、大栗糕,还有冬笋肉丝咸味焙糕,青的白的红的甜的咸的啥都有。这发糕还很讨口彩,当地人谓之"福高"。

64

北纬三十度线是个神奇所在,衢州也在北纬三十度线上,难怪衢州的"怪"很多。浙江其他地方,或出文人,或出师爷,或出富商,而衢州出的是红道白道、旁门左道。

65

江山出过不少军统少将,这跟这里的方言有一定关系。江山话传播范围小,又难懂,简直就是天然的密电码。抗战期间,军统头子戴笠要清除某个汉奸,就请他来吃饭,当着他的面,对同桌的军统同乡用江山话下命令,饭后把这个人干掉!可怜这个人死到临头还浑然不知。

66

戴笠一手创办了军统，"二战"中，军统是与英国军情六处、德国党卫军、美国中情局和日本特高科齐名的全球特工组织，统御着一个有近三十万情报和行动人员的庞大军事网络。蒋介石败退之际，非常沉痛地说："若雨农不死，不至于失大陆！"周恩来说："戴笠一死，共产党的革命可以提前十年成功！"从国共两党领导人的评价上，可见戴笠这个人的厉害。

67

衢州有一位女特务破译了日本偷袭珍珠港密电，她叫姜毅英，是国民党的首位女将军！

68

戴笠当年在老家江山保安建了一座私宅，有八十七扇房门，一百二十二扇窗户，还有暗室、旋梯、暗哨，处处有机关，万一有人偷袭，保证立马能逃出，不愧是"世界谍王"，到哪里都保持高度的警惕性。

衢州出了一个针灸名医，就打"医圣故里"的牌子，出了这么多特务头子，也没见打"特务故里"的牌子。

69

浙江以山命名的地名不少，除了舟山、岱山、萧山、象山，还有衢州的江山和常山。最牛气的是江山这个地名，看江山、打江山、指点江山，江山如此多娇，千百次说到江山。

70

衢州人跟三字有缘。衢州有"三头一掌"，还有"三怪"，衢州人似乎跟"三"较上了劲。

"衢州三怪"出自蒲松龄的《聊斋志异》，这"三怪"都在衢州老城区。第一怪为县学池塘（在今县学街）的白布怪，据说这白布怪是观音娘娘的腰带变的。第二怪为钟楼（在今钟楼底街）上的独角怪，是魁星的朱砂笔变的。第三怪为蛟池街的鸭怪，是王母娘娘瑶池里的老鸭精下凡。

敢情这"三怪"都是领导身边的人和物。看来领导干部管好身边的人，是很有必要的。

71

20世纪60年代初，毛泽东途经衢州，专列停在某个小站时，特地问当地的领导，是否知道"衢州三怪"。当地的领导只知道亩产，哪知道这些"封资修"的玩意儿,面面相觑。

伟大领袖遂发布指示:"在一个地方工作,就要了解一个地方的传统习俗和风土人情,到什么山,唱什么歌嘛。"

72

衢州的古田山也有三怪:蛇不咬、螺无尾、水有痕。据说古田山上的蛇从不咬人,螺蛳没有屁股,划水有痕迹。邪门了!

衢州稀奇古怪的事真不少。

73

衢州人比较听话,以前重鬼神、信天命,后来喜欢听红头文件的,上头让干啥就干啥,不像温州人、台州人,脑后带点反骨,有"天高皇帝远"离经叛道的胆量,喜欢自搞自的。

衢州人是中规中矩的,他们不做出头鸟,也不做出格事。

74

衢州的廿八都有一百四十二种姓氏、十三种方言,是我国唯一有百个以上姓氏的移民古镇。别看廿八都是个小镇,但它"一脚踏三省",北宋时浙南设都四十四个,小镇排行第二十八,人称"廿八都"。

外地人一开始听这名字,都会犯迷糊,啥廿八都廿八都,有的人还听成"呆大",以为衢州人在骂人。

75

　　衢州人恋家,不太爱出远门,也不太爱闯荡江湖。"衢州侬,不见天王塔就会落眼泪",天王塔是衢州的地标,也是衢州人的乡愁,出了城,离了家,看不到天王塔,衢州人就要吧嗒吧嗒掉眼泪了。

　　衢州人真恋家啊,衢州人的泪蛋蛋真多啊。

天王塔

76

先有天王塔,后有衢州城。建于梁朝的天王塔是中国最古老的砖塔之一。据说,天王塔是铁拐李所建,铁拐李为了佑护衢州人,不让狂风进衢州城,化作天王寺和尚,从城里每户人家拆了一块灶头砖建成了这塔。衢州人跟我吹嘘,自从有了这个天王塔,台风就没有扫荡过衢州。

因为年久失修,民国六年(1917)塔金顶被大风吹落,1952年因为超强台风过境,担心塔砖吹掉下来,怕天王塔保护不了人还伤人,索性把天王塔拆掉了。

现在的天王塔,是前几年重建的。

77

衢州人不仅有天王塔情结,还有浓厚的盆地意识。衢州人窝在金衢盆地里,封闭局限,却自得其乐。不过这些年,往外闯荡的衢州人挺多的,衢州人的眼界开阔了很多。

78

志书上说:"衢俗信鬼神,好淫祀。"历史上的衢州,佛教文化相当兴盛,有记载的佛教寺院就有百余座。

衢州的寺庙不少,和尚也不少。衢州有个绕口令,衢州的小孩子都会念："这边楼上一个和尚，那边楼上一个和尚，这边楼上和尚砸石头，砸到对面楼上和尚头上一个瘤。"

79

台州人"吴胡不分"，衢州人"王皇不分"。衢州有条"天皇巷"，不是因为跟日本天皇有什么干系，而是因为衢州人"王皇不分"，把天王巷念成天皇巷。

80

有部美国米高梅电影公司出品的电影，片名就叫《东京上空30秒》。1942年，美军为了一洗珍珠港事件的耻辱，策划实施轰炸东京，十六架从"大黄蜂号"航母上起飞的中型轰炸机，直捣东京上空，三十秒就把东京变成焦土。

但鲜为人知的是，这场被称为"杜立特尔行动"的突袭，计划降落地点就是衢州机场。

没想到，由于夜间天气恶劣，机组找不到衢州机场。眼看着燃油就要耗尽，飞行员不得不弃机跳伞，其中有六名飞行员落在江山，被悉数救出。

轰炸机坠毁后，当地村民跑去捡飞机的残骸，做成锅子和勺子。

81

衢州机场不大,但因军民两用而有点神秘。在市区走着,冷不丁头顶就传来一阵轰鸣声,不用抬头看,就知道有飞机从头顶飞过。

始建于 1933 年的衢州机场,可能是全世界离市区最近的机场。坐出租车从市区出发前往,只要一个起步价。

82

衢州朋友跟我说,他们小时候都偷偷溜进过机场的跑道,在那里骑过自行车。一个衢州妹子说,他们以前上学,经常有飞机飞来飞去的,一旦飞机飞到头顶上,噪音太大,老师就只能等飞机飞过去了再讲课。

据说衢州楼盘的高楼层卖得不如低楼层好,跟飞机的噪音有关。

83

衢州有侵华日军细菌战展览馆。

抗战时期,日军在衢州多次发动细菌战,导致衢州瘟疫流行,造成三十万人染病,五万多人遇难。现在衢州人提起侵华日军,还恨得咬牙。

浙江有意思

84

当年主政衢州的领导到处吆喝"衢州保姆",给全国人民留下一个印象——衢州人都是很擅长做家务的,都是很朴实的,但也给全国人民留下衢州人土里土气的印象。

85

别看现在衢州的经济地位和政治地位不咋的,但按阿Q的说法,衢州的祖上也阔过的。宋代的衢州曾是两浙地区的富庶之地。北宋神宗熙宁十年(1077),衢州商税在两浙路十四州中名列第二,仅次于杭州,高于当时的富庶之地湖州,在全国排在第十二位。

86

衢州人喜欢洋货,有大数据为证,衢州的海淘数量曾创全省第一。

87

府山公园有一棵老香樟树,树前立了一块石碑。石碑上,一本正经地写着一行字——"古树后备资源",并注明此树树龄为八十年。

以前只知道干部有后备的,到了衢州才知道,这里的古树也有"后备"的,为的是成为"百年老树"。

88

府山因是历代衢州府衙的所在地而得名,这事跟唐太宗李世民的曾孙李祎有关。李祎是个比孔融品行更好的人,人家孔融不过让个梨,他把本来应该自己继承的爵位让给了弟弟李祗。他担任衢州刺史后,在府山上建造信安郡王府,也就是官府衙门。他开了个头后,后来的官员们都在府山大兴土木,如唐朝的双云楼、宋朝的桃花台、元朝的班春亭、明朝的乐丰亭、清朝的雪竹轩等。

89

衢州人性格挺倔的,有时候还喜欢认个死理,有点拧巴,所以衢州人自称"衢州拧"。

90

衢州人要么不宣传,宣传起来,调子那是相当高,比如他们有个龙游石窟,有人猜想是越王的地下练兵场、上古时帝王的陵墓、古代的地下粮仓。当地曾悬赏百万,想让各路高人解开这千古之谜。

管他谜底揭没揭开呢,衢州人硬是故弄玄虚把它说成"世界第九大奇迹"。

绍兴人、台州人到龙游石窟一看,不禁笑掉大牙,什么这个那个的,这不就是古代的采石场吗?这种采石场,在我们那里多着呢！绍兴有东湖、吼山、柯岩和羊山，台州有长屿硐天、蛇蟠岛，都是先民的采石场啊，一个龙游石窟有甚稀奇的，还故意搞得这么神秘兮兮。

91

衢州人说话很有意思的，喜欢在句子后面拖个语气词"喂""嘞"之类的，如果听到有人说"走喂""快点喂""吃喂""做啥嘞""危险危险好喂"，一定是纯种的衢州人。

这里要翻译一下，衢州人说的这个"危险"，不是大难临近的那个"危险"，而是程度副词，是"非常"的意思。"危险危险好喂"不是十分危险，而是"好得不得了"。

92

衢州人把姑娘称为"纳尼"，有一首歌叫《村里有个姑娘叫小芳》，用衢州话来唱就是：村里有个纳尼叫小芳。

93

吃了江山的蜂蜜后，才知道江山还是座货真价实的甜蜜之城，有"中国蜜蜂之乡"的金字招牌。

一到春暖花开时节，成千上万的江山蜂农就带着他们的蜜蜂在全国的花丛里采蜜了，据说在全国的蜜蜂中，一百只中有六只是为江山蜂农打工的,江山蜂业连着二十多年位居全国之首。

江山的羽毛球也很出名,占据了全国三分之一的生产份额。

94

老百姓驱鬼避邪,喜欢在门上贴门神。门神的原型就是唐初武将尉迟恭,史书记载,衢州曾经发现过他监造的城墙砖。

95

衢州有药王山,据说神农氏在这里尝百草,孙思邈在这里给百姓治过病,华佗在这里为山民把过脉。

衢州的名胜古迹跟名人的关系,好多是"据说"。反正,信不信由你。

96

衢州龙游人做生意也是很厉害的,中国传统"十大商帮"中,就有龙游商帮,而且是唯一以县为单位组成的商帮。

97

一般来说,喜欢吃辣的人,性格都蛮直爽的,喜欢吃咸的人,都是蛮本分的人。衢州的菜,不是辣就是咸,所以衢州人是朴实本分的,也是很直爽的。

98

衢州将文化艺术中心原址改为草坪公园，衢州人豪气地说，以后不必跑到内蒙古、新疆看什么大草原了，吾拉草坪公园的气势，丝毫不亚于西部大草原！衢州人把这个草坪公园称为"西区大草原"。

衢州的"大草原"，没有牛，没有马，也没有羊，只有一撮撮的人。

99

衢州人跟金华人一样，喜欢看婺剧。婺剧的耍牙是与川剧变脸齐名的传统艺术，表演者口含数颗猪獠牙，时而快速弹吐，时而刺进鼻孔，在锣鼓声中变化出各种花样。耍牙的牙要用野猪的獠牙，不用担心找不到獠牙，衢州的野猪有的是。

100

衢州人大年初一是不走亲戚、不拜年的。初一这一天，也是全年唯一一天必须由男主人掌勺、洗碗的一天。别的日子，都可以是女主人烧饭、洗碗，唯独年初一，必须男人下厨。

舟
山

1

舟山嘛，说小很小，它是浙江陆地面积最小的市，陆地面积总共才一千四百四十平方公里，不到丽水的十分之一。

舟山嘛，说大又很大，如果加上它的海域面积，有二点二万平方公里，是浙江区域面积最大的市。

2

舟山官员用不标准的普通话向别人起劲地推荐舟山时，常常自豪地说："舟山是一个穷（群）岛，有一千三百九十个海盗（岛），狼（浪）很大的！"

舟山是名副其实的"千岛之城"。这个"千"字可不是"白发三千丈"一样的虚指，而是实打实的，舟山群岛是中国最大的群岛，岛屿面积占了全国岛屿的五分之一。

3

舟山是全国唯一以群岛组成的地级市，舟山岛是中国第四大岛，仅次于台湾、海南、崇明岛。如果说日本是岛国，那么舟山则是岛市。

4

湖州人说，上有天堂下有苏杭，天堂中央是湖州。

舟山人也学舌道：上有天堂，下有苏杭，中间就是我们舟山群岛。

5

舟山这地方，不可小看。舟山是海防重地，是抵御海上侵略的前哨，是抗葡、抗倭、抗英的主战场；是"海上丝绸之路"的起点，是中西文化的交汇点，是世界上最早的自由贸易港；是天然的深水良港，是第一个国家级群岛新区；是海洋文化名城、海上花园城市；是全国海鲜最多的地方，是让吃货流口水的宝地；是佛教徒心心念念的朝圣之地；是长三角人民最爱的避暑胜地，是中国优秀旅游城市。

6

舟山有两种客，一种是游客，一种是香客。

舟山还有两种味，一种是海鲜味，一种是香火味。

7

在舟山，日子最好过的不是公务员，而是和尚。"官"当得最自在的不是市长书记，而是方丈。

8

西安的老百姓编了一副对联——"翻身不忘共产党，致富不忘秦始皇"。西安出土的秦始皇兵马俑，给当地带来了巨大的商机和财富。

舟山人也有共识：翻身不忘共产党，致富不忘观世音。普陀山上的观世音菩萨，给舟山引来了滚滚游客，带来了滚滚钱流。

舟山人由衷感谢观世音菩萨选择舟山当道场！阿弥陀佛，善哉善哉！

9

中国佛教四大名山，分别是山西五台山、四川峨眉山、安徽九华山、浙江普陀山。舟山人说普陀山的香火是最盛的。鼎盛时期，普陀山上有三大寺、八十八庵、一百二十八庙棚、四千余僧侣，"人人阿弥陀，户户观世音"，史称"震旦第一佛国"。

一年四季，普陀山香火缭绕，尤其是每年农历二月十九观音诞辰日、六月十九观音得道日、九月十九观音出家日，五湖四海的信徒潮水般地涌来，不，人潮比潮水还要汹涌得多。

10

北纬三十度是个神奇所在，它是贯穿四大文明古国的纬线。沿着这条纬线在地球绕行，有世界文明的华光，有神秘的自然现象：人类文明的发源地大多在有河流的地方，埃及的尼罗河、伊拉克的幼发拉底河、中国的长江、美国的密西西比河,就是在这一纬线附近入海的;这条纬线附近,还有古埃及金字塔、狮身人面像,北非撒哈拉沙漠的"火神火种"壁画,死海,古巴比伦的"空中花园",神秘的百慕大三角,玛雅文明遗址。

舟山就在北纬三十度,舟山的千岛路上有一座北纬三十度的红色雕塑。如果菩萨真的在北纬三十度的舟山显灵了,你也不用大惊小怪。

11

有一篇网络热文,叫什么《浙江班委会》,是这样写舟山的:

舟山,男,体育委员。出身渔民家庭,家人笃信佛教。家居偏僻,海天相隔,基础较差。住所之外便是兵营,自古以来一直屯兵,天南地北各色人等交融混杂。祖上亦曾置身行伍,并与入侵外敌殊死搏杀。凡此种种,再融合搏击风浪的渔民本色,形成勇猛、大气的独特气质。

家族中人因种种原因外出闯江湖,或经商或从政,屡见干出一番大事业者。但勇猛之中亦见莽撞,又或因地处偏僻而见识不广,数年之前竟将祖传美轮美奂的雕花楼悉数拆除,建成不伦不类的所谓现代建筑。消息传出,举世哗然,令人痛心疾首。性嗜海鲜,日日摄取"脑白金",因而天资聪慧,自然条件优越,近年深受副班主任(上海)提携,因与副班长(宁波)渊源深厚而互相扶持。

12

舟山人靠海吃海,口福交关好!

　　舟山有各种各样的鱼："黄鱼黄澄澄,鲳鱼铮骨亮,鳓鱼刺多猛,带鱼眼睛交关亮。虎头鱼须短,望潮鱼须长;乌贼骨头独一梗,箬鳎眼睛单边生;马鲛牙齿快,毛蟹脚长走横向;青鲇鱼,绿中央;黄鲟毛常两样生。鲨鱼样数真多嘛:皮蛋鲨,嘴巴长;和尚鲨,糙绷绷;书生鲨,扁扁相;老鼠鲨,尾巴长;白蒲鲨,铮骨亮;太婆鲨,乌鸦样……"

　　舟山《牁鱼调》里的这些鱼,很多人听都没听说过,更别说吃了。

13

　　舟山渔场号称"东海鱼仓",是世界四大渔场之一。

　　舟山这个鱼仓里到底有多少海鲜呢? 告诉你吧,鱼类,有三百六十多种! 虾类,有六十多种! 蟹类,有五十五种! 贝类,有一百多种! 藻类,有一百三十一种! 把这些海产品端上餐桌,每天吃一种,吃两年还不重样。

日日海鲜不重样的舟山

14

全国最大的水产品批发市场在舟山。

舟山的水产品产量约占全国的十分之一。舟山水产的"四大天王"是大黄鱼、小黄鱼、带鱼、墨鱼。

15

上海是魔都,重庆是雾都,舟山,是渔都!

全国两条商品鱼中,就有一条是从舟山游过来,再游到全国人民的餐桌上的。

16

舟山这个地方,冬天不太冷,夏天不太热。舟山人不耐热,夏天气温一过三十度,舟山人就说:热煞了热煞了!没法活了!

生活在"四大火炉"的人用羡慕嫉妒的眼神看着舟山人:舟山这么凉爽,你们还说热煞了,你们到"火炉"里过一个夏天看看,保准把你们烤成鱼干。

17

舟山、丽水、台州的空气都很好,但哪里的空气最好呢?舟山人骄傲地说,当然是阿拉舟山喽。要不舟山的好空气怎么会成为浙江高考文综试题呢:舟山空气质量居全国前列的主要原因是什么?

标准答案是:重工业企业少,大气污染物排放量自然也少;孤悬海上风力大,空气自净能力强。

这道考题,舟山考生可占大便宜了。

18

舟山有这样一句大白话似的广告语——"舟山好空气,大家来呼吸"。

有一个关于舟山空气的冷笑话。北京:我是国家中心城市。舟山:我空气质量最好! 北京:我是千年古都。舟山:我空气质量最好! 北京:我世界文化遗产最多。舟山:我空气质量最好! 北京:我办过奥运会。舟山:我空气质量最好! 北京:咱能不提空气质量吗?

如果空气也能打包出售的话,估计舟山的经济排名就是全省第一了。

19

舟山一年到头都可以见到蓝天白云,因为空气能见度好,阳光透过云层直射过来,紫外线也格外强,去海边玩如果不涂防晒霜,一下午会变成熊猫——除了戴墨镜的眼周围这一块是白的,别的都是红黑的。

20

舟山的城市广告语是"海天佛国,渔都港城",而普陀山的广告语是"想到了就去"。

普陀山佛教圣地的名头很响,全国各地的善男信女都喜欢跑到普陀山来叩头。许了愿,菩萨帮他们实现了愿望,过一段时间,他们还要来这里还愿。善男信女在舟山进进出出,跟走亲戚似的,想去就去。

21

舟山人是佛性的,他们有时懒得去争一些虚名头,他们生活在海天佛国,比别处的人淡泊一些也是自然的。但他们又是入世的,一碰到好吃好喝的,佛呀禅呀就先放一边去,酒足蟹饱再说。

22

舟山人很爽气,心地也善良,他们与人为善,心存善念,相信凡事退一步海阔天空,相信好人有好报,好心有好报。舟山人的这种善,与观音文化的熏陶不无关系。毕竟,他们常年与观世音菩萨相伴,近朱者赤,近菩萨者也善。

23

舟山这地方有仙气。古代方士喜欢到舟山群岛一带活动,那些神神道道的家伙,如徐偃王、徐福、安期生、梅福、葛玄等,都跑到舟山来,到这里求仙问道、行医采药。

24

舟山人一口咬定,蓬莱仙岛就在舟山。秦始皇时的大方士徐福对秦始皇忽悠道:大海中有蓬莱、方丈、瀛洲三神山,请允许我带童男童女数千人,入海为皇帝您老人家求长生不老药。

舟山人花大力气考证出,徐福船队真的到过蓬莱岱山岛。岱山东沙镇的山嘴头、小岭墩等地,据说就留有徐福求仙的遗迹。

25

还有一个神神道道的家伙,叫安期生,自封为蓬莱仙人。秦始皇让他留在身边,炼长生不老药。但这家伙留下一句"数年后到蓬莱山下来找我",就牛气哄哄跑到普陀山上隐居炼丹了。安期生是采药炼丹之人,《列仙传》说他是"千岁翁",活了一千岁。

《史记》上说,秦始皇东游时,在东海边与安期生谈了三天三夜。

汉武帝刘彻也相信舟山是仙地,有仙气,他派方士"入海求蓬莱安期生之属"。

26

金庸在《射雕英雄传》中写到桃花岛：船将近岛，郭靖已闻到海风中夹着花香，远远望去，岛上郁郁葱葱，一团绿、一团红、一团黄、一团白，繁花似锦。

其实，舟山的这个桃花岛以前是没有什么桃花的，秦代那个安期生抗旨南逃，在这里修道炼丹，过着隐居生活，据说某日醉后，他将墨洒于山石，山石出现桃花般的纹路，这里的石头便称"桃花石"，山称"桃花山"，岛也称为"桃花岛"了，跟黄药师他们实在没有一点关系。

舟山人借张纪中拍《射雕英雄传》之机，建起了桃花寨，遍植桃花，把全国各地的武侠迷都忽悠到岛上来。桃花岛人还煞有介事地授予金庸"荣誉岛主"的称号，他们还搞了个桃花岛侠侣爱情文化节。

舟山桃花岛

27

风流诗人柳永在舟山当过小官,官名就叫晓峰盐监,估计相当于现在的盐场场长之类的角色。在舟山,因为天高皇帝远,他的日子倒也逍遥快活。

柳永写过很多香艳的诗,不过,到舟山后,他创作了一首现实主义的作品《煮海歌》,主题不再是风花雪月,而是反映舟山盐民疾苦——所谓煮海,实际上就是煮盐,那时制作海盐,不是晒的,而是用大锅煮的。

后来,皇帝佬儿见他不写主旋律的东西,就把他调到别处当官去了。他还挺舍不得舟山的,写了一首《留客住》,刻在官署内的一块大石头上,内有"盈盈泪眼,望仙乡,隐隐断霞残照"句。唉,情种毕竟是情种啊。

28

舟山在唐朝时叫翁山,到了宋朝时,皇帝佬儿赐名"昌国"。舟山有舟楫之便,南亘瓯闽,北接登莱,西通吴会,东控日本,那些从明州(今宁波)出发的船只,少不得要经过舟山,它是中外往来航运和东亚"海上丝绸之路"的要道。

所以,那些说舟山人是岛民,眼孔小,没见过世面的说法,是相当不靠谱的。人家舟山人老早就做国际贸易,大把赚洋钱了。

29

舟山的地理位置实在太好了，从16世纪起，它就被西方盯上了。英国半岛东方轮船公司曾建造过一艘邮轮，就是以"SS Chusan"（舟山）命名的。

30

舟山人胆魄大，明朝时，朝廷实行严厉的海禁政策，"片板不许下海"。舟山人才不管这些呢，他们照样跟日本"贡使"做生意，官兵来了，就与他们对抗。

舟山海商不失时机地于明代中叶步入民间海贸商人的行列，这对于当时的中外经济交流，无疑有着促进意义。

31

舟山六横双屿港是世界上最早的自由贸易港，如果没有当年的一把火，双屿港说不定会是一个比香港还要"香"的港。

明朝嘉靖年间，海盗与葡萄牙人占据了"久无人烟住集"的六横岛，海内外贸易往来不断，双屿港成为当时亚、非、欧各国商人云集的国际贸易中心。岛上有葡萄牙人、倭夷（日本人）、彭亨人（马来人）、暹罗人（泰国人）、东非人、印度人等。

明朝实行海禁政策，自然容不得双屿港，当时的浙江巡抚派出三百八十艘战船、六千余名精兵，一把火烧了双屿港，还用木石堵塞了各水口。二十年的繁华，一朝烟飞烟灭。

五百多年后，在舟山六横双屿港的对面，建成了一座举世闻名的国际深水港：宁波—舟山港区的梅山港。

32

康熙大帝毕竟是大帝，格局比较大，他解除了持续三百多年的海禁，又设立四大海关，其中的浙海关官署，就设置在宁波与定海。定海古城有条小弄，叫钞关弄。钞关就是海关。

33

当年的定海还有个"红毛馆"，专门接待外国商人和船员，在当时天朝人的眼里，洋人是"夷人""番鬼""红毛"，洋人的"眼睛像猫眼，鼻子像鹰嘴，胡子像刷了红漆，肉白得晃眼"，天朝人甚至认为洋人的腿不能弯曲，洋人的蓝眼珠子到中午就看不见。

康熙《定海县志》有定海知县缪燧写的《番舶贸易增课始末》，当年定海的这位主要领导就是这样描述洋人的："红毛即英圭黎国，在身毒国西。其人有黑白二种，白贵黑贱，皆高准碧眼，发黄红色，中士呼为'红毛'，又呼为'鬼子'。其国以贸易为务，军需国用皆取给焉。自英圭黎至中国，水程数万里，舟行半年余。"

34

1793年，英国乔治三世派马戛尔尼率政府代表团打着为八十二岁的乾隆皇帝祝寿的由头来到中国，船在舟山停泊了数日，副领队斯当东在考察报告——《英使谒见乾隆纪实》中写道："在欧洲的城市中，定海非常近似威尼斯，不过较小一点。城外运河环绕，城内沟渠纵横。架在这些河道上的桥梁很陡，桥面上下俱用台阶，好似利阿尔图（威尼斯城中一桥名）。"定海的繁华和美丽给他们留下很深的印象。

几十年后的1840年，英国发动了鸦片战争，鸦片战争的策动者之一就是马戛尔尼使团的一个成员。英国将定海作为首要占领目标，攻陷了定海。

35

鸦片战争后，香港成为英国的殖民地，成为自由贸易港。当年的香港，只是一个小荒岛，如今的香港，成了全世界最自由、最开放也最多功能的港口。

其实，贪婪的英国政府当年最想要的，不是香港，而是舟山。

36

舟山的骨头是很硬的，鸦片战争是中国近代史的开端，定海是鸦片战争的爆发地，也是鸦片战争的主战场。第一次鸦片战争的定海保卫战中,知县与总兵阵亡,定海沦陷。第二次定海保卫战中,葛云飞、王锡朋、郑国鸿三总兵同日殉国,五千余名将士战死在疆场。

37

舟山这个地方蛮遭罪的,自设治至解放,一千二百多年中,它两次被废治——唐代废翁山县,明代废昌国县。还有三次被迫大迁徙——明代洪武年间,清代顺治、康熙年间,岛上渔民被逼迁往各地,如果敢抗命不迁,一律处斩。舟山各岛几度成为荒岛。

更要命的是大明王朝的皇帝,朱笔一挥,"片板不许下海"。三百年的海禁,使得舟山错失了无数的发展机会。

38

从清末到民国,舟山人到上海滩做生意的很多,少说也有十万人。《定海县志》载,那些在十里洋场担任外国洋行、银行买办和掮客的舟山人,都混得不错。有的混成了闻人、要人、大买办。

39

现在我们喝的咖啡 coffee,坐的的士 taxi,平时说的发嗲(发 dear,故作娇嗔)、瘪三(beg sir,小混混)、老虎窗(roof 窗,天窗)都是洋泾浜英语。而洋泾浜英语教育的首创者就是舟山人穆炳元。

穆炳元是清军水手,鸦片战争中被英国人俘虏,在英舰上当杂役,没想到这个聪明的舟山人竟然学会了洋泾浜英语,他也成了 1843 年上海开埠以来的第一个非粤籍康白度(买办),成了宁波帮买办的先驱者。他深知中外贸易中英语的重要性,自编英语教材,办起英语补习班,教的就是洋泾浜英语:"来叫克姆(come)去叫戈(go),一元洋钱混淘箩(one dollar),廿四铜板吞的福(twenty four),是叫也司(yes)勿叫拿(no)。"穆炳元办的洋泾浜英语补习班,比俞敏洪的英语培训学校早一百多年。

40

舟山人朱葆三是民国上海滩的名人。上海的溪口路,当年就是以他的名字命名的,叫朱葆三路。

朱葆三的人生很励志,他十四岁到上海五金店当学徒,奋斗成清末上海滩首富。他在上海外滩创办了国内最早的银行——中国通商银行,又直接参股或控股了浙江实业银行等七家银行,开办榨油厂、面粉厂、纱厂、自来水厂、电厂、纺织厂、银行、轮船公司等,他是上海总商会会长和全国商会会长。除了办厂,他还创办了上海公立医院、上海孤儿院等公益机构二十四所,中国红十字会就是他创办的。这个富可敌国的舟山人,在离世时,并没有给子孙留下多少钱财。

因为朱葆三对上海滩的贡献,上海法租界破例将外滩附近的一条马路以他的名字命名。

41

舟山人刘氏兄弟也是上海滩的传奇。哥哥刘鸿生是上海滩声名赫赫的"火柴大王""毛纺业大王""煤炭大王""水泥大王"。这么多"大王"他还当不过瘾，他又投资了搪瓷、码头、航运和金融等十多个行业。

1956年公私合营时，他是中国仅次于荣氏家族的最富有的企业家。

42

刘鸿生的弟弟刘吉生，也是巨富，上海巨鹿路上最著名的花园洋房爱神花园就是他的私宅。刘吉生在爱妻刘陈定贞四十岁生日时，请著名的匈牙利设计师邬达克设计了这幢花园洋房，耗资二十万银元，作为生日礼物送给妻子。这幢希腊建筑风格的古典式花园住宅，有著名的蝴蝶形喷泉，喷泉中是爱神普绪赫的大理石雕像。

如今的爱神花园，是上海市作家协会和海上艺术馆的所在地，也是著名的文学刊物《收获》《上海文学》《萌芽》等的编辑部所在地。

43

舟山与台湾的关系很密切，舟山人口也就一百万人，在台湾的舟山人就有十万人。

　　1950 年 5 月，蒋介石从舟山群岛大举撤退，乘军舰去了台湾，舟山群岛得以解放。大撤退时，除了国民党十万大军撤离舟山外，舟山有一万三千多青壮年，被蒋介石的军队带到台湾。

44

　　舟山与香港的关系也很密切。香港回归后成立特区政府，第一任行政长官是舟山人董建华。香港回归二十周年后，出任香港特别行政区第五任行政长官的，又是舟山人林郑月娥。

45

　　舟山人的图腾先是鸟，后是龙蛇，旧时舟山渔民穿龙裤、着龙花蒲鞋，他们将渔船称为木龙。

46

　　很多人知道南海，知道普陀山，是因为中学语文课本里的这个故事：四川偏远山区有两个和尚，一个是穷和尚，一个是富和尚。有一天，穷和尚对富和尚说："我想去南海朝佛，你看行吗？"富和尚说："你依靠什么去呢？"穷和尚说："我只要一只水瓶和一个饭钵就够了。"富和尚不以为然："我几年前就想雇条船顺江下南海，到现在还没去成；你一无所有，就别做美梦吧！"

　　可第二年，穷和尚竟然从南海朝佛回来了。他把自己的云游经过讲给富和尚听,富和尚脸红了。

那时语文老师就对我们说,这两个和尚都想去普陀山拜佛,你们不要学那个富和尚的空谈,要学那个穷和尚的实干,普陀山离我们这里很近,你们有机会可以去走一走。

47

受穷和尚的影响,高考一结束,第一次出远门,我就跟同学结伴去了普陀山,印象最深的是磐陀石和心字石。磐陀石由上下两石垒成,下面的石曰磐,上面的石称陀,两石相接,看似摇摇欲坠,实则岿然不动。"磐陀石"三字,是明朝万历年间抗倭将军侯继高写的,据说当年侯将军题字时,大石左右摇晃,他就在"石"字上多加了一点,磐陀石便稳如泰山。

舟山人说观音大士就是在这块石头上说法的,还说《西游记》的西天也就在这里。

48

游客们都爱登磐陀石。那些大妈登磐陀石时,喜欢把硬币放在磐陀石上磨呀磨,磨平后,戴在小儿身上,据说能够壮胆、辟邪、消灾。

而那些情侣,更喜欢心心相印的心字石。

浙江有意思

49

有道是儿子盖过老子，舟山也一样，舟山的名头就不如普陀那么响亮，全国人民都知道个普陀山，都知道普陀山的菩萨灵光，舟山机场就叫普陀山机场，还有人建议把舟山市改为普陀山市。

50

普陀山处东海之滨，但这里的观音不叫东海观音，而叫南海观音。因为观音在古天竺就称为南海观音，普陀山是观音道场，自然叫南海普陀山，而不叫东海普陀山。

南海观音

51

神通广大的孙悟空有什么事情搞不定时，就跑到普陀山上搬救兵。

"白莲台上弥陀佛，紫竹林中观世音。"观世音菩萨就住在紫竹林中。

《西游记》中，孙悟空陪唐僧去西天取经，一路除妖降魔，碰到难事，他就一个筋斗云翻到普陀山南海观音道场紫竹林中，向观音菩萨求救。

观音在舟山，是有专门的节庆日的，而且排场搞得很大，叫南海观音文化节。

52

舟山人都说南海观音很灵，他们说得神神道道的，说什么南海观音像落成以前，台风年年光顾舟山群岛。香港回归那年，观音像落成了，从这以后，台风一次也没有正面登陆过舟山，有一次台风都已到达朱家尖，眼看就要刮到普陀山南海观音像了，没想到，突然拐个弯，走了。舟山人说，这都是因为有南海观音像保佑着。

舟山朋友指着观音像给我看，你看你看这观音的手势，这是在往外挡台风，不让台风进我们舟山呢。

敢情这一挡，台风都跑到温州、台州去了。

53

舟山人说到观音菩萨,简直跟说到邻家大婶那般亲切。舟山人大凡遇到家庭大事,就喜欢去普陀山烧个香,比如遇上孩子中考高考,家长们是一定要去普陀山走上一遭的,一到 6 月中考高考时,普陀山大大小小的庙里,香火格外兴盛。

舟山人很懂拜佛的规矩,不像一些外地游客,乱拜一气。舟山人煞有介事地说,如果想让菩萨保佑自家孩子考上心仪的好学校,那就要把有孩子照片和准考证的那面朝上,好让菩萨看得到,能够关照他们的孩子考进名校。

54

普陀山的导游,一个个跟带发修行的居士似的,讲起佛门规矩,头头是道。

到普陀山烧香,有很多讲究,不懂没关系,扯着小旗的导游会哇啦哇啦告诉你,每座寺院内都有正规的请香处,心诚,只需在寺院佛前烧三炷香足矣,烧香不是多多益善的。

还有,无论是哪个寺、哪个庵,你都不可以从正门进去的,那是给出家人走的。选择磕头的垫子,也千万别认为正中间的一定是最好的,那也是为出家人准备的。磕拜的时候,手心得向上,那是对佛祖的尊敬,手心向下是拜祖宗。

到舟山拜一次佛,听导游讲解一次,约等于到中国佛学院短期进修过一次。

55

到普陀山来许愿的香客很多,有些香客懂套路,有些香客不懂套路,普陀山的导游又说了:许愿时,你要记得告诉佛祖你叫什么,家住何处,有何事相求,事成后何处还愿,让人家佛祖有个盼头。

普陀山的导游还一本正经地说,大多数信士不管来到哪个殿前倒头便拜,这是不行的。首先我们要搞清楚菩萨跟领导一样,也分管不同的工作,有的分管生育,有的分管教育,有的管你升官发财,如果我们自己都不知道求的是哪位菩萨,想生娃不去找管生育的领导,去找教育部领导,有啥用? 所以跪拜前,一定要先了解佛菩萨的名号和它主管的工作。

普陀山的导游讲得真是接地气啊。

56

舟山这个地方,什么都可以跟佛教挂上钩沾上边,这里有观音大桥、慈航广场,还有观音莲花茶、佛茶、观音饼、观音酥。

舟山人甚至连一支牙签的包装纸也不放过,上面写着:持平常心,做本分事,活在当下。在游客饭后打着饱嗝剔牙的同时,就顺便给他们灌输了佛教思想。

57

舟山不但有观音饼,还有佛光树。佛光树学名叫舟山新木姜子,是舟山特有的树种,也是舟山的市树,树名前的"舟山"二字是不能省略的。为了这棵树,舟山人深情地呼吁:请每一位爱舟山的人在说到舟山市树的时候,务必加上"舟山"二字——"舟山新木姜子"。

舟山新木姜子的嫩叶、嫩芽、嫩枝,都是金黄色,在阳光下闪闪发光,好像佛光普照,当地人称之为"佛光树"。

58

舟山当地一个渔民借了另一个渔民二十万元,借出去的钱迟迟拿不回来,官司打到当地法院,由于证据不全,被告不承认有借款一事。

原告对被告说,好,你说你没借过钱,那你对着观音像再说一遍。

被告犹豫了一下,终于承认借钱的事实。

举头三尺有神明,信则然。

59

以前看神怪小说,都说天庭有南天门,是仙人下凡的出入处。普陀山也有一个南天门,不过在这里我没遇到神仙。

60

舟山人很喜欢说菩萨显灵的故事。我有位舟山朋友,她母亲就是虔诚的佛教徒,有一次跟我说,她跟善男信女参加观音像开光仪式时,忽然间眼前金光四射,菩萨显灵了。

我多嘴问了一句,阿姨,会不会是你跪久了,眼冒金星,错把眼冒金星当成佛光四射呢。

朋友母亲说,善哉善哉,你不好这么讲的,那的确是我们普陀山的菩萨显灵了。我们普陀山的菩萨就是比别处的菩萨灵光,它经常会显灵的。你下次碰到什么难事,只管到普陀来求我们这里的菩萨,有求必应的。

61

张艺谋在全国不少地方都搞了"印象",他的"印象"也没放过普陀,普陀山有山水实景剧《印象普陀》,诠释的就是观音文化,有罗大佑演唱的《心经》,还有齐豫的《问佛》。

其实看不看这个"印象",都无所谓,因为来这里的人对普陀的印象很深,谁不知道,这里到处都是寺庙,随处都是香客。

62

宁波人口口声声说,舟山以前是我们宁波的地盘,定海清朝起就属于我们宁波府。舟山人嘴一撇，你们的象山，一解放就划归我们舟山了，后来才拿回去的。

63

　　舟山人与宁波人有时会暗中较劲。宁波人说，舟山是从我们这里划出去的。舟山人则说，祖上老早分了家产，自立门户这么多年了，还好意思说是一家人吗？

　　当宁波人自夸是海滨城市时，舟山人就说，你们宁波有朱家尖海滨浴场吗？没有？没有就不能算是真正的沿海城市。

　　宁波人说，我们宁波城市大，光人口就有八百多万，你舟山才一百多万人口。舟山人嘴一撇说，又不是打群架，要那么多人干什么。

64

　　舟山以前是从宁波分出去的，舟山人总觉得低宁波人一头。好了，现在舟山建国家级新区了，舟山人觉得腰杆子硬了不少，甚是扬眉吐气。

　　舟山成了第四个国家战略新区，舟山的开发与建设上升到国家高度。宁波人心里有点酸溜溜，舟山人心里美滋滋，他们就舟山新区的级别与宁波的级别哪个高，舟山与宁波哪个更有发展前景，在饭桌和网络论坛上展开了长时间的热烈讨论。

65

舟山被定为国家级新区后,不但宁波人觉得舟山人抖起来了,连到此一游的外地游客,也觉得舟山人神气了好多,讲话口气都跟以前不一样了。

66

"绍兴老酒、舟山酱油、镇江米醋",舟山的酱油很出名,当年舟山老字号裕大官酱园生产的酱油,因色泽漂亮、酱香浓郁、品质上乘,被称为"露华云液"。光听名字,人家还以为是什么名贵香水呢。

除了酱油,岱山的食盐也很出名,在清朝就是贡盐。

67

两千五百年前,春秋时的吴国国王阖闾为抗击东夷入侵,率水师进入东海,在嵊泗洋山海域用兵。粮草不够,咋办?国王阖闾命令士兵向大海要粮食,捕捞大黄鱼以充军粮。

68

原先人人吃得起的野生大黄鱼,现在有钱人才吃得起。原先几分钱一斤,现在要几千上万一条。

早些年,舟山的鱼多得不像话。明代地理学家王士性说:这里每年有三次潮流，每次潮流都是旺鱼期，那些鱼排成鱼阵，排山倒海地过来。

那时舟山的野生大黄鱼实在太多了。民国时，光一个小小的东沙镇，鱼汛时，到这里捕大黄鱼的渔船就有一万多艘，渔民达九万之多。一直到 20 世纪 60 年代，舟山的黄鱼还是多得不得了，用网一围，捞上来的黄鱼金灿灿闪亮亮的。黄鱼太多了，把竹篙插在鱼堆里都不会倒下。可惜啊可惜，50 年代的敲罟作业，70 年代的围剿越冬渔场，让大黄鱼断子绝孙了。

69

那时不但黄鱼多，带鱼也多得不得了，一网下去，捕上来时每个网眼上都是带鱼。由于机械化捕鱼和过度捕捞，带鱼数量锐减。这些带鱼原本两三岁时才能怀上宝宝，如今为了自我救赎，不断子绝孙，一岁的幼齿带鱼就当妈了。

敢情舟山的带鱼都被迫早熟了。

70

早先梭子蟹多，渔民不把梭子蟹当回事，挖下红膏，蟹籽拿去当肥料。至于虾潺（又称龙头鱼、豆腐鱼）、皮皮虾（虾蛄）、杂鱼小虾之类，上不了台面，渔民们都是扔给鸡鸭吃的。

原来那些不上台面的，现在都端上了餐桌。

内陆地区的人到舟山，吃了一盘虾潺，觉得肉质细嫩如豆腐，十分鲜美,问这么好吃的鱼叫什么? 舟山人煞有介事地说,叫东海小白龙!

71

传说中的海妖会在大海里唱歌。海鱼也会唱歌的,那时东海大黄鱼旺发,每年立夏前后,黄鱼集群产卵,就发出叫声。雌鱼的叫声温柔,是"哧哧"声,雄鱼叫得"咕咕"响,有如蛙鸣。黄鱼的叫声能催情,鱼群听到叫声,好像吃了伟哥一样亢奋,"性致盎然"地交配产卵。

72

舟山人不稀罕人参虫草之类的补品,他们的补品都是从海里捞上来的。他们把贻贝称为"海水产的鸡蛋",将海蜒称为"海上虫草"。至于燕鲍参肚中的鱼肚(又叫鱼鳔),他们称为"海上人参",视为大补之物。鱼鳔以黄唇鱼的鱼鳔最为珍贵,价格比黄金还高。

73

山里人吃东西,讲究个"土"字,土鸡、土鸡蛋、土鳖、土菜之类。舟山人吃东西,讲究个"野"字,比如野生大黄鱼。

现在野生大黄鱼没得吃了,舟山就用网箱深水养殖大黄鱼,但要论味道,跟野生的还是差几个档次的。

74

舟山人说："好看红绿，好吃鱼肉。"至于鱼肉怎么吃，吃哪个部位，舟山人是很有讲究的。"带鱼吃肚皮，说话讲道理"，吃带鱼要吃肚皮，吃黄鱼要吃嘴巴，吃鳓鱼要吃尾巴，吃鲳鱼要吃下巴，至于鮸鱼，要吃头，舟山人说："宁可忘割廿亩稻，勿可忘吃鮸鱼头。"鮟鱇鱼嘛，要吃肝。别看鮟鱇鱼是个丑八怪，但它的肝好吃极了，柔滑软嫩，入口即化。

在餐桌上，看你把筷子伸到鱼的哪个部位，舟山人就可以知道你是不是道行深，是不是正宗吃货。

75

全世界最好吃的带鱼在舟山，又以冬至时节的最鲜美。上海人把这种带鱼叫油带鱼，宁波人叫雷达网带鱼，台州人叫小眼睛带鱼。舟山人挑带鱼很有讲究，眼睛要小，嘴巴要尖，头要小，肉要厚。舟山的带鱼怎么烧都好吃，红烧、清蒸、咸制、风晒，都入味。

吃了舟山带鱼，那些洋带鱼呀，碰都不想碰。

76

舟山的墨鱼是舟山水产的四大天王之一。传说中，当年秦始皇到东海，与东海海神禹貌相见，相谈甚欢，秦始皇让官员取出笔墨袋，准备题字留念，一不小心，笔墨袋掉进东海，变成了墨鱼。

77

到舟山买海鲜干货，最好的就是风鱼。渔民出海时，在渔船上把捕来的活鱼剖开掏干净，用海水洗了挂在船上，让海风自然吹干，这样的干货最好吃。

舟山人喜欢吃风干的海鳗，有"无鳗不成宴"的说法。"十一月鳗大又长，剖鲞风干送贵客"，"十二月风鳗满桅杆，北风吹得香千里"，风鳗谐音丰满，也是好口彩。

但是风鳗、吊带（指风干的带鱼）的味道再好，都不如呛蟹。"风鳗、吊带，吃场（味道的意思）还要数呛蟹。"舟山的红膏呛蟹，膏色红亮、肉质绵糯，是舟山人的心头之爱。

78

舟山人说起海鲜，一套一套的，舟山的白鲞扣本鸡、黄鱼鲞烤肉、盐焗基围虾、嵊泗螺酱、葱油海瓜子、烟熏鲳鱼、芹菜炒鳗丝等都鲜得不得了。鲜的当然不只这些，舟山人说"青占与马鲛，鲜美胜羊羔"，说青占鱼与马鲛鱼的鲜美味道胜过羊羔。舟山人请客，断然少不了一盘熏马鲛。

79

舟山人阔气,连饺子都是用海鲜包的。舟山有皮皮虾水饺、虾仁水饺、香菇虾米水饺、鱿鱼馅水饺,还有蟹肉馅水饺。他们还有鱼皮饺子,连饺子皮都是用鱼肉加面粉擀成的。

80

舟山人寄海鲜给内陆地区的朋友,内陆地区的人收到海蜇头,不知这硬邦邦的东西怎么吃,就把海蜇头蒸熟了吃,结果海蜇烧着烧着,就化成了水。

舟山人觉得这些人真没见过世面,竟然不知道海蜇是凉拌生吃的。

81

海鲜只要冠上"舟山"两个字,就能卖个好价钱。鱼虾在舟山发育得特别好,因为有扬子、钱塘两江送来饵料,还因为冷暖洋流在此交汇,鱼虾在这里天天吃营养餐,长得肥美,难怪身价高。

82

舟山朋友说:中国的海鲜在舟山,舟山的海鲜在沈家门。

禁渔期一过,一开渔,舟山数千渔船出海捕捞梭子蟹,杭州人民奔走相告：又可以组团到舟山吃蟹去喽！

早几年去沈家门，那时的海鲜排档都是露天的，只搭个简易的顶棚，现在这里的大排档鸟枪换炮，都搬进光鲜的大房子里去了。据说生意好的排档，一年租金要五六十万甚至百来万呢。

吃着透骨新鲜的海鲜，看着窗外的海景，我总有种错觉：这里的海鲜，会不会是从窗外的大海里直接捞上来现煮的？

透骨新鲜的海鲜

83

别看沈家门小，它与秘鲁的卡亚俄港、挪威的卑尔根港并称为世界三大渔港，是我国最大的渔港和渔货集散地。

沈家门渔港北依山陵,能挡北风侵袭;南有好几座山为屏障,能阻台风长驱直入,是天然避风良港。不像别处的海岛,大风一来,能把你吹得七倒八歪。

84

韩国有部电影《沈清歌》,讲述了韩国家喻户晓的孝女沈清的故事。沈清出生七天后丧母,与盲父相依为命,父女俩受了僧人的欺骗,相信捐献三百石供米求助神灵,能使双目复明。为了让盲父重见光明,沈清不惜牺牲自己充当投海祭神的供品。

《沈清传》与《兴夫传》《春香传》一起,被称为朝鲜三大古典名著。沈清的原型就是舟山媳妇——韩国女子洪庄。洪庄的盲父把女儿献给寺庙,弘法寺性空法师以"两船值钱的货物"的身价把洪庄卖给来韩经商的浙东富商沈国公为妻。沈国公回国,把洪庄带到了家乡普陀沈家门居住,并改名为沈清。沈清为了让盲父重见光明,命人制造了五百六十九尊观音等佛像,漂洋过海送往韩国(百济)。

85

到舟山,舟山人一般不会请你喝茶,而是请你吃老酒。

舟山人很豪爽,不但自己痛饮,还要想方设法让客人痛饮,他们有各种各样的劝酒词,似乎只有宾主一醉方休才算尽兴。

86

舟山的渔民喜欢戴很粗的金链子，他们说不是为了炫富，而是因为自己五行缺金。

87

舟山人挺富的，缺什么金啊？舟山是五行缺水（淡水）。舟山地处海岛，是浙江最缺水的地区，舟山一年多就要干旱一次。早些年，遇上大旱，就用轮船装上淡水，从上海运过来。后来舟山建成了世界最长、最大的跨海输水工程——大陆引水工程，输水管道有六十七公里长，从宁波姚江直接把淡水引到舟山本岛。

88

舟山渔老大真有钱！住的是花园别墅，开的车不是宝马就是大奔。这些个渔老大，一网下去，捞上来的都是真金白银啊。钱花光了，就再出海捞一网上来。

不过，也别光眼红人家有钱，那些出海捕鱼的人，命都系在船上的。

早先舟山的渔民是在家门口捕鱼的，一网下去，金（黄鱼）满舱银（带鱼）满舱。现在家门口不太捕得到好鱼了，他们都跑得远远的，跑到秘鲁、斐济、乌拉圭、库克群岛、巴布亚新几内亚那些地方捕鱼了,有时出海一趟,要两年后才回家。我们吃的蓝鳍金枪鱼、北极甜虾、北海道帝王蟹、加拿大黄尾鲽鱼、大西洋真鳕,就是他们从远洋捕捞上来的。

89

嵊山岛的后头湾,是一个面朝大海的村庄,因为人去楼空,村里头废弃的房屋甚至道路都爬满了爬山虎,有点像童话"绿野仙踪"里的场景,英国《每日邮报》称之为"全球二十八处被遗弃的绝美景点之一"。

跟老外大惊小怪嚷嚷的"绝美"不同,当地人把这里叫作鬼村。

90

有了飞架南北的跨海大桥,舟山人再也不用靠轮渡来往于海岛和大陆之间。

叫跨海大桥的桥,自然是跨海的,比如舟山跨海大桥,从舟山本岛经里钓岛、富翅岛、册子岛、金塘岛到宁波镇海区,与宁波绕城高速公路和杭州湾大桥相连。名字中没"跨海"的桥,同样也跨海,比如金塘大桥,跨越沥港水道、灰鳖洋,连接金塘岛和宁波镇海,有二十一公里长。用"巨龙"形容它都不够,因为世界上没有一条龙有那么长。

跨海大桥

91

李双江唱红了《战士第二故乡》，苏小明唱红了《军港之夜》。《战士第二故乡》是在舟山的东福山岛写的，写这歌歌词的是从台州应征入伍的一名小战士。而《军港之夜》的歌词，是在舟山的蚂蚁岛写的。

92

舟山有跳蚤舞，不是跳蚤跳的舞，而是因舞姿酷似跳蚤而得名。舟山有胭脂汤，也不是女孩子化妆用的胭脂烧的汤，而是一种很鲜的螺烧的汤。

舟山的蚂蚁虾皮也不是用蚂蚁做的，而是用饭虾做的。这个饭虾是黄鱼最爱吃的菜，软得像糯米饭，它出自舟山的蚂蚁岛。

93

嵊山岛在嵊泗列岛的最东端，所谓"东海极东，诸岛至尽"，嵊山以外再无山，它所以在古代叫尽山，意即中国海岛之尽处也。

94

北京有天坛、地坛，舟山有海坛，天坛、地坛是祭天祭地用的，海坛是祭海用的。

95

在舟山，新船下水之前，渔民要在船上摆上供品，点上香烛，"请船官老爷"或"请太平菩萨"保佑出海平安。在渔家吃饭，切不可翻鱼身，因为渔民最忌讳翻船。

舟山的仿古帆船，起的名字很有意思，有叫"绿眉毛""大捕"的，还有叫"鹿鼎记""黄药师"的，估计舟山的不少船老大是武侠迷。

96

黄梅戏有《天仙配》，舟山则有海仙配，舟山人口中说的海仙配，不是人妖之恋，而是当地产的一种杨梅酒，酒名就叫"海仙配"。舟山人吃海鲜，喜欢就着这种杨梅烧酒，所以叫海仙配。

97

虽然三毛从未在舟山生活过，但舟山人都把这位祖籍舟山定海的台湾女作家当成乡贤。舟山有三毛陈列馆，还有"三毛散文奖"，舟山人经常打一打"三毛牌"。

98

舟山人过端午，除了吃粽子，还吃乌馒头。吃乌馒头据说跟浙东百姓抗击元兵入侵有关，乌馒头的故事，有点吓人。

99

上了年纪的舟山人，基本都信佛，他们中有不少人长年茹素。这里的小青年手腕上挂串佛珠的也很多，不过他们都食人间烟火的。

浙江有意思

100

若说经济排名嘛,舟山在浙江的排名真的不太好意思说咧,但是舟山的寺庙、晨钟、暮鼓、沙滩、海浪、海鲜、渔港,让人忘不了。

一到夏天,浙江人就想到去舟山度度假避避暑;一到节假日,浙江人就想着去舟山拜拜佛看看海;一到开渔节,浙江人又想到舟山尝尝鲜喝喝酒。

台州

1

中国历史上最伟大的两位诗人——李白和杜甫,都为台州代言过。李白说:"龙楼凤阙不肯住,飞腾直欲天台去。"杜甫说:"台州地阔海冥冥,云水长和岛屿青。"

在浪漫主义诗人李白的心目中,龙楼凤阙都不如台州的吸引力大。

2

世界那么大,古代的诗人都想到台州看看。台州是浙东唐诗之路的目的地。浙东唐诗之路从钱塘江出发,经萧山到绍兴,沿浙东运河到曹娥江,然后南折入剡溪,经新昌天姥山,最后至天台山而终。

除了诗人,那些僧人、道人、隐士、半仙也都喜欢跑到台州来,他们一路跋山涉水到台州的天台山后,就再也不愿往前走了,在这里炼丹的炼丹,养生的养生,念经的念经,写诗的写诗,他们觉得天台山是神山仙山,是心灵的桃花源,这里就是他们要找寻的灵魂栖息地。

浙江有意思

灵魂的栖息地——天台山

3

　　佛教天台宗的祖庭就在台州，道教南宗的祖庭也在台州，"佛宗道源"不是浪得虚名的，台州这个地方有佛性、灵性。

　　天台宗亦是日本佛教天台宗的祖庭。日本人年年都要来台州朝拜，见了台州人都是点头哈腰的。来这里拜祖庭，态度能不谦恭点吗？

20 世纪 80 年代末,日僧访华,提出要到天台国清寺去拜谒祖庭。外交部官员认为事关中日友谊,请国清寺方丈下山迎接。

国清寺方丈不卑不亢地说,日僧是我门下弟子,他想拜就由他来拜,不接。日本僧人于是一路叩首至国清寺。

天台山还有鼎鼎大名的佛学院和道学院,学成之后,相当于拿到宗教界最高学府的文凭。

4

和合文化的发祥地之一就是台州。旧时人家的婚礼仪式上,都挂着和合二仙的画轴。

和合二仙是国清寺和尚寒山和拾得的化身,是主婚姻幸福美满的和合之神,也是中国老百姓心目中的福神和爱神。

主婚姻美满幸福的神都在台州,台州人婚姻的幸福程度肯定要比别处的人高。

5

"台湾""烟台""丰台""台山"等地名里的"台"是念第二声的,只有台州、天台的"台"字念成第一声。多少学问高深的人,一到台州就栽了跟头。

6

台州人喜欢特立独行,他们的创新精神古已有之。举国上下正月十五闹元宵,台州人却提前一天闹了元宵。

"十五的月亮十六圆",八月十五,举国上下过中秋,台州人却推迟一天,在八月十六过中秋。

7

"杏花春雨江南"是千古名句,可是你知道"杏花春雨江南"这六个字的出处吗?那是元代的诗文大家虞集写给台州人柯九思的诗。

虞集与柯九思都是皇帝身边的文学侍臣,两人才高八斗,志趣相投,惺惺相惜,柯九思辞官回到家乡台州后,虞集心怀念想,就写了首情深意切的诗送给他,"杏花春雨江南"这一千古名句就出自其中。

8

台州是藏龙卧虎之地。在金庸小说里,只要《易筋经》一露面,武林就要大乱。

这部集中华武术气功之大成的宝典,是明代台州武术大师天台紫凝道人宗衡托名达摩而著的。

9

中国古代的人神恋传说中,最有名的是刘阮遇仙、牛郎织女、白蛇传、天仙配,其中刘阮遇仙的故事就发生在台州,说的是采药的汉子与神仙姐姐艳遇的故事。

台州男人的魅力真足呀,竟然能把天上的仙女吸引了下来。

10

在小说中,常常可以看到这样的情节:君要臣死,臣大呼,我有先皇所赐的免死金牌。这免死金牌成了佑护性命的护身符,而中国历史上最出名的免死金牌——吴越王钱镠的丹书铁券,当年就藏在台州,是台州钱氏一族的镇族之宝。

明太祖朱元璋打下江山后,想赐开国元勋以铁券,无奈朝中官员是土包子出身,谁也没见过铁券真面目,最后朱元璋令钱镠第十五世孙钱尚德携铁券从台州入京,在观赏铁券后依样雕模才铸出铁券。

现在,这块珍贵的"免死铁券"收藏在中国国家博物馆。

11

西方哲人说:"走自己的路,让别人说去吧。"其实,他们拾的就是台州人的牙慧。

中国最有名的心灵鸡汤就出在台州,这碗心灵鸡汤是智慧人生谦卑处世的至理名言,被广为引用,至今还刻在国清寺的石碑上。它来自国清寺两个和尚的问答——唐代诗僧寒山问拾得:世间有谤我、欺我、辱我、笑我、轻我、贱我、恶我、骗我,如何处置? 拾得答:只是忍他、让他、由他、避他、敬他、不要理他,再待几年,你且看他。

12

鲁迅说方孝孺的硬气是台州式的。历史上唯一被灭了十族的方孝孺是宁海人,宁海自古就是台州的地盘,新中国成立后才划归宁波。

燕王让方孝孺起草诏书,方孝孺说燕王的王位是篡夺来的,坚决不肯替燕王起草。燕王说这是他们家的家事,与别人无关,让他不要多管闲事。这个讲气节讲忠义的台州硬头颈书生还是软硬不吃,不肯起草文件,燕王气得要杀他,谋士劝燕王勿杀方孝孺,说"杀孝孺,天下读书种子绝矣"。

但最后燕王不但把方孝孺分尸,还株连了八百七十三人。

13

《西游记》里那个道行高深的紫阳真人张伯端也是台州人。《西游记》中,观音菩萨的坐骑下界为妖,把朱紫国的金圣宫娘娘抢去当压寨夫人。紫阳真人把一件旧棕衣变成五彩霞衣送给金圣宫娘娘,金圣宫娘娘一穿上就长满了毒刺,妖怪近不了身,这才保住了金圣宫娘娘的清白之身。等到孙悟空解救了金圣宫娘娘后,紫阳真人就收回了仙衣,金圣宫娘娘又恢复了原来的样子。

临海有紫阳街,是一条古色古香的江南古街,好吃好玩的东西很多,这个紫阳真人就出生在紫阳街的璎珠巷里,紫阳街以他的名字命名。

14

明代地理学家王士性说:"(两浙)十一郡城池,唯吾台(州)最据险。西南二面临大江,西北巉岩参削插天,虽鸟道亦无。"他的意思是:浙江十一郡,数我老家台州城池最险峻,西面与南面临大江,西北是陡峭的大山,险峰插入云霄,连鸟也飞不过去。

难怪老话说:"宁波客商,绍兴师爷,台州绿壳。"绿壳,就是"强盗"的代名词。绿壳之得名,是因为海盗船形似蚱蜢,船壳涂绿色,故称。过去,台州海盗让人闻风丧胆。台州人的骨血里,流淌着强悍的基因。

15

什么墨西哥卷、三明治,跟台州的食饼筒比,简直弱爆了。食饼筒是最受台州人欢迎的风味小吃。传说南宋年间,济公发明了食饼筒。他把各种剩菜裹入面饼中,一尝,味道好极了,于是食饼筒横空出世。

上海开世博会之前,为了让长三角的风味小吃齐聚豫园,上海"老法师"组成"美食侦探"别动队,专门到各地探寻民间小吃。"美食侦探"走访台州,偶遇食饼筒——面皮裹上多种小菜,形同大号春卷,又像洋快餐里的墨西哥卷,咬一口,满嘴生香。

上海的食探吃了后，大为叫好，把它带回上海，不过，嫌食饼筒这名土，给它给了个"艺名"，叫"济公卷饼"。

16

雄关不独北国有，台州也有。江南长城，是南方的古城墙，让人发思古之幽情。台州人老早考证出，北方长城就是以台州长城为蓝本建的。当年戚继光在台州抗倭，九战九捷。其间，戚大将军与知府谭纶整修临海古城墙，创造性地加盖了两层中空敌台，遗存至今，后戚、谭奉调蓟州，抽调江南三千兵士，修建了北京的明长城。

台州人到北京出差，北京朋友带台州人爬长城，自豪地说，看看我们的城墙，固若金汤！台州人说：这有什么，你们北京八达岭长城是台州江南长城的山寨版。

北京人听台州人这么一说，惊得眼珠子都快掉出来了。哈哈！

临海古长城

17

台州是阳光之城,是祖国大陆太阳最早升起的地方,新世纪和新千年祖国大陆的第一缕曙光都是首照台州的。为了沐浴这第一缕曙光,多少人坐着飞机朝圣般地赶来。

18

台州不但是阳光之城,还是"洗肺之城",全国十六座"洗肺之城"之一。

羡慕吗?来台州做一次"洗肺"之旅吧。看了美景,尝了美食,捎带着把你的肺洗得一干二净。

19

有一句台词叫"我离开塞纳河就不能呼吸",一个台州的诗人对我说,他离开台州也不能呼吸,因为台州空气质量好。

他到北京出差几天,那几天都是雾霾天,他说他无法痛快呼吸,都快变成死鱼了。一下飞机,一踏上台州大地,他又变回了生猛海鲜。

20

台州这个地方,冬天不太冷,夏天不太热。每年八九月,为了给台州降降温,台风都要光临台州。

北方人觉得台风可怕，台风所到之处，有摧枯拉朽之势，台州人有大将风度，见怪不怪，处变不惊。大部分时候，台风例行公事般打个照面就走了，还带来阵阵凉风和丰沛的雨水。

说实话，如果台风一个夏天没来，台州人还觉得不习惯呢，总觉得这个夏天过得不像夏天。

21

每次说有超强台风来，领导们都严阵以待，有时候，台风如约而至，有时候，台风却爽约不来。

某次，超强台风预计在温岭石塘登陆，结果拐了个弯北上了，领导在抗台指挥部纳闷地自言自语：台风说好了在台州登陆，咋又变卦了呢？

言语间，好像还怪台风不守信用。

22

台州人是很乐观的。台风年年来，台州人见惯不惊，再大的台风台州人心里也不怵。

台州人说，老天待台州还是够意思的，这么多的自然灾害，老天爷没把地震、海啸、火山喷发降临到台州，光一个台风，问题不大。对待天灾，台州人总是严阵以待。

23

台风一来,台州人到处发短信预警:"台风来了,各位有老公的抱老公,有男朋友的抱男朋友,啥都没的抱电线杆,抱紧了别让台风吹走了,穿衣服也要注意,穿好了一定要系条绳子加固,免得被强台风刮成裸体。"

外地人觉得台州人真能说笑,台州人都懂的,这话真不是开玩笑。

摧枯拉朽的台风

24

台州的江边海边都有海鲜大排档,到这些地方点菜是不需要拿着菜单翻来翻去的,你直接指着陈列柜里的大小海鲜,对小二说,喏,我要这个、这个、这个,还有这个,就搞定了。

25

台州是座甜蜜蜜的城市,这个城市一年四季盛产各种各样的瓜果。

台州又是座鲜嗒嗒的城市,一网下去,捞上来各种各样的大小海鲜。

台州还是座酸溜溜的城市,台州人太爱吃醋了,台州人无醋不动筷。除了山西人,全中国就数台州人爱吃醋。

26

台州人的口福真好啊。台州是中国首届最具幸福感城市,台州人的幸福感里就包含着口福。所谓的口福,就是味蕾上的幸福指数。兼具山海之利的台州,有着漫长的海岸线和连绵的群山,它盛产各类海鲜,还有各种山珍。别的城市的人,有的只能吃到海鲜,有的只能吃到山珍,台州人,山珍海味通吃。

27

都说新疆是瓜果之乡,什么"吐鲁番的葡萄哈密的瓜,库尔勒的香梨人人夸,叶城的石榴顶呱呱"。其实,台州才是真正的瓜果之乡,台州有首童谣:"五月枇杷黄,六月杨梅红,七月水蜜桃,八月雪梨葡萄熟,九月柿子葡萄熟,十月蜜橘葡萄香。"台州出产的水果,含糖量之高、品种之丰富,简直跟新疆的瓜果有得一拼。

一点不吹牛,新疆有的水果,台州都有。但台州有的水果,新疆不一定有,比如杨梅、甘蔗、文旦。不管什么样的水果,只要长在北纬二十八度的台州,个个甜蜜多汁。

28

每次菜上桌前,台州女人总是会矫情地来上一句:哎哟,我要减肥,我只吃"一眼眼"(台州方言,一点点)。

结果,菜一上桌,每次她们都是甩开膀子吃了"一堆堆"。

29

台州人对吃有种近乎天然的热爱,街上不起眼的泡虾摊或者卖姜汁调蛋的小店前,经常停着一长溜的宝马、奔驰、卡宴等豪车。

那些个身价几千万甚至上亿的台州土豪,眼巴巴地等在锅灶前,就为了吃上一口热乎乎的泡虾或者一碗香喷喷的姜汁调蛋。

30

要吃到全中国最好吃的蜜橘、杨梅、文旦,到台州来吧。

台州是蜜橘之乡,全中国最贵最好吃的橘子就出在台州,在台州,光橘子就有近二百个品种。除了橘子,玉环的文旦名列世界四大名柚,如果说京剧界四大名旦是梅兰芳、尚小云、程砚秋、荀慧生,那玉环文旦就是柚类中当之无愧的四大名旦之一,相当于京剧界的梅兰芳。

文旦之外,还有橙子。温岭的高橙、三门的脐橙,都是橙类中的当红名角。至于杨梅,名声更响,有乌炭梅、东魁杨梅、仙居杨梅声名远扬。吃几颗台州产的杨梅,不但有初恋的味道,酸酸甜甜,还有黄昏恋的味道,哈哈。

四大名旦

31

不要小看台州那些卖泡虾、卖麦虾、卖姜汁调蛋的,他们卖这些小吃,腰包鼓得很,一年挣个一二十万是小意思,挣个七八十万也不稀奇。他们卖这些小吃,还看时令和心情,比如卖姜汁调蛋的,夏天天热,吃姜汁的人少,老板索性把店门一关,自驾车游山玩水去了。

有钱,任性!

32

西部的人到了台州,台州人带他们看海,他们从未看到过海,看到蔚蓝的大海,心里很震撼。吃了台州的海鲜后,他们就更震撼了——从来没有吃到过这么鲜的海鲜。

33

台州人习惯闷声不响发大财,台州是中国股份制的发源地,民营经济特别发达。要知道,台州是中国最大的摩托车及配件生产出口基地,是中国最大的服装机械生产出口基地,是中国最大的模具制造中心,是中国最大的圣诞礼品和节日灯生产出口基地,是中国最大的阀门和水泵生产基地,是中国最大的罐头食品加工基地……

随便说上几个,都是"最"。台州之"最"太多了,要一口气说完,气都喘不过来。

34

　　早些年,台州像一只蝙蝠,既非鸟类,也非兽类,干什么都是自行其是,无规矩倒也成方圆。比如过马路吧,管它红灯绿灯,想走就走。比如出席酒会吧,管他礼服不礼服,穿着便服就敢进。

　　天高皇帝远的地理环境,加上台州人这种不受约束、敢作敢为的个性,给了台州人自由发挥的空间,也激发出了台州人无穷的创造力,所以台州才有这么多的"第一"和"之最"。

　　邓伟人曾经说过:不管白猫黑猫,能抓到老鼠的就是好猫。台州人很喜欢这句话。

35

　　台州人的自信心比不上邻近的宁波人和温州人,宁波是副省级城市,行政级别上的高一等级,决定了市民自信心的高人一等。

　　温州虽然行政级别跟台州一样,但温州人的财富是出了名的,这让温州的知名度比台州高出许多。

　　不过,要论酒量、嗓门和蛮劲,宁波人和温州人不是台州人的对手。

36

　　台州人很喜欢采摘游。夏至杨梅满山红的时候,台州人结伴去采摘杨梅,享受采摘的乐趣,结果,乐极生悲,每年都有人因为采摘杨梅摔伤,摔断根把肋骨脊椎骨不说,有一个小伙子,从杨梅树上跌下来,还摔伤了命根子,相当悲摧。

摔归摔,但明年的采摘杨梅还是要去的。台州人说了:吃饭都有噎死的,难道我们就不吃饭了?

除了摘杨梅,还有摘枇杷、摘桃子、摘葡萄、摘橘子、摘文旦,反正从夏到秋,台州人总是那么兴致勃勃的,采完一种水果又去采另一种水果。

37

台州人茶余饭后喜欢拿当官的说事,一个地方如果出个省部级的高官,这个地方的人就会津津乐道,常挂嘴边,以为莫大的骄傲。

民国时候台州出过不少闻人达人,那个时候,做到省部级高官、当到将军的台州大佬,一拉一长串。1916年间,浙江军政大权差不多全被台州人掌握,光一个省城,都督屈映光、师长童保暄、政务长张复元、参议会议长王文庆、钱塘道尹郑文易都是台州人,那时的浙江官场素有"三角党"之称,所谓"三角党"其实就是"台州党"的含蓄说法,因为"台"字上"厶"偏旁像三角,故称"三角党"。

38

中国最大的口服避孕药生产基地就在台州。没有台州产的这些小药丸,估计地球上的人口要比现在多十几亿。

39

台州人,彪悍的,电影《建党伟业》中,有"火烧赵家楼,痛殴章宗祥"的一幕,其中就有台州汉子的身影。五四运动中,就是这个台州猛男陈荩民踩在同学的肩膀上,越过高墙,第一个跳进曹汝霖的家中,打开紧闭的大门。

40

台州有很长一段时间被当成海防前线。20 世纪 50 年代一直到 70 年代初,在这二十多年的时间里,台州一直被当成攻打台湾的前线。那时的台州人,跟福建人一样,都有打到台湾去或者台湾打过来的心理准备。

为了防备蒋介石搞花样,处于海防前线的台州人,还在自家空地上挖壕沟,以应对敌机的轰炸。为了防敌机轰炸,家家有防备,大人在八仙桌上放几条被子,一再提醒孩子,若有警报长鸣,要赶紧钻到桌子底下去。

41

走在改革开放最前沿的中国人是谁?不要光想到特区的深圳人、安徽小岗村的农民,其实很多改革,台州是走在全国最前列的,只是别人不知道。

　　比如,1978 年 12 月,安徽小岗村十八户农民摁手印分田,史称,此举"揭开了中国农村改革的序幕"。实际上,比小岗村早好几年,临海白水洋镇皂树村的村民就已经分田包干了。

　　当深圳有了经济特区的"尚方宝剑"撑腰,才开始从计划经济向市场经济转变时,台州人老早就风风火火闯九州跑市场去了。

　　当其他大省靠着国家投资、国有企业过日子,那些吃"国家饭"的人,用压箱底的钱买"三转一响"(手表、自行车、缝纫机和收音机),心满意足地过着小日子时,台州的老百姓却凑钱办起了一家家股份制企业。

　　当中国广大的农民,像《秋菊打官司》里的秋菊一样,法律意识与民主意识刚刚苏醒时,台州的农民老早用"民主恳谈"的方式,参与了公共事务的管理讨论监督。

　　对这些敢闯敢干有想法有胆魄的台州人,咱不服不行啊。

42

　　来台州采风的作家经常会问我,什么是股份制经济,我说很简单,就是民间集资办实业。1982 年的冬天,温岭诞生了全国首家股份制企业。作家何建明在其报告文学《1978:春雷响起的地方》中说:"股份合作制之所以能在上世纪六七十年代那个完全疯狂的岁月里,成为台州人民求取生存的一种重要经济形式,及其后来成为全民性的经济形式,原因有二:一是台州人的性格和骨气所致;二是山与海的自然环境养育了台州人有别于他人的灵性与求索精神所致。"

其实，没那么多上得了台面的理由的，台州人早年穷惯了，又没国家投资，穷则思变，凑份子办家庭作坊，以此起步，慢慢做大。

43

台州"七山一水二分田"，人均土地不足四点五分，有的地方甚至人均不到半分田。资源的严重匮乏，逼得台州人走南闯北，四海为家，硬生生闯出一条路来。据统计，有一百五十万台州人在外办厂做生意。

我不知道这其中有多少百万富翁，有多少千万富翁，又有多少亿万富翁。只知道，过年时，台州大大小小的县市，忽然之间会冒出好多挂着外地牌照的名车。

44

台州人，天生的劳碌命。

在鲜有国家投资和政策扶持的情况下，台州人咬紧牙关，辛辛苦苦把汗水摔成八瓣，才有了今天的成绩，所以台州人有底气跟外人说，你见过我们的汗水，便不会嫉妒我们的光芒。

45

你可能没来过台州，但你不可能没用过台州制造的产品。大到汽车、摩托车、电动车，中到厨卫产品，小到眼镜、塑料制品、麻将。

　　台州产品,无处不在。"好产品,台州造",这是我给台州制造想出的广告语。

46

　　别以为奥运会办在北京,离台州几千里,就跟台州不搭界,奥运会上,有不少"台州制造""台州智慧"在里面。且不说那运河上传递圣火的古船,有六艘是台州造的;那水立方的梦幻灯光,来自台州;奥运村用的油漆,是台州油漆厂的;鸟巢边的绿化,是台州人搞的;奥运场馆的管道,出自台州。那个纪录片《筑梦 2008》,出自台州才子顾筠之手,连那支唱响世界的奥运名曲《我和你》,也是台州人陈其钢写的——他老爸陈叔亮,正宗台州人,黄岩九峰公园就有陈叔亮书画纪念馆。虽然陈其钢出生在上海,说自己是上海人,但台州人坚定不移地认他是同乡:"他爸是台州人,儿子当然是台州人了。他说自己是上海人,不作数的。"

47

　　台州人去省城医院体检,想检查自己有没有得甲亢。

　　医生问:哪儿人? 答:台州人。

　　医生说:甲亢? 台州人吃那么多海鲜,不缺碘。

48

台州各大宾馆，过年时客房的入住率都很高，住的好多是本地人。

台州的男男女女过年到宾馆包间房，不是因为没地方住，也不是要搞婚外恋，而是为了让七大姑八大姨各路亲朋好友凑在一起，能够自由地、无拘无束地、热火朝天地搓麻将打扑克。

49

台州人很喜欢搓麻将，一些麻将精走到哪里，麻将就搓到哪里。有一次，一批台州麻将精到台湾旅游，一天没摸麻将手痒了，让导游买来便携式麻将桌，人随车走，麻将桌也随车走，白天看风景，晚上搓麻将，台湾导游十分感慨：你们台州人的文化生活比我们台湾人要丰富多了。

50

有喜欢搓麻将的台州人，自然有生产麻将机的台州人，谁不知道台州人的生意头脑活络。台州人到成都搓了一圈麻将回来，就找到了商机，回家生产出一台台麻将机，还把台州变成全国有名的麻将机生产基地。

51

造京九高速台州段时,国家没下拨一分钱,台州人打出"今日借你一滴水,明日还你一桶油"的广告,动员大家买高速公路的股票,几十小时内,哗啦啦地,数十亿资金就到账了。

52

台州是股份制经济的发祥地。"股份制"是台州人用滥了的一个经济名词。

一家三口去散步,碰到老友,老友摸着小儿的头对男主人说,儿子虎头虎脑,长得像爸爸,看来老爹的遗传股份多一些,老娘的股份少一些。

53

别处的人,把简单的问题复杂化,台州人,善于把复杂的问题简单化。造汽车多难啊,可是台州人按照"汽车就是一个沙发加四个轮子"的思路,硬是捣鼓出一辆辆车,中国最大的民营汽车企业就是从台州起步的。

54

现在一车皮一车皮、一集装箱一集装箱往外倒腾的台州人,其实好多是做小生意起家的,早些年,他们做生意时,因为资金不足,一包香烟拆开来一支支卖,一只西瓜切开来一块块卖,一根甘蔗斫成一段段卖。

那些把生意做到五湖四海的台州大老板,当年他们是走南闯北补鞋子、卖豆腐、弹棉花的补鞋匠、豆腐匠、棉花匠。

55

台州人头发是空心的。当年大兴安岭大火,烧了几十天都不灭,别处的人在家翻着报纸看着电视嗑着瓜子,感叹这把大火太无情。台州从事废旧电器拆解业的老板,却从中看到商机,扛着一麻袋的现金连夜跑到大兴安岭去了。头发空心的台州人是这样想的:既然这把大火烧了这么长时间,山上肯定有许多变压器被烧坏了;既然变压器烧坏了,就有废旧电器可以趁机低价收购了。

嘿,事情还真的跟他们想的一样,跑去大兴安岭的台州人,没一个空手回来的。

台州人从被别人视为垃圾的废铜烂铁中,分解出铜、铁、铝,提炼出真金白银。在金、银、铜、铁等还属于国家统管物资的时代,这些变废为宝的物资,成了改革开放初期台州民营企业"芝麻开门"的原材料宝库。

56

有人在饭桌上出了一道题:如果一位美女在房间里掉了一枚缝衣针,在座的有北京人、上海人、台州人,他们会怎样?

北京大爷气派地说：一枚破针，掉了就掉了，你要的话，明天我给你拉一车皮钢管过来！

上海男人细致：不就一根针吗？放心，阿拉帮侬找回来。上海人说到做到，蹲在地上，一寸一寸找过去，找了半天，果然把针找到了。

头发空心的台州人，啥也不说，找来一块吸铁石，往地上一滚，针给吸上来了，跟着吸上来的，还有一堆废铜烂铁。台州人建了个废旧钢铁市场，拿这些废铜烂铁发展起循环经济来，循环经济每年为台州带来几百亿的财富。

57

台州人除了有变废为宝的能力，还有点石成金、无中生有的本事。台州不产钢铁，却有钢铁市场；没有木材，制造的家具却出口海外；没有银矿，却有全国闻名的白银市场；没有石油，却有着全国最大的塑料制品市场。台州经济是无中生有的经济。

不但如此，台州人还点石成金，将一座采矿后废弃的洞窟——长屿硐天，改造成4A级景区。

58

干吗跑日本去买马桶盖啊？费不费劲啊！来台州买吧，全世界最大的马桶盖生产基地就在台州。

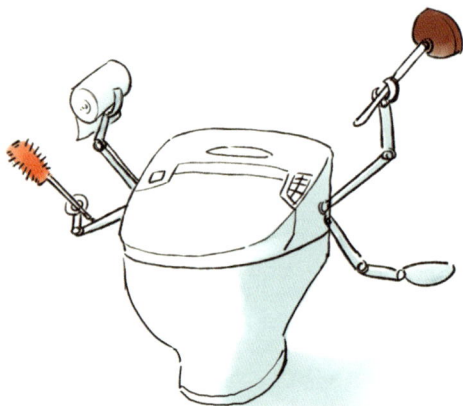

"台州智造"——马桶盖

59

　　甬台温铁路开通,结束了台州无铁路的历史。甬台温铁路刚开通时,台州人兴奋得不得了。第一次在家门口坐火车,而且一坐就是高科技的动车,激动之余,难免闹点笑话,一篇《台州人不会坐火车》的文章,列举了台州人第一次坐火车时"露怯"的样子:台州人不会用自动售票机;在候车站台过黄线拍照留念;动车的停靠时间只有一两分钟,有些台州乘客不了解,火车停靠时,下车抽烟过瘾,结果没抽上几口,火车嗖地开走了,还有的乘客因为没有提前做好下车准备,整理东西耽搁了时间,本来应该在临海下车,只好坐到三门再下。

结果这篇文章把台州人惹恼了,台州人气呼呼地说:一回生两回熟,台州人第一次坐火车闹点小笑话,有什么可大惊小怪的,有什么好笑的!

60

每次坐动车回台州,听到报站的女声,把台州站报成"抬"州站,台州人就很生气:没文化,真可怕! 竟然连我堂堂大台州的发音都读不准。

虽然台州是三线城市,但台州人很自信,他们喜欢称自己生活的城市为"大台州帝国"。除大台州帝国外,还有大温岭帝国和大黄岩帝国。因为这些个地方山美水美人美,所以被台州人戏称为"我们大台州美帝国"。

61

一位外地朋友说,台州人很好辨认的:到大酒店一落座,从裤袋里先掏出三样东西,往桌子上一搁的,十有八九是台州人。这三样东西是:手机、小车钥匙、中华香烟。

附带说一句,台州人抽烟一般只认准中华香烟。办婚宴必发红中华,而且经常是软中华。若是发别的烟,会被食客腹诽:咯银(台州方言,这人)倒牌子。

浙江有意思

62

说台州吃货多你可能不信,不过这是有数据为证的:长三角各个城市中,台州人在外就餐的人数排位第一。

不少台州人,隔三岔五就要下馆子,吃点香的喝点辣的。若隔一段时间没下馆子,他们会觉得自己的幸福指数和生活质量都下降了。

63

台州人"无鲜勿落饭""无鲜勿动筷",其实,吃海鲜不但能满足味蕾的需求,科学家也老早证明了,吃鱼长大的人,脑子灵光。难怪全国一百个经济最发达的县(市),台州就占三个——玉环、温岭、临海,而且都在南边,靠海,鱼多。

64

一个男人爱不爱女人,表现在三方面:一是舍不舍得把心交给女人,二是舍不舍得把时间交给女人,三是舍不舍得为女人花钱。

都说上海男人是全中国最怕老婆,也最疼老婆的人,其实,台州男人才是真心疼老婆的好男人。淘宝网的大数据显示,对全国范围内六百多个城市进行调查,在最疼老婆、最舍得给老婆花钱的两张榜单中,台州男人均交出了一份让人满意的答卷。其中,"最舍得给女人花钱的男人"城市 TOP10 中,台州排名全国第六,每一千个台州淘宝男中,就有七百多个掏银子为女人"献爱心"。

台州男人,出手很大方的。他们买起奢侈品来,也是全国第一。

65

台州人形容一个人风光,叫"龙"。龙是图腾,传说中,龙是神通广大而威力无穷的,在天腾云驾雾,下海追波逐浪,在人间则呼风唤雨。

在台州,出土过许多恐龙化石及恐龙蛋。天台山是我国东南第一个恐龙的故乡。除了天台,临海的上盘也是翼龙的故乡。

台州人是正宗的龙的传人。

66

哪个地方的人最居安思危呢?想不到吧,是台州人。

在淘宝网发布的榜单中,台州成为最有危机感、购买急救用品最多的城市。台州人购买的急救用品有急救包、安全锤、防身手电等。台州人,脑子里时时绷着一根安全弦。

67

一个外地人不解地问:为什么你们台州人,不管男人还是女人,说话嗓门都那么响?好像火气特别大。

拜托,别用"火气"这个字眼好吗?在台州人眼里,那叫豪爽之气。

68

北京人说,到北京没喝过豆汁不算到过北京。台州人说,到台州没喝过姜汁不算来过台州。

台州人爱喝姜汁。在台州,医院里那些挂了葡萄糖后的空瓶,都有好去处。在菜场里,用来灌浓浓的姜汁,有一斤装的,也有半斤装的,这是台州独有的一景。

69

台州人勇敢得不要命,一到清明河豚欲上时,吃货们就拼死吃河豚。

说真的,我还真没尝过比河豚更鲜的玩意儿。什么鲍鱼龙虾,一边待着去。

70

台州藏富于民。凤凰网有一篇热门文章《中国最富 19 城市:你家乡在榜吗?》,一看,吓了一跳,台州榜上有名,评语是:台州,浙江的城市,不说了,富裕得让人想入非非了。

台州,真的已经富到让全国人民想入非非的地步了吗?

71

属于正式场合的饮红酒礼仪:第一,喝酒前先将嘴巴擦干净,否则杯上将留有唇印;第二,拿高脚杯时勿碰触杯身,要手持细长部;第三,喝葡萄酒不要一口喝完。

不过,这三点,在台州,你都可以不去遵守,台州人不大理会这些。一瓶几百元的红酒,上了台州人的饭桌,一下子给你倒个满杯不说,还要一口气干光。不喝光是吗?你这家伙太不够意思了,简直不配当台州人。

就算是高档的拉菲葡萄酒,台州人也会兴致勃勃地来个红酒兑可乐,然后感情深,一口闷。

72

上海人坐在衡山路的咖啡馆里,一口一口,慢慢悠悠地品着咖啡,调着情说着爱,一杯几十元的咖啡,上海人能消磨个半天,还能喝出醉生梦死的感觉。

杭州人坐在南山路的咖啡馆里,搅着调羹,一边品咖啡一边看着窗外的西湖,享受着"毛惬意的生活"。

台州人坐在市区的咖啡馆里,喝着茶,用三副牌大呼小叫地打着红五星。

可以这么说吧,台州的咖啡馆,不是用来喝咖啡玩情调的,而是换个好环境吃炒螺蛳吃炒面、打扑克吹牛皮的,当然,也是用来谈生意的。

73

在台州，当不当官不是最要紧的，关键要有钱。只要你的房子够大够多，你的车子够好够贵，你的自我感觉一点不比领导差。在同事和美女的眼里，你就是个有能耐有花头的人，是个"龙人"。

74

甲鱼最风光的时候，当数中国田径中长跑队在赛场上夺金掠银那几年，趁着举国上下惊叹"马家军神话"，台州人朱圣伟适时请出马家军主教练马俊仁代言了"中华鳖精"的广告。

其实，起初马俊仁是看不上什么鳖精的，说，中华鳖精，那是啥玩意儿？

后来，朱圣伟奖给马教头一辆价值四十万元的奥迪轿车，并拿出三十万元巨奖给马家军。于是马俊仁在电视里嘶哑着嗓子喊：我们都喝中华鳖精！

那一年，朱圣伟一口气赚了七千万。一时间，"中华鳖精"成了人们健身、送礼无可替代的首选保健品。没多久，市场上各式鳖精，还有什么鸡精、蛇精都出来了。

75

台州是啤酒、红酒、白酒的天下，最不受待见的是黄酒。台州人很少喝黄酒，哪怕菊黄蟹肥时，照样也是喝啤酒、红酒、白酒的。

黄酒是文人酒，别处的人喝黄酒总能喝出点风花雪月。台州人喝黄酒，好像过家家似的，有时加一个鸡蛋，谓之蛋花酒；有时加一勺红糖，说是用来活血；有时放点血蛤进去烫着喝，说是血蛤酒大补；最匪夷所思的是，黄酒里加点可乐，加点姜片，用来冒充板蓝根防治感冒。

76

台州的很多土特产店，是一店两用的，它既卖笋茄、番薯干、山茶油、茶叶等土特产，又当茶室用。在这些地方喝茶是不要钱的。所以，一些爱交际但腰包不鼓的台州男人，呼朋唤友，把土特产店当成重要的社交场合，三天两头泡在土特产店里喝茶、打牌。

77

台州人，不太看好姐弟恋，台州有句老话就是"嫁大吃馒头，嫁小吃拳头"。意思是，找个比自己大的老公，老公会宠着哄着迁就着自己，还会好吃好喝侍候着，要是找的老公比自己小，不但没人哄你，还有可能吃小老公的拳头。

但是台州人喜欢找个头高挑的媳妇，他们说："一代大媳妇，三代大子孙。"媳妇个头大，子孙后代就长得健硕。

台州人的眼光看得很长远的。

78

台州人结婚,喜欢到市政府门前绕上一圈,谓之"采喜"。碰到特别吉祥的大日子,半天时间,就有几十支婚礼车队到市政府门前"采喜"。有时,驶入广场的婚车多达数百辆,一度造成交通堵塞。

79

所有的台州人,无论是有钱的没钱的,清高的世俗的,有文化的没文化的,骨子里都充满了对两种东西的渴望,一是豪宅,二是好车。

80

照台州人的说法,领了结婚证但是没办过酒席,没有广宴过宾客的,就算不得是结了婚的。

台州人就算参加了集体婚礼,回家还得办一场酒席。

81

前些年,在台州,哪个大学毕业的学生最牛?不是北大,也不是清华,而是台州学院!

台州最高学府台州学院原先在北固山山脚下,当台州学院还是台州师专时,那里就被戏称为台州官场的"黄埔军校"。中央政治局常委,不少是清华的毕业生,而台州的市委常委、县市区领导、部委办局头头,很多都是台州师专出来的。

82

台州人喜欢到杭州买房。杭州的售楼小姐对台州人印象很深,说台州人很能砍价,总能找出各种各样的理由,让你把房价降低些再降低些,不过一旦谈妥,台州人下单、签约的速度非常快。不像杭州人,拖泥带水、磨磨蹭蹭。砍完价还没完,不是托这个关系就是托那个关系,买套房子个把月也下不了单。

83

台州人干什么都喜欢挑日子,台州话称为"拣时辰"。碰到开业、搬迁之类,老板定会请风水大师选择良辰吉时。一般人家,拔栋梁、结婚、搬家也要拣个黄道吉日,连出殡、火化也要选时辰。

有人在高速公路上开无牌车被查,交警抓到他,问他为何有牌不挂,他理直气壮地说:我这辆是新车,要选个黄道吉日挂牌,今天就不是上车牌的黄道吉日。

84

台州人口普查,查出常住人口六百多万人,其中以陈姓最多,台州人开玩笑,把姓陈的叫成"陈勒塞(垃圾)",言其人多也。姓王的人排第二,被叫成"王狗毛"。

85

陪外地朋友在台州市民广场散步,朋友说,你们这广场搞得挺大气的,比美国的时代广场还要大,你看,连路名也起得那么贴切,叫溜达路,够我们溜达好几圈了。

我赶紧纠正:你老人家看花眼了,这条不叫溜达路,叫耀达路。

86

台州人一般是不会按请帖上的时间赴宴的。因为台州婚宴的时间,就像唐诗宋词里的数字一样,往往是虚指,好像白发三千丈,并不意味着白发真有懒婆娘的裹脚布那么长。因此,婚宴请帖上的五点半之类的时间,也并不意味着五点半一到就会准点开吃,通常要迟上半个到一个小时。

87

过去台州人出门时,经常有人问,台州在哪里? 这让台州人很不爽。20 世纪 80 年代,台州的领导率团去山东某地考察,与对方见面时,他们热情地说,欢迎台湾同胞来祖国大陆看看。

现在台州人出门,经常有人羡慕地说,台州,我知道,有钱!

88

在台州,无论是大哥的老婆还是弟弟的妻子,都是叫"嫂"的。如果把弟弟的老婆叫成弟妹或弟媳,十有八九不是正宗的台州人。

89

杭州新开超市,往往在报纸上大打广告:鸡蛋若干元一斤,白菜若干元一斤。"杭州银"于是闻风而动,开业那天排成长龙,后面人的前胸贴着前面人的背脊心。其实,也就便宜个块儿八毛的。

"台州银"绝不会为了块儿八毛的小便宜起大早排队,用台州话来说,丢不起那个脸。

90

根据调查,浙江超过三成的人不会说普通话,调查还显示,全省十一个地市中,台州人最不喜欢说普通话。

关于台州人说"普通坏"的段子很多,最经典的段子是:玉环混蛋(文旦)没有娘(台州方言,果核)。

至于台州人说"普通坏",把"座谈会"说成"坐台会"之类的笑话也时常可闻。

91

外地人觉得,台州人讲话跟打机关枪似的,老是"哒哒哒哒"的。

他们不明白,台州人表示同意,就用一个"哒"字的。"哒"字越多,表示应答得越爽快。

92

有个北方人拍着胸脯说,过了长江,喝酒我就不怕了。没想到,在台州第一次喝酒,就栽了大跟头。台州人酒量好,在全省是出了名的。

台州人聚会,喝酒,那是必须的。早先,台州人喝的还是斤把装的红酒,有一段时间,十斤装的红酒都上场了!那红酒瓶有热水瓶那么大,看上去,就像个炮弹筒子!

台州人喝起啤酒来都是论箱的,说台州是啤酒商家必争之地一点也不过分。据保守估算,台州人年啤酒消费量约为三十五万吨,人均消费量在全国地级市中居榜首,把台州人喝过的啤酒瓶首尾相连,可以绕赤道三点九五圈。

那么台州人一年到底要喝多少瓶啤酒呢?告诉你吧,毛估估有五点四六亿瓶。

93

台州人酒量真好，一顿饭吃下来，在座的不少人喝得满脸通红，台州人管这种人叫"红头君"。红头君是一种头部发红的小鱼。

台州人，太幽默了。

94

台州人结婚，一般来说，男方要提供一套房子，女方要提供一辆车子。

房子嘛，怎么也得要有一百平方米，台州的人均住房面积排在全国前列。台州人眼孔大，他们把八十平方米以下的房子，基本上当成"单身公寓"。至于装修房子的费用，也是归男方出的，家具电器嘛，则是女方掏钱。

车子嘛，一般由女方陪嫁过来，一般都是中档车以上。有钱人嫁女儿，陪嫁的是奔驰宝马奥迪之类。汽车大佬李书福嫁囡，一溜婚车用的是自产的吉利和沃尔沃，不过陪嫁的车子就不是吉利车了，而是价值四百万的阿斯顿·马丁。

95

台州人对老婆有各种各样的奇葩称呼，什么小娘、里强人、老娈人、乐嬢、老晏、老晏人、老太、肉客等。他们对狼的称呼也很奇葩，比如，温岭人将狼叫作狗头虎，天台人则称为海狗、狗头熊，而老虎则称大虫。

照台州人的叫法，电影《狼图腾》，其实是"狗头虎图腾""狗头熊图腾"或者"海狗图腾"。

96

台州人挺"好色"的，当然你也可以说，台州人爱美。

涵盖十一个城市的浙江省单身男女的情感调查报告显示，在十一个被调查的城市中，台州男人最喜欢美女，有 60％的台州男人在择偶时，首先考虑女性的相貌和外表。台州男人都是"颜值控"。

台州男人觉得，找老婆就要找个好看的，长得不好看的，心灵再美、内涵再丰富也不管用，"拿不出手啊"。

97

台州土豪的钱包，可以是 LV 手提箱，也可以是蛇皮袋。

台州人的蛇皮袋，有时是用来装垃圾的，有时是用来装钞票的。前些年，在台州各家银行的营业大厅里，时常可见衣着土气貌不惊人的土豪，从蛇皮袋里拿出成捆成捆的钱来，豪气满满地说，存一百万！

98

台州人开车是出了名的生猛，别处的人都说，见了浙 J 牌照的，咱还是躲远点。

99

台州人的头脑就是灵光，比如台州人喜欢吃螺蛳，吃螺蛳前，一道必需的工序就是剪去螺蛳屁股。菜场上卖螺蛳的小贩都是手持一把剪刀剪螺蛳，不知哪位聪明的台州人发明了剪螺蛳机，一粒粒螺蛳塞进机器，出来时都是没了屁股的。

像这样"自主创新"的小搞搞、小发明，在台州民间有很多很多。

100

"撒尿虾""拉屎包"是台州人很喜欢吃的两种小海鲜。如果你知道什么是"撒尿虾"、什么是"拉屎包"，能一口气叫出二十种海鲜的名字，一段时间不吃姜汤面就想得慌，海鲜一上桌就要蘸着醋吃，恭喜你，你已经融入台州这个城市了。

丽水

1

浙江有两个地名,在读音上容易让人掉链子,一个是台州,一个是丽水。台州的"台"字不读第二声,是读第一声的。同样,丽水的"丽"字不读第四声,是读第二声的。

丽水人、台州人光拿个地名,就可以测试出一个人学问高不高,道行深不深,见识广不广。

2

你问丽水人,丽水有什么景点? 丽水人会得意扬扬地来上一句:我们丽水没什么景点,我们丽水就活在风景里。哈哈哈!

3

丽水的陆地面积占了全省的六分之一,GDP 却不到全省的四十分之一,以前全省考核 GDP,丽水人喉咙是不大响的,每逢省里开各种会议,丽水代表总是坐在角落头,最后一个发言。现在省里取消了对丽水的 GDP 考核,丽水人的喉咙响多了——绿水青山就是金山银山,生态附加值就是真金白银嘛,而且越来越显示出这是最重要、最稀缺的资源。

丽水的山是那么青,水是那么绿,再加上什么"养生福地"啦,什么"洗肺城市"啦,什么"长寿之乡"啦,别处一说到生态城市什么的,总爱拿丽水举个例子。这几年,丽水人的自信心和自豪感倍增,说起话来,喉咙都响了不少。

4

文化学者余秋雨对丽水的评价很高,丽水人听了心花怒放,如果余秋雨是个女的,估计丽水人会把老余当成红颜知己。

余秋雨他老人家是这样说的:"我所见闻的城市大多有两种,一种是宣传超过实际,一种是实际超过宣传,前者随处可见,后者却仅有极少数,丽水,是我所见过极少数的这种城市,亲眼所见比名声要高、要美丽。"

余秋雨太会说话了,他那一张蜜糖嘴还说:"毫不夸张地说,站在中国最美丽的土地上,你们可以很自信,这是一个走遍全世界的人,在刚刚看过丽水之后的感受。"

5

虽然丽水与祖国的西南边陲隔着千山万水,但我感觉这里有沈从文笔下边城的味道,对,就是那种文艺小清新的味道。华东地区唯一的少数民族自治县——景宁畲族自治县就在这里,这里的山哈人很纯朴,这里的姑娘都有点像沈从文笔下的翠翠:"翠翠在风日里长养着,把皮肤变得黑黑的,触目为青山绿水,一对眸子清明如水晶。"

如果《边城》要重拍,我觉得外景地除了湘西,还可以选择丽水。

6

到了丽水,才知道什么叫地广人稀,丽水是浙江面积最大的地级市,面积占了浙江的六分之一,人口只有区区二百多万。丽水下面有的县只有十多万人,还不及别处一个乡镇的人口。这人气,未免太不旺了。

不过,那些来自人气很旺的繁华都市的人,交关喜欢这里的人少山多,从熙熙攘攘的、挤得跟沙丁鱼罐头似的大城市来到这里,他们总有松一口气的感觉。

7

当浙江人民对 $PM_{2.5}$(大气中细颗粒物)开始关注起来时,大家才发现,山清水秀的丽水是多么宜居的一个地方啊,甭管这地方是不是养生福地,反正,吸到肺里的空气愣是比别处要干净。

8

负氧离子被称为"空气维生素",世界卫生组织规定,空气中每立方厘米的负氧离子标准浓度达到一千个,便是"清新空气",达到一千五百个,便是"特别清新",而丽水是三千个,是"特别清新"的两倍。

丽水空气中负氧离子的含量是一般城市的三十倍以上,丽水人很得意:一年到头,我们都有免费的维生素吃,我们是华东第一氧吧,负氧离子多得不像话。

每次到丽水,丽水的朋友都会认真地跟我说着同一句话:到丽水来,你要小心醉氧噢!那一本正经的表情后面,是掩盖不住的得意。

9

丽水人是很容易满足的,属于给点阳光就灿烂的一群人。

浙江幸福感第一的城市,不是风景最好的天堂城市杭州,也不是土豪城市温州,而是丽水。调查表明,全省十一座城市中,丽水人对生活满意度最高。

别处的人说,丽水人真会穷开心啊。丽水人自我感觉真好啊。

丽水人说,幸福就是一种感觉,有钱咋啦?有钱不一定就幸福,像我们,知足常乐,最好!

10

丽水人觉得丽水啥东西都是中国第一,没说成是世界第一已经是相当低调了。

一位丽水朋友跟我说起丽水的负氧离子含量时,无比骄傲地说:我们丽水的负氧离子啊,啧啧,高得吓死人! 你在这里吸上一口的量,够你在大城市吸上一个月。

说到丽水的香菇,他又夸开了:我们丽水的香菇多少香啊,只要放上一朵,整个房间就香得不得了。

扯着扯着,他又扯到丽阳街了:我们丽水的丽阳街多少好啦,比美国的那个华尔街好多了。

看他那表情,不像是开玩笑。

丽水特产——香菇

11

丽水的森林覆盖率达百分之八十一，在全国地级城市中名列第二。丽水有一重又一重的山，不但山多，而且山高，有群峰倚天的气势，在丽水，海拔千米以上的山有三千五百七十三座，江浙第一高峰黄茅尖和第二高峰百山祖都在丽水。

丽水人夸自己——站得高，看得远。

12

丽水的水对得起"丽水"这个地名，喝上去跟农夫山泉一样，有点甜。丽水人不用买什么矿泉水，大清早的，他们拿个大桶，跑到白云山或者别的什么山，去接山泉水，用来烧饭、泡茶。

13

丽水朋友跟我吹嘘起他们家乡时，万变不离其宗，概括起来不外乎这几句：我们丽水，山好，水好，空气好。

至于人呢？丽水朋友说：那还用说，当然是好的！穷山恶水出刁民，好山好水出好人哇！

14

丽水人说丽水这个地方,是"全民运动人人养生"。比如丽水人都喜欢爬山、散步、舞剑、做操、跳广场舞等,丽水有专门的养生协会,有食养、药养、水养、体养、文养等分会。

我问,丽水有没有不运动的人呢? 丽水朋友答,他们不是不运动,而是在静养——在丽水这个天然氧吧里,吸天地之精华,调全身之气息。

15

丽水打出广告:"常到丽水走一走,定能活到九十九。"丽水的朋友常跟我吹嘘丽水环境如何好,如何适合养生。我问,在浙江,百岁老人人数排名前三的地区是温州、杭州和台州,请问,丽水这个养生福地,为啥百岁老人的数量不排在第一位呢?

丽水朋友不服气,七嘴八舌抢答,答案如下。

答案一:我们丽水的百岁老人多得很哇,不过多半像特务一样潜伏在深山老林中,很难找到的哇,十有八九是统计漏了哇。

答案二:我们丽水,已经到了不屑于用数字统计百岁老人数量的地步了哇。

答案三:我们丽水的老人是懒得记自己的岁数的,明明上了百岁,也只说自己八九十岁的哇。

一年后,丽水被中国老年学会评为中国长寿之乡,理由是丽水存活百岁及以上老年人占户籍总人口比例超过十万分之七，丽水人平均预期寿命比全国平均水平高三点五岁。

丽水朋友抖得不行，第一时间把喜报传给我，还怂恿我，到我们丽水买房养老吧，你到我们丽水养老，我包你活到一百岁！

这个你们也能打包票的吗？

16

出差到丽水，起早到处州公园锻炼，看到好些老人在捡银杏叶。他们捡银杏叶来泡茶，据说可以养生！

丽水人的养生已经到无处不养生、无物不养生的境界了，一片枯树叶都可以拿来养生。用丽水话来说，真是"没话念"了。

在丽水，养生已经成为玄学。

17

号称"养生福地"的丽水，为了推广养生，成立了养生办。我觉得，在养生办工作过的人，至少应该活到一百岁才有说服力。再不济，也得活过九十岁。

18

都说"绍兴师爷处州兵"，找出谋划策的师爷要到绍兴，找作战勇敢的士兵要到丽水。丽水人，性子烈，作战勇，戚继光的戚家军里，就有好多处州兵。

戚继光对浙江各地的士兵有一番评价,他说,浙江的乡兵中,最好用的就是处州兵,其次是义乌兵,然后是台州、温州的兵,绍兴兵又差一些。

19

明星们在丽水开演唱会,一上台,向台下的观众热情地挥着手,深情地问候道:"丽江的朋友,你们还好吗?"下面的丽水观众听了,直翻白眼。

丽水人出差在外,对人介绍说来自丽水时,常有人接腔道,丽水我知道的,你们的玉龙雪山很漂亮,还有你们纳西族的走婚也很有意思,什么时候我到你们丽水来走一个婚,哈哈哈。

20

跟着丽水朋友到他家做客,朋友一进门,就冲屋里的大妈喊了声:"妹。"我心里直纳闷,朋友的妹子看上去咋这么老呀?

后来知道,这"妹"原来是他妈。丽水人称呼母亲,有多种叫法,有叫"娘"的,有叫"妹"的,有叫"奶"的。而叫父亲,有叫"爸"的,有叫"大"的,有叫"老爷"的,有叫"老倌"的。

21

丽水这个地方跟"死人"的感情很深,如果菜好吃,丽水人就说"死人好吃",夸赞一个女人漂亮,说"死人生好",说一朵花很香,就是"死人香",会喝酒,是"死人会喝"。

22

旧时金沙江叫丽水,"金生丽水""黄金生于丽水",指的是金沙江盛产沙金,但是丽水朋友一口咬定,"金生丽水"说的就是丽水,因为江南最大的金矿——遂昌金矿就在丽水。

23

到丽水乡下看廊桥,吃土菜,逛着逛着,一不小心,手机信号就会漫游到福建去了。

24

中国人喜欢拜财神,但都不如庆元人拜得接地气又跟时代接轨。庆元人乔迁新居时,一大早就跑到银行门口点上香,虔诚地拜上几拜后,再把香火接到自己的新房里。银行钱多,在银行门口拜财神,寓意着财源滚滚来。如何让更多的钱财滚到自家来呢?那就多拜些银行喽,于是工农中建四大行都被庆元人拜了个遍。

25

别老说丽水人是山哈人什么的，那里的华侨比杭州、上海多得多。青田那地方的老少爷们，说起汇率比谁都熟，欧元之类的外币，在青田的咖啡馆里可以随便拿来用，拿到菜场里，卖菜的大娘大爷收下后，找零一点不出错。

意大利有很多青田人，现在的意大利人差不多都管青田人叫外公外婆、娘舅娘姨、舅公舅婆、姨公姨婆什么的。

26

青田朋友说，我们青田人出国不叫出国，叫走亲戚。青田是丽水的一个县，是石雕之乡，也是有名的侨乡，青田五十万人口中，华侨有三十三万人，分布在一百二十多个国家。青田号称中国外汇第一县。青田人出国，先是一个人，然后是兄弟姐妹，再带上七大姑八大姨，最后整个村子里的人都移民了。

青田人是天生的生意坯，他们在外，要么开餐馆，要么开百元店，要么做贸易，反正以做生意的居多，不像别处的人出去都是打工的。国外很多大型的批发市场都是青田人开的，难怪青田人的口气在丽水人中是最大的，青田人有钱，走到哪儿就把哪儿的物价、房价抬高。

因为有海外关系，青田这个小县城，也搞得洋兮兮的，满大街的咖啡馆、西餐厅，一恍惚，还以为自己到了欧洲的某个小镇呢。

当地人自诩青田为"小欧洲"。既然是"小欧洲",这里的夜生活也是五光十色的,当然,这里的咖啡和牛排也很正宗,用欧元交易也就见怪不怪了。

27

丽水的那些特产,色彩相当地分明,像什么青的瓷、黑的陶,连个年糕也有色彩,叫黄粿。青是青,黑是黑,黄是黄,煞是分明。

28

赤橙黄绿青蓝紫,别处的青色就是青色,到了丽水你会发现,光一个青瓷的青,就有粉青、梅子青、豆青、蟹壳青、翠青、天青等。

29

丽水三宝——青瓷、宝剑、石雕,在外头,名气都是响当当的。

"丽水三宝"拿出来很镇得住人,还常被当作国礼。丽水的青瓷入选世界级非物质文化遗产后,更是身价倍增。那青瓷,是泥土在烈火中的涅槃,有千峰翠色蕴含其中。那宝剑,是生铁经过烈火的淬炼,闪耀着千锤百炼后的光芒,一剑可以封喉,一剑也可以定乾坤。

而青田的石雕同样牛气冲天,青田石据说与寿山石、鸡血石、巴林石并列为"四大国石"。为了推广青田石,丽水人还编了一个传说,说什么女娲补天遗石下凡,变成了青田石。

我发现，丽水人很爱编传说的。啥景点特产都能跟黄帝女娲扯到一起。

丽水三宝

30

缙云烧饼的广告是"炉传三百世，饼香五百年"。为了推广缙云烧饼，当地人同样编了一个传说，说缙云仙都是黄帝飞升的地方，黄帝肚子饿了，就将饼放在太上老君的炼丹炉里烤，这就是缙云烧饼的来历。

浙江有意思

丽水人编传说的时候，忘了一点——黄帝那个时候，小麦还没有传入中国。

31

丽水的民间高人"考证"出，日本国旗上画的就是缙云的霉干菜饼。至于奥迪、宝马、奔驰的车标，也是受缙云霉干菜饼的启发设计出来的——四个霉干菜饼串一起就是奥迪的车标，一个霉干菜饼切四块，就变成了宝马车标，切三块则成了奔驰车标。

丽水人挺能扯的，不过扯得有意思。

烧饼与车标

32

嘴上无毛,办事不牢。手上无毛,烧饼喷香。烧饼师傅把烧饼放到炉子里烤,烤了几年烧饼后,手上的汗毛全给烤没了。

丽水的缙云拼命推广缙云烧饼,还特地成立了一个"烧饼办"。领导班子集体学做烧饼,手上的汗毛也给烤没了。所以丽水的朋友打趣道,只要看到手上没毛的领导,那就是缙云的领导。

33

要说茶叶嘛,丽水的茶叶还是有些名气的,浙江十大名茶里就占了两席,更主要的是,同样的茶叶,用这里的水泡出来,这茶愣是清口一些。真的,水好,泡什么味道都好,在丽水,随手摘片树叶放水里泡泡,我估计也能泡出好茶的味道。

听我这么一说,丽水人马上得意地补充道,松阳有一种"端子茶",就是在端午日采草药晒干制成的,既可消渴防暑,还能减肥降压。

不只端子茶,丽水人还拿山蜡梅的嫩叶制成茶。丽水人甚至连枇杷花、菊米都拿来当茶喝。

丽水人吃树叶已经吃上瘾了。

34

我发现,丽水人出差,很喜欢从家里带点好茶叶出来,随泡随喝。他们自恋地说,我们丽水的茶叶比别处的要好。

丽水的水也不错,照他们的说法,比别处的水好多了,那丽水人出差是不是也要背一大桶桶装水呢?

丽水的姑娘也是好的,是不是出差也要带个大美妞呢?

35

我觉得丽水人有一种本事,就是那种能够化平常为神奇的本事,比如说吧,明明是闲着没事爬爬山,丽水人却喜欢说成是"寄情于山水";丽水喜爱摄影的人比别处多一些,用他们的话一吹,变成了"全民摄影";得空泡杯茶喝上几口,丽水人说自己"有淡泊悠远的情怀"。

这么一包装,让人觉得,丽水人的格调还真不是一般的高。

36

一个朋友,听闻龙泉宝剑能伸能屈,可舞可刺,能"削铁如泥,吹毛立断",到杭州出差时,买了一把龙泉宝剑,回来后,在我面前现宝,吹嘘说自己的这剑"能将六个铜板劈断"。我给他三个硬币让他劈,结果,硬币没断,刀却卷刃了,笑得我差点从凳子上滚下去。

唉,自从龙泉宝剑出名后,啥剑都拿来冒充龙泉宝剑。

37

丽水人真能吃啊,他们把知了吃得快绝种了。他们一个夏天要吃掉上亿只知了。

丽水人把本地的知了吃光了,又吃起外地的知了来。

我很担心有一天,地球上的知了会被丽水人吃光。

38

到绍兴,你没吃过臭豆腐,就不算到过绍兴;到丽水,你没吃过知了,就不算到过丽水。夏天一到,丽水的大小酒店排档餐馆,肯定少不了知了。丽水人吃知了一般是三种方法:红烧知了、椒盐知了、油炸知了。一些菜场一天能卖出上万斤知了,贵的时候,每斤能卖上百元。

丽水人为什么这么爱吃知了呢?这个养生福地的市民说了,因为知了的营养价值非常非常高,人体有八种氨基酸无法自身合成,却可以通过吃知了获取,夏天吃知了,还可降暑、凉血、祛风、祛疹。

39

丽水人除了喜欢吃知了,还喜欢吃松树里的松线虫。

丽水人说,这虫营养好,蛋白质含量高,吃了很补的。

40

丽水人拼命讴歌自己的菇。丽水可吃的菇有一百多种,什么灰树花、杏鲍菇、黄殿菇……丽水人说,吃了菇能长寿!

他们无菇不欢,还把菇开发成各种保健品,卖到天南地北。

41

丽水有竹炭枕、竹炭肥皂、竹炭毛巾、竹炭被子、竹炭内衣,还有一种竹炭花生,一粒粒的像羊粪球。出国时,丽水人带着竹炭花生当零食,过海关时,老外左看右看,横看竖看,不知道这黑乎乎的是啥玩意儿。

42

彼得·海斯勒的《寻路中国》是一本很有影响力的书。这本书没有宏大叙事,而是以普通人的视角,来展示发生在中国的巨变。他关注的焦点不是这个时代的风云人物,而是被时代大潮裹挟着前进的芸芸众生,这个中文名字叫何伟的《纽约客》驻京记者,把观察中国的两个点,一个放在北京怀柔附近的三岔村,一个放在浙西南的丽水,以此展示工业化和城市化给个体带来的影响。

因为这本书的影响力,丽水俨然成了中国城市化、工业化中的一个样本。

43

明朝开国元勋刘伯温是个传奇人物。他是明朝开国第一谋臣,这个人神机妙算,通经史,晓天文,精兵法,民间把他和姜太公、诸葛亮当成是中国历史上的三大军师。

刘基是青田人，人称刘青田，丽水人当仁不让地认定刘伯温是丽水人，骄傲地把刘伯温列入"丽水十大历史名人"。

可是温州人坚持认为刘伯温是他们的先贤，温州举办过"中国·温州国际刘基文化研讨会"，而温州的文成县不但搞过刘基非遗学术研讨会，还举办过政府层面的刘基公祭活动。

刘伯温的出生地和坟墓在文成的南田。南田以前一直是丽水青田的地盘，刘伯温死后六百年才划归温州文成。

丽水和温州为了争刘伯温，各出招数，争得脸红脖子粗。神机妙算的刘伯温大概没有算到，他死后还会这么吃香。

44

丽水人跟温州人抢刘伯温还不算，还跟温州人抢瓯江文化，还说要"深度挖掘瓯江文化"。在这之前，就有台州人跳出来，跟温州人抢东瓯古国的所在地，这几年，丽水人又整天嚷嚷"瓯江文化"，让温州人有点头痛。

45

那多愁善感的官府千金杜丽娘对着良辰美景伤春道："原来姹紫嫣红开遍，似这般都付与断井颓垣。"这是汤显祖《牡丹亭》中的名句。

《牡丹亭》的作者汤显祖曾任遂昌县令。遂昌是《牡丹亭》的创作圣地，《牡丹亭》是老汤最满意的作品，汤显祖曾说："一生四梦，得意处唯在《牡丹》。"

浙江有意思

　　这么一个重量级的、世界级的历史文化名人，丽水人怎么肯放过呢，遂昌大打"汤显祖"牌，专门为他建了纪念馆，发行了牡丹亭特种邮票，搞了国际学术研讨会，甚至当地喝的一种酒都叫"汤公酒"。

　　呵呵，汤公酒，好醇的，喝过几杯，险些醉了。

汤显祖的《牡丹亭》

46

　　自从丽水成为中国第一个摄影之乡后，丽水人不管会不会拍照，有没有艺术细胞，都喜欢跟外地朋友扯一扯摄影。

自从丽水成为中国第一个长寿之乡后,丽水人不管碰到谁,都喜欢跟人家扯一扯养生。

47

感觉丽水有木佬佬的(好多)摄影发烧友,在丽水,玩摄影的队伍滚雪球般,一年比一年壮大,一千人里国家级、省级摄影家协会会员的人数,数丽水最多,你遇上一个小小的官员、不大的老板,说不定人家就是国家级会员呢。

丽水人玩着玩着,一不小心,就玩出个中国摄影之乡,还动不动举办国际摄影展。谁说玩物会丧志?丽水人这么玩,却玩出了大名堂,既推广了城市的风光,又提升了城市的知名度和美誉度,让周边地市的人看了,十分羡慕嫉妒。

48

别看丽水是小城,但小城人比大城市的人会享受,丽水的茶室到处都是,跳排舞的人到处都是,丽水人走起路来,也是慢悠悠的。

养生福地嘛,要养生,就不能太拼命。太拼命了,对养生就不利。

49

丽水给自己定名为"浪漫之都",这地方浪漫吗?我怎么一点也没感觉?不过,说它是"生态之城",恐怕没人反对。因为工业化程度不高，这里的生态还没有"变态"，风景也基本是原生态——有弯弯曲曲的路，长长短短的桥，青青翠翠的山，深深浅浅的溪，蓝蓝白白的天。

生态之城

50

　　丽水人的宣传意识很强，旅游推广力度很大。这几年，大城市和周边省市的人，没少被丽水人忽悠过来。丽水人靠着贩卖山水风光，腰包鼓了好多。

51

丽水人说,北京人牛什么牛,北京二千万人口,才拥有林地一千五百万亩。咱丽水,二百多万人口,就拥有林地二千多万亩,森林覆盖率达百分之八十。

丽水人还说了,虽然你们是首都,我们是山哈,但是蓝天于你们是奢侈品,于我们是日用品。

52

丽水一解放就设立了专区,不过才两三年工夫,到 1952 年的时候,专区就被撤销了。丽水下面的各个县也一拍三散,分别被划入温州、金华、衢州专区管辖,直到 20 世纪 60 年代才恢复丽水专区。

丽水人说起这段历史,有点郁闷。

53

半个世纪前的 20 世纪 60 年代,那时中苏还称兄道弟,苏联老大哥信誓旦旦地要帮中国小老弟建设一百五十四项重点工程项目,其中有一个项目就是青田瓯江水力发电站。

如果这个项目搞成的话,瓯江大客轮可以从青田直航到龙泉,那也是相当牛的。不过,丽水城区及大部分地区,跟现在长江三峡周边的很多县城一样,会被水淹没。

54

一直以为电影《阿诗玛》是在云南石林拍的，到了丽水才知道，大部分外景是在缙云仙都拍的。

55

丽水有江有河有溪，就是没有海。虽然是山哈人，但丽水人很喜欢看海，他们看海，看的不是近邻台州、温州、宁波、舟山的海，他们觉得那里的海没啥花头，跟丽水的水田差别不大，他们一跑就跑到青岛、海南去看海，甚至跑到东南亚、欧洲去看海。

56

丽水官员自豪地介绍说，我们丽水处于上海浦东经济开发区的辐射带。

这上海浦东经济开发区的辐射力、穿透力也太强了吧，都快赶得上 X 光了，这大老远的，一重又一重的山还挡不住，都辐射到丽水来了。

57

浙江有十一个地区，金、衢、丽为山地，杭、嘉、湖为平原，甬、舟、温靠海，台、绍是混合地形。

生活在台州、绍兴混合地形的人，性格也是混搭的，有虚有实，有软有硬，会拈花而笑，也会金刚怒目，做人做事都讲个痛快，骨头死硬，敢跟你拼老命，有时不免失之冲动。

宁波、舟山、温州靠海的人，眼孔大，爱热闹，见识广，喜欢抱团，更喜欢空手套白狼。

而丽水人是典型的山地文化性格，这个地方民风淳朴，这里的人勤劳、节俭、热情、厚道，喜欢直来直去。可能是被山挡住了，他们视野不是那么开阔，但他们的自豪感特别强，总觉得自己生活的地方是最好的，别处再好，都不如丽水。丽水有些地方的人，还特别喜欢叶落归根。

58

丽水人喜欢掉书袋，好好的《丽水晚报》，偏偏要叫《处州晚报》，以显示自己人文底蕴丰富。

《处州晚报》的记者出省采访，自报家门时，人家听得一愣一愣的，不知道处州是中国哪个州。

还有些外地人，把处州想象成处女处男之州，以为丽水这个地方，既然叫处州，童男童女肯定特别多。

59

丽水人有随遇而安的性格，就算有些方面排名落后一些，他们总会找出各种理由为自己开脱，比如基础不好啦，交通不便啦，原先省里

浙江有意思

面对我们支持的力度不够啦。

丽水人不像台州人、温州人那么喜欢奋勇争先，那么喜欢拼老命，比如摘个果子吧，如果手够不到，丽水人会踮着脚尖摘，会跳着脚摘，实在摘不到就算了。台州人呢，不但踮着脚尖摘，跳着脚摘，还要爬上树摘，搭起人梯摘，要是这样还摘不到，他们索性把树枝折断了摘。而温州人呢，树枝折断了摘还不够，他们甚至会把树砍倒了摘。

60

丽水人的心态都蛮好的，要是心态不好，肯定不会长寿。比如前几年公布的浙江省欠发达县，一共有二十六个县，丽水的九县（市）个个榜上有名。要是别处的人，不免面露羞色，但丽水人想得开，他们在论坛上发帖自豪地说："说不定这还是靠关系得来的呢。""穷怕什么，我们丽水穷得有特色，有个性。""评了贫困县，上头能拨我们好多扶贫款呢。我们赚大了！""我们丽水固然有贫困县，但人家富得流油的温州，永嘉、平阳、苍南、文成、泰顺，不也照样是贫困县？"这样的心态，能不长寿吗？

后来，浙江为全省二十六个"欠发达县"集体摘了帽。从此，浙江再无"欠发达县"了。丽水人又自我鼓劲道：本来嘛，我们丽水就不穷，咱浙江这么富，要是把我们丽水放在全国比，虽然算不上土豪，老早也是小康人家了，随便排排在全国都是中上位置的。

61

丽水人的眼孔这几年变大了,雄心勃勃的丽水人,随口荡出来的不是"第一"就是"最大"。除了要打造"养生之城""生态休闲之城",还有人说要打造什么"中国垂钓之城",兄弟地市的人感觉丽水人真是蛮空的,整天想的都是养生呀保健呀。

62

丽水多山珍,少海味。以前丽水人不大吃得到海鲜,关于丽水人吃海鲜,有个段子:早些年,丽水人来看台州朋友,送台州朋友一篮香菇,台州人回赠丽水人一篮蛏子。台州人后来写信给丽水朋友,称赞了一通香菇的美味后,问蛏子味道如何。丽水人说,爆炒蛏子很好吃,壳特别松脆。就是"肚肠"多了点,幸好,在炒之前把"肚肠"都扔掉了。

63

现在交通方便,在丽水,什么样的海鲜都吃得到,但丽水人烧海鲜跟海边人不一样。一位丽水人跟台州人交流起烹饪经,丽水人说:用你们台州的青蟹炖我们丽水的土猪排骨,好吃得不得了!

台州人当场听傻眼了,什么?青蟹拿来炖排骨?从古至今,台州人可是从来没有拿青蟹炖过排骨。台州人觉得这种烧法匪夷所思,但丽水人很得意,他们说,搞经济要"山海协作",烧海鲜也要"山海协作"。

丽水人的餐桌上,类似这样"山海协作"的项目还有很多,丽水人除了拿青蟹炖排骨,还用鲍鱼炖猪脚、用梭子蟹炒黄粿、拿茶树菇和霉干菜烧虾、用带鱼滚豆腐。

海边人看到丽水人这样的烧法,直想叫皇天!

64

以前丽水吃不到什么海鲜,温州人拿几条臭带鱼过来,丽水人就稀罕得不得了,礼尚往来,送了他们好多木材。

后来丽水人醒悟过来了,他们说,温州人太狡猾了,早些年,拿臭带鱼换走了我们很多好木材!

65

丽水人喜欢自己酿酒,到丽水朋友家做客,他们会捧出各种各样的酒,什么杨梅酒、番薯酒、桂花酒、葡萄酒、桑葚酒、灵芝酒、人参酒、马蜂酒、蕲蛇酒,有果酒、有药酒,丽水人如果把你当贵客,他们会从密室里捧出红豆杉酒与你喝一杯。

至于功效,有滋阴壮阳的,有强身健体的,有美容养颜的,有防癌抗癌的,要啥功效有啥功效。

66

丽水人酒量好,一上酒场,他们就说,感情深,一口闷,感情浅,喝到肚脐眼。丽水人说自己一出生就开始喝酒了——丽水产妇坐月子,都是用酒当水来烧菜的,小宝宝喝奶等于间接地喝了酒。

丽水朋友开玩笑说,丽水人婴儿时喝多了酒,导致脑部没发育好,读书读不进,所以重点大学的上线率还有进步空间。

67

对"浙江绿谷"的称号,丽水人满不在乎地说,嗨,是绿谷不假,不过也是火谷和寒谷,夏天热得要命,快赶上"四大火炉"了,冬天冷得够呛,除了钻被窝,都不想出门了。

不仅如此,他们还说,丽水一年只有两季——冬季和夏季,而且还随时切换。

68

丽水人说自己的人文性格正如"处州"这个名字一样,"处士者善于自处,不求闻达清高者"。照此说来,丽水人个个都有隐士之风。

丽水人以前的确是低调、隐忍的,但最近几年,丽水人有了很强烈的表现欲,但凡有出头露面的机会,他们都不放过,还特别会抢镜头。

浙江有意思

69

丽水人的营销功夫是呱呱叫的,炒了摄影又炒风景,炒了风景又开始炒养生,大小媒体上三天两头都是丽水的新闻。

70

丽水有些地方的名字起得仙里仙气的,如仙都、仙渡、仙官湖、仙里、仙人寮。有些地方的名字,起得流里流气的,比如遂昌有个村叫大毛坑。

71

丽水以前是有机场的,在抗战时,从丽水机场起飞的飞机直接飞到日本本土上空,投下无数反战传单。

后来丽水机场被日军报复性地炸毁,从此再也没有使用过。后来,原先的机场也变成水田了。

72

到温州,逢人叫老板,到丽水,见了人要叫大师。丽水是个盛产大师的地方,走几步就会碰到一个大师,什么青瓷大师、铸剑大师、摄影大师,还有"五养"(食养、药养、水养、体养、文养)大师。

73

丽水人的确心灵手巧,别的地方泥巴是泥巴,丽水人把一坨泥巴捣鼓成国家级非物质文化遗产。这几年丽水青瓷的价格扶摇直上,尤其是国家级大师的作品,价格越抬越高。

有一次,朋友陪我参观一个大师的青瓷工作室,指着一个毫不起眼的、小酒盅大小的青瓷小杯,伸出两根手指头,让我猜价格。

我说:多少?二十?他嘿嘿一乐,说:二十是无名小卒的作品。我又猜:二百?朋友说:那是市级工艺美术大师的价格。我又猜:二千?朋友说:那是省级工艺美术大师的价格。如果是"高大上"的国家级工艺美术大师的作品,二千还不够,后面还得加一个零呢!

呵呵,一个青瓷小杯卖得真贵。

74

丽水朋友跟我说,古代人把宝剑通称为"龙泉",还是古人仗义啊。

丽水人觉得,古人很仗义,但洋人不够仗义,他们不应该把瓷器称为 china(中国),而应该叫成 lishui(丽水)。因为丽水的龙泉青瓷是那么出名。

75

如果要用一句诗当龙泉的城市广告语,我觉得"美人如玉剑如虹"最贴切。走遍丽水的各个县市,我对龙泉的印象最好,难怪丽水人说,

"处州十县好龙泉"。

别的啥都不说,丽水三宝——青瓷、宝剑、石雕,有两样就出在龙泉,龙泉光有个宝剑、青瓷,就可以笑傲江湖了。何况,龙泉人的手是那么巧,随随便便几样食材,就能捣鼓出一桌佳肴来,什么龙泉泥鳅、安仁鱼头、豆腐肉、干锅鸭肠都好吃得不得了。

我在龙泉的路边店吃过一道木槿花豆腐羹,十分美味,让我怀念至今。龙泉女人真是秀外慧中啊,路边的几朵花都能炮制出一道时令美食来。

76

龙泉的美女也很多。龙泉人很八卦,说龙泉是抗战时期浙江省政府临时驻地,那些国民党将领撤离大陆到台湾前,带走了金银细软,却留下了漂亮的小老婆,也留下了漂亮的遗传基因。

但马上有人反驳说,龙泉美女多,是因为宋朝龙泉青瓷处在巅峰,为官窑,当时瓷窑林立,船舶如织,有很多宫女留在龙泉,故龙泉女子的遗传基因好。

不管是"小老婆说"还是"宫女说",反正龙泉出美女是不争的事实。

77

在丽水,要吃到美食,不能到光鲜的大酒店去,得去农家乐吃农家菜,那里有很土的鸡、很土的鳖,还有很鲜的鱼、很嫩的笋、很香的菇。

土是土得嘞没话说,鲜也是鲜得嘞没话说。

78

　　山城丽水,到处都是山。开门见山,抬头见山,丽水最不稀罕的就是山了。别处炒得火热的山景房,丽水人全不当回事。丽水人只要造房子,一般都是山景房,唯一的区别就是山在眼前还是在远处。

79

　　山这么多,山路走多了,丽水人的脚骨肯定比别处的人要健。

80

　　丽水八百年前就有"莲城"之誉,处州白莲很出名。丽水市政府所在地就叫莲都,我以为是个"接天莲叶无穷碧"的地方,其实城里压根儿就没见到几朵莲花。莲都之得名,是因为旧城在小括苍山,众山环簇,状如莲花。

　　丽水人说,莲都没莲有啥奇怪的,到丽水的仙都你也甭想见到仙人。好比老婆饼,饼里肯定咬不出老婆来。

81

　　丽水市区的女子以小家碧玉型的居多,下面县城里,清水出芙蓉的美女不少,山哈里,让人眼前一亮的美女也很多。老话说,深山出俊鸟,果然没错。

另外,据我观察,丽水女人的"成色"比丽水男人要好得多。丽水这个地方山清水秀,有阴柔之美,大凡阴柔的地方都是滋养女人的,漂亮妹子也多。

82

表现丽水的经典摄影作品,一定少不了瓯江帆影、渔歌唱晚、牧童晚归之类。去过丽水好多次,没听到渔歌,没看到帆影,也没碰上牛背牧童。

后来知道,瓯江帆影是有的,但不是经常看得到。要让帆船出动,是要人民币开路的。一只船出动一次给两张"毛爷爷"(二百元),撒一次网加一张"工农兵"(五十元),没钱是不出来的。至于江中云烟,是用烟饼放出来的,效果类似于烟幕弹。那些田园牧歌中的老牛,是给了钱,让农民伯伯牵出来当道具用的。

呵呵,人生如戏,全靠演技。

83

台州的田够少的了,七山一水二分田。没想到,丽水的田还要少,人家是九山半水半分田,天可怜见。

炒房成瘾的温州人老早就掐指算过了,地少的地方,房价肯定低不到哪里去,同时这种地方的房价也不易跌。难怪丽水的房价比嘉兴、湖州要高多了。

因为本地房价高,好多丽水人跑到杭州买了房。

在杭州买房最多的外地人，除了温州人、台州人、金华人，就是丽水人了。

84

丽水是绿谷，这里的晨光是美丽的，空气是清新的，山川是秀美的，江水是清澈的，但教育质量有待提高，有点门道的，都喜欢把孩子送到外地读书。

85

丽水诸多景点中，我最喜欢的就是古堰画乡。古堰画乡吸引了很多摄影家和画家，当然还有文人骚客。古堰画乡有古街古亭古埠头，清晨和傍晚的江边，景色极美，临江的饭馆，土菜也很好吃，丽水人说，坐到床上（船上）玩玩，味道更好。

别看古堰画乡的名字这么诗意，当地人都是叫成大港头的，中华人民共和国成立前，它是有名的红灯区——当然你也可以说，这里的文化产业和娱乐产业很早就发达了。

86

丽水人喜欢喝米汤，丽水的大小饭店，都有米汤提供。米汤就是米油，是米熬成稀饭或做干饭时上面的那一层粥油。丽水人认为米汤滋补，能养阴、润燥、长力。

丽水人的吹功真好啊，一碗米汤他们吹得跟参汤似的。

87

丽水人好像蛮喜欢吃辣的,丽水有句老话,"火篾当灯照,辣椒当油炒",嗜辣的丽水人不少,遂昌的鸭头辣得快赶上衢州的鸭头了,景宁、龙泉、庆元这些地方的人,好像也是无辣不欢的。

88

每回到丽水,当地的朋友都请我吃土鳖。

丽水朋友拍着胸脯说,我们丽水的土鳖绝对土,绝对野,绝对正宗。

我很纳闷,这丽水,土鳖怎么这么多啊?

89

丽水的粽子也千奇百怪的。遂昌高山里有种长粽,细细长长,跟打狗棍似的,馅料用的是土猪五花肉和霉干菜,包粽子的糯米要用学名叫牡荆、土名叫黄金柴的灰汁浸泡,这黄金柴是当地山上的一种灌木,山里人取其枝叶或根烧成灰,用筛淋水过滤后,就成了金黄的黄金柴灰水,再把糯米放入灰水中浸泡沥干。山里人认为,这黄金柴是好东西,有解暑发汗、健脾养胃的功效。

龙泉有种大粽子,据说比大姑娘的大腿还要粗大。过端午时,毛脚女婿要给丈母娘送粽子,送这种又长又大的粽子,倍有面子。丈母娘拿到这种粽子后,看毛脚女婿,越看越欢喜。

90

丽水的洗脚屋真多啊,有人说,拿张长沙地图,用大头针戳三下,至少会戳中一个洗脚屋。我觉得这话放在丽水也蛮适用的。

91

丽水有座山,山上有座庙,庙里有个太保老爷。

丽水朋友说,他们的太保老爷很灵验的。太保庙在丽水囿山顶上,这里香火很盛。以前丽水人对太保老爷很相信,遇到大事小事、喜事祸事、求学经商之类,都要到太保庙去求签,或者求个仙方来。新中国成立后,太保庙一度"华丽转身"成了地区公安处劳改队的监房。

这几年,丽水人集资重建了太保庙,这里的香火重新兴盛起来了。丽水人觉得,本地的老爷要比外地的老爷灵光一些。

92

丽水人过端午,是吃卷饼的(把做好的菜卷在一张薄饼里),说是为了纪念戚继光。

丽水市区有三条以抗倭英雄命名的街,继光街、卢镗街、大猷街,其中卢镗就是丽水人。这三条街的街名,是抗战时期丽水政府起的。当年日本侵略者到丽水,杀人放火,无恶不作,政府为激励人民的抗日勇气,特作此命名。

93

丽水人讲起文化,喉咙蛮响咯,什么摄影文化、石雕文化、剑瓷文化、黄帝文化、廊桥文化、畲族文化、华侨文化、烧饼文化。

在丽水,文化是个筐,什么都可以往里装。丽水的文化品种很多,有几个叫得还是蛮响的。这是丽水人的得意之处。

94

到省里开会什么的,分组讨论时,会务组经常把丽水台州温州分在一起,这让三个城市的人有一种特别的亲近感。所以,这三个地方的人碰在一起,也格外热络些。

95

丽水经济相对欠发达,过去因为交通不便,有些人把丽水戏称为"浙江的西藏"。丽水人到西藏出差,西藏的朋友为他接风,开玩笑说"亲家来了"。

丽水人脑子一时没转过弯来,西藏朋友耐心地解释道:你们丽水不是"浙江的西藏"吗? 我们不是结亲了吗?

依我看,西藏跟丽水区别还是很大的,西藏缺氧,丽水醉氧。两地如果氧气能互相输送的话,刚好能平衡。

96

丽水人在挣工资之外,最好的投资就是集资。在丽水,一张简单的借条,就可以借走一个家庭几乎所有的积蓄。早些时候,丽水人集资开发小水电,后来把钱投到房地产,那些踩黄包车的、扫大街的、看大门的,也从牙缝里省出钱参与集资。因为集资,丽水出过不少事,有些事听上去就像天方夜谭。

97

八卦一下。丽水是郁达夫的伤心之城。郁达夫和王映霞罗曼蒂克的爱情故事是民国文坛的一段佳话。抗战爆发后,杭州沦陷,国民党省政府南迁,建设厅、教育厅等大批机关单位和学校迁到丽水各县。王映霞一家五口在时任省教育厅厅长的台州人许绍棣的安排下来到丽水,住进丽水遂昌火柴公司旅馆。

丧偶不久的许绍棣对王映霞百般照顾,结果风言风语传到在福州的郁达夫耳朵里,郁达夫赶到丽水与王映霞大吵,并在冲动之下登报亮家丑,造成了两人之间不可弥补的裂缝,最终导致郁王婚变。

因为丽水,郁达夫成了郁闷夫。

98

上海人每次来这里,看到丽水的好山好水总会大惊小怪一番:丽水的山老青咯,丽水的水老绿咯,丽水的菜老好吃咯。

99

丽水人相互间不大攀比，同行间也不大会互相拆台，就算同业之间竞争，也看不出什么火药味，大家各做各的，相安无事。

不像有些地方的人，文人相轻，匠人相轻，只要是同行，就讲人家的作品不行，实在讲不出作品的缺点，就讲人家的人品不行，实在讲不出人家的人品有啥问题，就讲人家的老婆长得恁丑。

丽水人还是蛮厚道的。

100

丽水人想得开，有空去爬爬山、钓钓鱼、拍拍照、喝喝茶、泡泡脚，他们不像温台地区的人一样，碰在一起，就说谁炒房子赚了多少钱，谁炒股发了多少财，谁又换好车了，谁又买别墅了。的确，温州人、台州人看身边的人发财了，嘴上不说，心里总发急自己赚的钱还不够多，总督促自己要加快速度发财。

丽水人不眼红人家，也不去比，他们有空了就去湖边江边山边田边玩玩，或者叫上几个朋友，点几个锅仔（当地的一种小火锅），喝些小酒，猜个小拳，他们觉得这样做人最惬意。

知足常乐，是丽水人的生活哲学。